인문한국불교총서 11

테마Thema 한국불교 플러스 1

● 이 저서는 2021년 대한민국 교육부와 한국연구재단의 지원을 받아 수행된 연구임(NRF-2021S1A6A3A01097807)

인문한국불교총서 ⑪

테마 Thema
한국불교
플러스 1

동국대학교 불교문화연구원 HK+사업단 엮음

동국대학교출판문화원

: 머리말 :

　불교는 약 2500년 전 인도에서 성립된 이후 현대에 이르기까지 전 세계적으로 수용되는 과정에서 토착문화와의 마찰·융합·변용 등을 거치면서, 붓다의 가르침이라는 보편성의 토대에 각 지역의 고유한 특성이 반영되어 다양한 형태가 나타나게 되었다. 한국불교 역시도 중국에 불교가 전해진 이래로 형성된 동아시아불교의 네트워크 속에서 로컬리티(특수성)와 글로벌리티(보편성)의 다채로운 양상과 융합적 특성을 창출하였다.
　이와 같은 한국불교의 글로컬리티는 불교문화연구원에서 수행한 인문한국(HK)사업의 아젠다 '글로컬리티의 한국성: 불교학의 문화 확장 담론' 연구를 통해 조망되었다(2011년 9월~2021년 8월). 그 연장선상에서 불교문화연구원 인문한국플러스(HK+)사업단은 '한국불교의 글로컬리티: 문헌·계보학으로 본 전통의 재해석'을 아젠다로 2021년 9월부터 2028년 8월까지 총 7년간 연구를 수행하고 있다. 본 HK+사업은 HK사업을 계승하면서도, '전통이 만들어진 근대'에 초점을 맞추어 근대 이후의 문헌 집성과 계보학적 이해라는 차별된 연구 방법을 적용하여, 한국불교의 전통을 재해석하고 특수와 보편이 조화된 글로컬리티의 특성을 심도 있게 해석하고자 한다.

　현대의 한국불교 연구는 근대 이후 시작된 연구에 의해 만들어지고 재해석된 결과라고 할 수 있다. '원효'를 예로 들면, 원효는 현대 한국불교에서 중요한 위치를 차지하고 있지만, 사실 그는 20세기에 들어 중국·일본 등에 소장된 원효 저술의 판본과 사본이 발굴·소개되면서 주목받기 시작하였다. 그리고 이후 100년 남짓의 연구를 통해 1400년 전에 활동한 원효의 삶과 그의 사상이 본격적으로 재조명되며 그 전모가 밝혀지고 있다. 즉 오랜 시간 겹겹이 쌓인 고층의 원형으로서의 '전통'이 현재 인식되는 '전통'과 동일하다고 보기는 어렵다. 따라서 HK+사업단에서는 전통이 만들어진 근대를 기점으로 문헌학과 계보학의 관점에서 중층의 시·공간을 거슬러 올라가 한국불교 전통의 원형을 추적하여 복원·재구성함으로써 특수와 보편이 조화된 한국불교의 글로컬리티의 횡단면을 심층적으로 탐색하려고 한다.

　이러한 HK+사업의 아젠다 연구의 성과를 인문한국불교총서 『테마 한국불교 플러스』 3권으로 출간할 계획이다. 『테마 한국불교 플러스』 시리즈는 HK사업의 결실인 『테마 한국불교』 10권에 이어지는 총서이다. 『테마 한국불교』 10권에는 총 83개의 테마를 담았는데, 『테마 한국불교』 제1권~제3권은 '원형의 고유성'(1단계)을 탐색하여 27개의 테마를 다루었다. 『테마 한국불교』 제4권~제6권은 '소통의 횡단성'(2단계)에 초점을 맞추어 〈문헌과 사상〉과 〈종교와 문화〉로 유형화하여 24개의 테마를 연구하였다. 『테마 한국불교』 제7권~제10권은 '변용의 확장성'(3단계)을 주제로 하여 〈인물과 문헌〉과 〈종교와 문화〉로 구성하여 32개의 테마를 집약하였다.

　그 연장선상에서 『테마 한국불교 플러스』는 근대 이후의 문헌 집성과 계보학적 이해에 초점을 맞추어 '전통'이 만들어진 '근대'에서 출발하여 한국불교 전통의 형성 과정을 해부하고 역사상의 다층을 규명함으로써, 한국불교가 갖는 로컬리티와 글로벌리티가 결합된 글로컬리티의 특성을 도출하고자 한다. 우선 아젠다의 주요 개념인 문헌학과 계보학을 연구영역으로 설정하였다. 그리고 문헌학은 〈사상의 계통〉과 〈토픽 텍스트〉로, 계보학은 〈불교와 정치·경제〉와 〈불교와 사회·문화〉로 유형화하였다. HK+사업은 1단계(1~3년차)와 2단계(4~8년차)로 나뉘는데, 단계 및 연차에 따른 영역·유형별 세부 지정주제는 다음과 같다.

단계	연차	문헌학		계보학	
		사상의 계통	토픽 텍스트	불교와 정치·경제	불교와 사회·문화
1	1-2	무속·불교·유교	마음 (능엄경·원각경)	교단과 종파	신앙과 기원
	3	고대 불교사상	규율 (사분율·범망경)	왕권과 이념	문학과 심성
2	4	신라 유식사상	유토피아 (정토경론)	전쟁과 호국	결사 조직과 구세
	5	신라 화엄사상	실천 (금강경·단경·염송)	출판과 불서	동아시아 문화교류
	6	고려 불교사상	죽음 (지장·시왕·점찰경)	사원 경제	무형유산(의식)
	7-8	조선 불교사상	일상 (청규류·의례집)	승려와 승역	유형유산(문화재)

우선 문헌학 영역에서 〈사상의 계통〉 유형의 세부 지정주제는 무속·불교·유교, 고대 불교사상, 신라 유식사상, 신라 화엄사상, 고려불교사상, 조선불교사상이고, 〈토픽 텍스트〉 유형의 세부 지정주제는 마음(능엄경·원각경), 규율(사분율·범망경), 유토피아(정토경론), 실천(금강경·육조단경·

선문염송), 죽음(지장경·시왕경·점찰경), 일상(청규류·의례집)이다. 다음으로 계보학 영역에서 〈불교와 정치·경제〉 유형의 세부 지정주제는 교단과 종파, 왕권과 이념, 전쟁과 호국, 출판과 불서, 사원 경제, 승려와 승역이고, 〈불교와 사회·문화〉 유형의 세부 지정주제는 신앙과 기원, 문학과 심성, 결사 조직과 구세, 동아시아 문화교류, 무형유산(의식), 유형유산(문화재)이다. 이 24개의 테마는 총 3권(1단계의 1~3년차—제1권, 2단계의 4~5년—제2권, 3단계의 6~8년차—제3권)으로 출간할 계획이다.

　인문한국불교총서 시리즈의 열한 번째인『테마 한국불교 플러스』제1권은 HK+사업 1단계 아젠다 연구의 결과물 중 하나이다. 문헌학의 〈사상의 계통〉에서는 고대불교사상을, 〈토픽 텍스트〉에서는 동아시아 찬술 불전과 연관지어 마음(능엄경·원각경)과 규율(사분율·범망경)을 조명하였다. 계보학의 〈불교와 정치·경제〉에서는 교단과 종파, 왕권과 이념을, 〈불교와 사회·문화〉에서는 신앙과 기원, 문학과 심성을 다루었다. '전통이 만들어진 근대'로부터 출발하여, 주제별로 근대 이후의 연구를 집성하고 그 타당성을 검증하여 한국불교의 역사 전통을 종합적·입체적으로 재해석해보려고 하였다.

　『테마 한국불교 플러스』시리즈는 다층적인 관점에서 한국불교의 전통을 조명하고 글로컬리티의 심층적·복합적 특성을 도출하는 것을 목표로 한다. 비록 본서에서 다룬 테마가 전체 연구의 1/3에 지나지 않아 이것만으로는 아젠다 연구의 전체상이 아직 선명하게 드러나지 않았다. 하지만 현대 한국불교의 '전통'이 '근대'에서부터 형성된 것이라는 시각에 초점을 맞추었다는 점, '전통'의 원형을 복원하기 위해 근대 이후의 문헌학과 계보학을 중심으로 '전통'이 형성되는 과정을 연역적으로 추적하여 역사상의 실체에 접근하고자 시도했다는 점, 향후 발간될 제2권과 제3권의 초석이 된다는 점에서 본서의 의의를 찾을 수 있을 것이다. 이와 같은 연구를 통해 한국과 동아시아불교의 특성과 위상을 재조명하여 국제적 담론을 형성하고, 다양한 문헌과 인물, 사상과 주제가 망라된 한국불교사의 지형도를 그려보고자 한다.

2024년 2월
동국대학교 불교문화연구원장·HK+사업단장
박청환(정덕)

: 차 례 :

머리말•5

한국 고대 불교사상
옥나영

I. 일본과 서구의 한국 고대 불교 연구사 검토 —————— 19
  한국 고대 불교의 범주와 접근 방법•19 / 일본학계의 한국 고대 불교 연구•21 / 서구의 한국 고대 불교 연구•25

II. 고대 불교 사상 연구의 주요 주제와 문헌 ——————— 28
  해방 후~1970년대, 토대의 구축•28 / 1980년대 교학 연구의 본격화•31 / 1980년대 신앙 연구의 양상•36

III. 고대 불교 사상 연구의 주제 확장과 문헌의 재발견 ——— 40
  1990년대 연구 주제의 다변화•40 / 2000년대 연구의 심화와 분기•44
  불교 문헌 자료의 복합적 지형•49

  ● 한국 고대 불교 사상 연구의 방향과 과제•52

마 음
김지연

I. 동아시아에서 바라본 '마음' ──────── 59
동아시아 찬술 문헌 • 59 / 『능엄경』・『원각경』의 '마음' 이해와 전개 • 63
불교와 성리학의 교차점 • 69

II. 삼국과 고려에서의 '마음' 이해 ──────── 72
삼국으로의 전래 • 72 / 수선사 계통에서 수용된 '마음' • 74 / 선종과 성리학의 회통 • 78

III. 조선에서 '마음' 해석의 변용 ──────── 81
두 경전의 간행과 유행 • 81 / 사교과 채택과 융합적 이해 • 83 / 불교와 성리학의 우열과 『심성론』 • 85

● 마음, 고금을 통하다 • 89

규 율
이충환(법장)

I. 초기 승가의 규율과 율장 ──────── 97
초기 승가의 형성과 규율 • 97 / 율장의 형성 • 101 / 승가의 분열과 율장 • 106

II. 대승보살계의 등장과 발전 ──────────────── 111
    인도유래의 보살계•111 / 중국에서 형성된 범망계•114 / 새로운 보살
    계와 수계•117

III. 한국불교에서의 계율 ──────────────────── 122
    삼국시대의 불교와 계율•122 / 한반도에서의 계율의 발달•125 / 근현
    대 한국불교와 단일계단•130

● 현대 사회 속의 불교 규율•135

교단과 종파
박광연

I. 교단의 개념과 동아시아의 교단 ──────────── 143
    가설된 '교단'•143 / '교단'과 율장•144 / 동아시아의 교단•146

II. 20세기 한국의 불교 교단 연구사 ─────────── 149
    1910~1930년대의 연구•149 / 1960~1980년대의 연구•151
    1980~1990년대의 연구•152

III. 선행 연구에 대한 의문과 새로운 자료 ──────── 155
    신라 중대 종파 성립설에 대한 의문•155 / 고려초 종파 성립설에 대한
    의문•158 / 새로운 자료의 출현•160

Ⅳ. 한국 불교 교단에서 종단의 형성 과정 ─────── 163
　　신라하대 '업'의 등장 • 164 / 광종~정종대 불교 정책과 교단의 변화 • 167 / 문종~선종대 조사·계보 인식의 형성 • 170 / 선종~숙종대 구산문과 천태종 • 172

　● 전근대 한국 불교 교단과 종단, 새로운 서술의 방향성 • 176

왕권과 이념
김자현

Ⅰ. 인도와 동아시아 고대국가의 왕권과 불교 ─────── 183
　　인도의 불교와 왕권 • 183 / 중국 및 일본의 불교와 왕권 • 185

Ⅱ. 신라와 고려의 왕권과 불교 ─────── 190
　　천강관념과 불교의 수용 • 190 / 불교와 토착신앙의 융합 • 196 / 고려의 숭불정책과 의례 • 198

Ⅲ. 조선시대 불교에 관한 재조명 ─────── 203
　　유불교체와 조선왕실의 불교신앙 • 203 / 의승군의 활약과 호국불교에 대한 담론 • 209 / 조선시대 불교연구의 신경향 • 213

　● 한국 불교, 왕권과의 공존과 예속의 사이 • 218

신앙과 기원

김성순

I. 신앙과 기원의 종교학적 개념 탐색 ——————— 229
신앙에 근거한 기원Pray행위의 범주와 정의 • 229 / 불교신앙과 기원행위의 교의적 구조 • 232 / 불보살의 본원력에 의지하는 왕생의 기원 • 234

II. 한국불교사에 나타나는 기원의 의례적 양태 ——————— 238
일상수행으로서의 발원과 축원 • 238 / 재난의 소거를 위한 기원과 재일齋日 • 241 / 한국불교의 기일期日기도: 백일기도에서 만일기도까지 • 243

III. 한국불교 사찰 절일과 기원의례 ——————— 247
초하루불공과 신중신앙 • 247 / 세시의례와 특별기도 • 250 / 백중과 윤달의 천도기도 • 254

- 한국불교의 기원의례와 관련된 물질物質의 사례 • 257

문학과 심성

원혜영

I. 인도 및 동아시아 문학과 심성 ——————— 269
인도문학과 심성 • 269 / 중국불교 문학과 심성 • 273 / 일본불교 문학과 심성 • 278

Ⅱ. 한국불교 문헌에서 문학과 심성의 위상과 특징 ──── 285

　　향가와 심성•285 / 가사문학•288 / 선시•292

Ⅲ. 근대 이후의 한국불교와 관련된 문학과 심성의 지형도 ── 295

　● 동아시아의 심성과 문학•303

　　찾아보기•309
　　저자 소개•316

한국 고대 불교사상

옥나영

Ⅰ. 일본과 서구의 한국 고대 불교 연구사 검토
Ⅱ. 고대 불교 사상 연구의 주요 주제와 문헌
Ⅲ. 고대 불교 사상 연구의 주제 확장과 문헌의 재발견
● 한국 고대 불교 사상 연구의 방향과 과제

I

일본과 서구의 한국 고대 불교 연구사 검토

한국 고대 불교의 범주와 접근 방법

고대 불교는 1700년 한국 불교 역사가 시작된 시기라는 특수성으로 인해 많은 관심의 대상이 됐다. 한국불교사의 전개 과정을 체계적으로 이해하려고 할 때 우선 고려되지 않을 수 없는 문제가 시대구분이다.

1910년대 박한영, 권상로, 이능화는 당대 불교에서 그때까지의 침체를 벗어나 부흥시킬 수 있다는 새로운 가능성을 모색했는데, 예를 들어 박한영은 삼국시대를 배태시대, 신라~고려를 장성시대, 조선을 노후시대라고 했고, 당시에 해당하는 일제강점기를 부활시대라고 해서 현재 불교의 진흥을 위한 각성을 촉구했다.

김영수는 종파사를 중심으로 한국불교사를 구분해서 오교구산시대五敎九山時代, 오교양종시대五敎兩宗時代, 선교양종시대禪敎兩宗時代 등 3시기로 나누었다. 그리고 오교구산시대는 신라 무열왕대(654~661)부터 열반종·법성종·계율종·화엄종·법상종 등 5교가 성립되고, 헌덕왕·흥덕왕대(809~836)부터 가지산문·실상산문·동리산문·사굴산문·봉림산문·사자산문·희양산문·성주산문·수미산문 등 9산문이 성립됨으로써 고려

중기 천태종이 창립될 때까지 계속되었다고 파악했다. 최근에는 김영수의 오교구산설과 오교양종설에 대해 여러 면에서 비판적인 새로운 학설들이 제기 되고 있으나, 아직까지 종파의 역사에 대한 기본적인 이해 체계로서 그것을 뛰어넘는 성과를 내놓지 못하고 있다.

김영태는 왕조별 구분에 더해 각 시대 불교의 특성을 단적으로 드러내는 제목으로 바꾸어 제시했다. 첫째, 삼국시대의 불교는 '초기불교의 국가적 수용과 전개'로 삼국시대 왕실을 중심으로 수용한 국가불교의 성격을 드러내고자 했다. 둘째, 신라시대의 불교는 '민족불교의 완성'으로 통일신라시대가 통불교通佛敎의 완성기였음을 나타냈다. 셋째, 고려시대 불교는 '기양적祈攘的 경향의 불교'로 이 시기 불교의 역할을 드러냈다. 넷째, 조선시대 불교는 '산승山僧시대의 불교'로 조선 불교 특징이 산중승단山中僧團이 주도했던 불교였음을 나타냈다. 왕조별 구분에서 나아가 불교 이해를 다양한 측면에서 접근하여 한국불교사의 전개과정에 대한 이해의 폭을 크게 넓힌 것으로 평가된다.[1]

이처럼 한국 불교 전체를 구분할 때 왕조 교체를 기준으로 보는 견해는 현재도 크게 다르지 않다. 이에 이 글에서는 고대 불교의 시간적 범주를 고구려, 백제, 신라, 그리고 가야와 발해의 존속기를 고대로 보는 시각에서 접근하겠다. 고대 불교의 시작은 국가 차원에서 불교를 공인한 시기로부터 보겠으나, 여러 연구에서 지적해 왔듯이 공인과 수용에는 시간적 차이가 있다. 따라서 불교 공인 전 불교가 전래된 것을 전제로 한다. 이를 기준으로 한다면 한국 고대 불교의 시작은 4세기이며, 신라와 후백제가 멸망하고 고려가 단독 왕조로 들어선 936년까지로 한다.

4세기에서 936년까지의 한국 고대 불교에 대한 연구 성과를 검토하

---

1 최병헌 외(2013).

고 앞으로의 연구 방향을 고민해 보는 것이 이 글의 목적이다. 다만 그야말로 방대한 연구 성과 하나하나를 소개할 수는 없다. 이에 각 분야 연구 현황과 과제를 검토한 기존에 발표된 글을 바탕으로 1970년대, 1980년대, 1990년대, 2000년대 한국 고대 불교 연구 경향성을 파악하고, 향후 고대 불교 사상 연구의 방향을 생각해 보고자 한다.[2]

일본학계의 한국 고대 불교 연구

일본의 한국불교에 대한 연구의 시작은 메이지明治 시대부터인데, 기본적으로 중국 불교의 연장선에서 한국불교를 파악한 경향이 대세였다. 한국을 제외하고 인도, 중국, 일본 등에 국한된 불교삼국세계관佛敎三國世界觀으로 알려진 일본의 대승불교사 인식체계가 메이지 시대에 강화된 이후 오랫동안 영향을 미친 것이다. 대표적으로 에다 토시오江田俊雄를 들 수 있다. 그는 삼국시대를 준비기, 통일신라시대를 흥륭기, 고려시대를 난숙기, 조선시대를 쇠퇴기로 설정했다. 이는 왕조의 교체, 불교의 흥성과 쇠망의 과정을 기준으로 나눈 것이다. 그리고 삼국시대는 고구려·백제·신라의 순서로 나누었으며, 흥륭기는 교학불교가 융성한 전기와 실천불교인 선불교가 유행한 후기로 세분했다. 이 중 고구려 불교는 잡신성雜信性, 백제불교는 전적성典籍性, 신라불교는 군사성軍事性의 특색이 있다고 파악하면서 한국불교는 중국불교에 의존해서 중국불교를 복사한 상태를 벗어나지 못했다고 파악했다. 다카하시 토오루高橋亨도 비슷한 시각에서 한국불교에 독창성이 없다고 했다.

---

2 이하 개별 연구 성과는 각주로 별도 제시하지 않는다.

이와 같은 시각에서 벗어난 견해를 제기한 대표적인 연구자로는 가마타 시게오鎌田茂雄가 있다. 그는 중국불교를 전공했으나 1970년대 이후 『조선불교사朝鮮佛敎史』(1987), 『신라불교사서설新羅佛敎史序說』(1988) 등 한국불교사에 대한 글을 연이어 발표하고 단행본을 출간했다. 그는 한국불교는 호국불교, 종합불교, 복잡성의 특징이 있다고 하면서 중국불교의 단순한 모방이 아니라는 점을 강조함으로써 이전 시기 일본학계의 한국불교에 대한 견해를 비판했다. 타무라 엔죠田村圓澄도 이미 『고대조선불교古代朝鮮佛敎와 일본불교日本佛敎』(1980)에서 "일본의 학문은 일본불교의 형성에 대해 수와 당 불교의 관련을 인정한다. 그러나 일반적으로 말해서 그것은 지리적으로 더 인접하고 역사적으로 중국보다 우리와 더 가까운 고구려, 백제, 신라 삼국의 존재와 역할을 무시한 것이다."고 했다.

이후 2010년에는 나라 야스아키奈良康明·오키모토 카츠미沖本克己·스에키 후미히코末木文美士·이시이 코세이石井公成·시모다 마사히로下田正弘 등이 참여한 『신(新)아시아불교사』가 편찬됐다. 이 중 한국불교는 10권 '한자문화권으로의 확산'에서 별도로 다루고 있다. 이는 한국불교를 중국불교와 별개로 인식하는 경향이 자리 잡았음을 보여준다. 이 책은 한국불교사를 왕조별로 구분하여 제1장 불교수용과 민간신앙, 제2장 통일신라시대의 불교, 제3장 고려대장경의 배경, 제4장 조선시대의 불교(통합과 탄압), 제5장 한국근대불교, 제6장 조선반도의 불교미술 등으로 구성했다.

일본에서 한국 고대 불교 연구는 국가와 불교와의 관계 측면에서 주로 접근해 불교 전래와 공인, 성전사원, 불교 교단 운영 등의 주제가 다루어졌다. 그리고 인물과 사상은 원효와 원측 중심으로 저작의 분석이 집중적으로 이루어졌으며, 화엄학 연구 측면에서 의상과 그의 사상은 중요한 주제 중 하나이다.

일본에서 한국 불교의 초전과 관련해서 한국학계와 다른 점이 눈에 띈다. 불교의 전래와 수용 시기나 성격은 『삼국유사三國遺事』, 『삼국사기三國史記』 등 사료에 대한 시각과 연동되어 있는데, 『삼국사기』 기록을 신빙하지 않는 관점에서 파악한 것이다. 예를 들어 도코 겐쇼都甲玄卿는 고구려 소수림왕대 전래 기사가 중국 사료에서 찾을 수 없기 때문에 신빙할 수 없고, 담시曇始의 고구려 입국 때 이루어졌다고 파악했다. 따라서 한국의 불교 초전은 고구려가 아닌 백제라고 파악했다. 이러한 입장은 기무라 센쇼木村宣彰가 1980년대에도 이어갔다. 스에마츠 야스카즈末松保和는 고구려 불교는 북방과 남방에 원류를 두었으며, 백제의 불교 전래는 『일본서기日本書紀』나, 백제 승려 관륵의 상표문에 기인하여 452년 또는 624년으로 추측했다. 다무라 엔쵸田村圓澄도 비슷한 문제의식 속에 백제 불교 전래를 523년 무령왕대로 파악했다. 스에마츠는 신라에 불교를 전래한 것은 아도 화상이며 공인 시기는 『삼국유사』에 인용된 신라본기 기록인 527년(법흥왕 14)이 맞다고 주장했는데 이러한 관점은 이후 영향을 많이 미쳤다. 이에 반해 후쿠시 지넌福士慈稔은 『삼국사기』를 중심으로 불교와 국가 관계를 검토하는 시도를 했다. 이성시는 527년 이후 흥륜사 창건이 중단됐다가 535년 다시 짓기 시작했다는 『삼국사기』 기록에 착안해서 불교 공인 시기를 535년(법흥왕 22)으로 파악했다.

일본 학계에서 통일신라 시대 불교의 특징으로 호국사상을 꼽는 경향이 강하다. 이 개념은 에다 토시오가 원광의 세속오계, 황룡사 9층목탑의 조성 목적, 원효, 의상, 도선 등의 사상을 파악해 제기한 것이다. 이에 대해 가마타 시게오는 호국불교라는 특징이 신라에서만 나타난 것이 아니라, 조선까지도 비슷한 경향이 있다고 주장했다. 불교와 국가 간의 관계에 대해서 이노우에 미츠사다井上光貞는 신라의 승관 제도가 중국의 북제北齊와 유사성이 높다고 파악했다. 나카이 싱코中井眞孝는 신라는 중국과 달리 국가 권력에 종속된 경향보다는 국가나 왕권과 불교가 밀접한 관계를 갖고 유지되다가 7세기 이후 불교를 국가권력에 예속시키고자 했다고 주장했다. 이들은 성전사원에도 주목해서 성전사원의 성격을 검토했다.

한국불교 문헌 중 고대 불교와 관련해서는 원효와 그 저작에 대한 검토가 많이 이루어졌다. 예를 들면 후쿠시 지닌은 원효의 생애를 알려 주는 기초 자료부터 그의 저작의 진위를 검토하고 삼국에 미친 영향을 검토하기도 했다.(2001, 『元曉著述이 韓·中·日 三國佛敎에 미친 影響』) 일본에 전해진 원효의 저서는 이시다 모사쿠石田茂作의 『나량조현재일체경소목록奈良朝現在一切經疏目錄』(1981)에 의하면 81부 119권이라고 한다. 원효 연구는 일본 정토종 성립을 이해하는데 신라 정토사상에 대한 이해가 필수적이라는 측면에서 많은 연구가 이루어졌다. 원효가 『유심안락도遊心安樂道』를 찬술했는지 여부에 대해 에다 토시오 등은 원효 찬술임을 전제로 했다. 반면 무라지 테츠아키村地哲明는 「서당화상비誓幢和尚碑」의 원효 생존 연대를 참고해 『유심안락도』에 원효가 죽은 이후에 한역된 경전이 인용되고 있음을 밝히고, 이에 따라 원효 저작이 아닐 가능성을 제기했다. 이후 후대 가탁설이 제기되어 일본 찬술설, 신라인에 의한 중국에서의 찬술설, 신라 찬술설 등이 제시됐다. 이에 원효의 정토관이나 왕생론을 『유심안락도』를 제외하고 『무량수경종요無量壽經宗要』, 『아미타경소阿彌陀經疏』를 검토한 연구가 발표됐다(야마다 유키오山田行雄). 에타니 류카이惠谷隆戒는 가탁이 이루어진 이유는 범부 왕생설에 권위를 더하기 위함이었다고 추측했다. 『대승기신론大乘起信論』이 원효 정토사상의 논리적 기반이 된다고 분석한 후지 요시나리藤能成는 『대승기신론』을 중심으로 여러 편의 논문을 발표했다. 이외에도 『금강삼매경론金剛三昧經論』·『판비량론判比量論』·『열반종요涅槃宗要』·『법화종요法華宗要』·『이장의二障義』 등을 통해 원효의 교판, 계율 등 원효 사상 연구는 다각적으로 이루어졌다.

의상義相과 그의 사상은 일본의 화엄학 연구의 일부로 다루어지다가 1990년대 이후 본격적으로 연구됐다. 동아시아 화엄 사상 속에 한국 화엄의 독자적 위상이 집중 조명됐다. 특히 의상의 전기 기록과 『일승법계도一乘法界圖』의 의미, 『법계도기총수록法界圖記叢髓錄』을 통해 의상 계보를 복원했는데, 사토 아쓰시佐藤厚는 『법계도』의 주석서를 균여均如의 『일승법계도원통기一乘法界圖圓通記』와 비교해서 의상계의 흐름을 문헌학적으로 밝혔다. 이시이 코세이는 이른바 전통적인 삼국사관을 비판하는 시각을 지닌 연구자로, 의상의 법계도인의 형식적 특징을 중국에서 유행하던 인印에서 유래했을 가능성을 제시했으며, 의상 사상을 지론종과 선종 중심으로 파악했다. 또한 『석마하연론釋摩訶衍論』에 주목해 이 책의 신라 성립설을 논하고 신라화엄사상의 다른 측면을 규명했다.

서구의 한국 고대 불교 연구

서구 학계에서 한국 불교에 대한 관심은 중국 불교나 일본 불교에 비해 늦게 출발했다. 서양에 의한 한국불교에 대한 최초의 간행물로는 1918년 프레더릭 스타Frederick Starr에 의해 간행된 *Korean Buddhism*이다. 그러나 이는 실증적 연구물은 아니었다. 이후 1976년 조나단 베스트Jonathan Best의 *Buddhism in Paekche: a Cultural Approach to Early Korean History and Sculpture*는 미술사학 분야의 박사학위논문으로 백제 불교에 대한 이른 시기의 연구 성과로서 의미가 있다. 이후 한국 불교의 원효, 지눌과 같은 저명한 승려들에 대한 관심에서 연구가 시작되었는데 1990년대부터는 동아시아에서의 한국불교, 수행 등의 관점에서 연구가 진행되고 있다.

서양에서 한국불교 연구를 본격적으로 시작한 것은 1980년대부터이다. 1985년 제임스 그레이슨James Grayson은 『초기 한국불교와 기독교 : 종교 이식 연구』를 출판했는데, 이후 종교학적 관점에서 일련의 한국 고대 불교 관련 연구를 진행했다. 이 시기 대표적인 학자로는 로버트 버스웰 Robert Evans Buswell Jr.을 들 수 있다. 그는 「『金剛三昧經』의 한국 기원:불교 僞經의 저술 연대와 장소와 저자에 관한 사례 연구」라는 박사학위논문을 제출하여 초기 중국 선종사 형성에 영향을 미친 『금강삼매경』이 삼국시대 한국에서 법랑法朗에 의해 편찬된 위경僞經이라고 주장했다. 또 원효의 『금강삼매경론』이 9세기 초 법장法藏에 의해 중국에 전해지면서 한국 고대 불교가 동아시아 불교 전통 확립에 영향을 주었다고 했다.

북미 학계에서는 특히 기존 한국에서의 연구 성과를 바탕으로 하되 민족주의적 관점을 비판하는 시각에서 접근했다. 그리하여 버스웰은 *Imagining Korean Buddhism*(1998)에서 한국불교사가 '한국' 불교라는 '민족적 전통(national tradition)'이 만들어지는 과정이라면서 한국불교라는 것이 실제로 존재하는 것이라기보다는 민족적 전통으로 만들어진 것이라 했다. 따라서 다른 불교 전통과 뚜렷이 구별되는 것으로 '한국'의 고유하고 유구한 전통이 존재하는 것은 아니라는 주장을 했다. 예를 들면 신라의 혜초나 원효에 대해 민족적 정체성을 유지하면서도 중국 불교 승려와의 교류에서 민족을 뛰어넘어 하나의 종교 전통 안에서 동반 협력자로 인식했기 때문에 그들은 민족적 개념을 넘어설 수 있었다고 했다. 이와 같은 시각에서 한국불교를 호국불교나 통불교로 규정하기보다는 각 시대별 과제와 문화적 특징을 역사적으로 검토할 필요가 있다고 강조했다.

헨릭 소렌슨Henrik H. Sorensen은 신라 하대 선종 산문의 성립을 주제로 한 박사학위 논문을 통해 신라 하대에 남종선의 혜능慧能과 연관된 선을 수용했던 반면, 북종선의 영향력은 미미했음을 밝혔다. 한편 러시아 학자 세르게이 볼코프Sergei V. Volov는 「한국고대불교사」를 박사논문으로 제출했는데, 삼국 및 통일신라시대의 불교사를 승가와 국가 권력의 관계 차원에서 다루어 4~9세기 한국불교의 주된 경향을 설명했다.

21세기 들어 신라 불교사를 호국의 측면에서 파악한 견해를 비판하는 연구가 진행되었는데, 판카지 모한Pankaj Mohan은 『고대 신라의 불교와 국가』를 통해 고대 신라의 불교를 정치적인 측면에서 이해했다. 그는 신라 중앙 정치가들이 불교를 중국 문화의 구성 요소로 파악하고, 중국을 모델로 하는 중앙집권국가로 발전해 나가는 과정에서 불교가 역할을 했다고 파악했다.

요르그 플라센Joerg Plassen은 원효와 의상 등 한국의 승려들이 주석한 대승 불서들을 동아시아 불교 안에서 파악하여 한국 불교의 보편성과 독창성을 함께 조명했다. 찰스 뮐러A. Charles Muller는 조선 시대 선승 기화己和를 주제로 박사학위 논문을 제출했으나 이후 한국 고대 불교로 연구를 확장해서 원효 저술을 토대로 그의 철학에 대한 연구 논문을 여러 편 발표했다. 리차드 맥브라이드Richard McBride는 『다르마의 토착화, 신라에서의 불교 신앙과 화엄의 통합』을 출간했으며, 『무량수경종요』를 중심으로 원효의 정토사상도 고찰했다.

고대 불교와 관련해서 서구에서도 가장 많이 분석된 자료는 원효 관련 문헌이다. 일례로 International Association for Wonhyo Studies' Collected Works of Wonhyo Series가 있다. 원효의 저술들이 영어로 번역되고, 『금강삼매경론』, 『이장의』, 『십문화쟁론十門和諍論』과 『중변분별론소中邊分別論疏』, 『판비량론』을 비롯한 원효의 저술들이 영역된 것에서도 알 수 있다. 이 밖에 피터 리Peter H. Lee가 고대 불교의 기초 자료인 『삼국유사』 및 『해동고승전海東高僧傳』을 번역한 것도 의미 있다.

II
고대 불교 사상 연구의 주요 주제와 문헌

해방 후~1970년대, 토대의 구축

1970년대는 한국불교 연구의 토대가 구축된 시기이다. 이 시기는 유신체제라는 한계에도 불구하고 1980년대 본격화 되는 민주화 운동이 활발해지기 전 시기이다. 또한 광복 이후 사회 혼란이 경제적 측면에서 일정 이상 안정되고, 대학을 중심으로 학문에 집중할 수 있는 분위기가 처음으로 마련됐던 때이다. 20세기 초 근대 학문으로서 한국불교사 연구가 시작된 이후『조선불교약사朝鮮佛敎略史』(1917, 권상로),『조선불교사朝鮮佛敎史』(1918, 이능화) 등 한국불교를 통시적으로 개론하고자 하는 연구들이 있었다. 광복 후 신라 불교 연구에 대한 초기 연구로는 이홍직, 안계현 등에 의해 불교 정책, 승관제, 정토 사상에 대한 개론적 검토가 있었다. 이를 토대로 1970년대에는 연구 활동이 본격적으로 이어졌다. 또 한국불교 관련 문헌 자료가 집성되었는데,『한국찬술불서전관목록韓國撰述佛書展觀目錄』(1966),『한국불교찬술문헌총록韓國佛敎撰述文獻總錄』(1976)은 대표적이다.

1970년대 고대 불교 연구와 관련해서 의상義相/義湘의 사상에 대한 기본적 검토가 이루어진 점이 중요하다. 기본적으로 의상의 저작인 『일승법계도』를 중심으로 선구적인 학자들의 검토가 이루어졌다. 예를 들어 김지견은 『일승법계도』의 의미와 그 주석서에 해당하는 『일승법계도원통기』 등을 소개하면서 앞으로의 연구 방향을 제시한 이후 일련의 연구를 발표했다. 그는 의상이 원효보다도 신라 화엄사상의 중심이 되는 인물이라는 견해를 내세웠다. 이기영은 의상 화엄 사상이 해인삼매海印三昧에 근거했다고 파악했다. 그리고 신라 화엄사상이 원효의 화쟁사상과 상통하는 부분이 있다고 보았다. 연이어 장원규, 정병조, 채인환 등도 의상의 위상과 사상적 특징을 설명했다.

이와 같은 의상과 화엄사상 연구를 통해 신라불교 이해에 대한 큰 틀이 정립됐다. 즉, 신라 중대에는 화엄이, 하대에는 선종이 유행했다는 견해이다. 1970년대 한국사학계에서는 고대국가 형성 문제가 주요 쟁점이었다. 이 과정에서 이기백은 사상과 사회를 밀접하게 연관하여 이해해야 함을 강조하면서 신라 중대 전제왕권설을 제기하며 이 시기 화엄종이 그것을 사상적으로 뒷받침했다고 주장했다(1972, 「신라 五岳의 성립과 그 의의」, 『진단학보』 33). 이 주장은 이후 불교와 국가와의 관계를 논할 때 가장 큰 주제로 다루어지게 된다. 그 연구는 『신라사상사연구新羅思想史研究』(1986) 및 『한국사상사방법론韓國思想史方法論』(1997) 저술로 이어졌다. 그의 주장은 역사학 방법론의 측면에서 제기된 것으로 그것의 논란 여부와는 별개로 학계에 깊은 영향을 미치고 있다.

신라 중대에 대한 이해의 틀을 제시한 이기백과 더불어 김두진과 최병헌에 의해 신라 하대 선종에 대한 기초적 이해가 정립됐다. 신라 하대는 정치, 사회적 변화양상이 두드러지는 시기였다. 그러므로 선종에 대한 연구는 이러한 변화와 연동해 나타나는 사상계의 변화와 그것이 정치, 사회적 변화를 견인했는가에 대한 관점에서 이루어졌다. 이 시기 이들은 불교와 국가 권력이 밀접한 관계가 있다는 견해를 전제하고 논지를 펼쳤다. 최병헌은 신라 하대 선종 유입과 그 전개 양상을 밝혔고, 김두진은 신라 하대 선 사상을 받아들인 대표적 승려들의 사상 경향을 규명했다. 이로써 신라 하대 정치적 변동 속에 등장하는 호족이라는 새로운 세력과 하대 선승들의 행적을 연관하여 설명하는 틀이 마련됐다. 한기두는 도의道義의 북산선北山禪을 순선純禪이라 파악하고, 홍척洪陟의 남악선南岳禪은 교선융합敎禪融合의 성격을 지닌 융선融禪으로 파악했다. 한편 구산선문九山禪門에 대해 고려 초 성립으로 보거나(김영태), 구산선문에 대한 근본적 의문이 제기됐다(허흥식).

또 박태화가 밀교 승려의 활동 내용과 밀교 경전의 유통을 살피는 방법으로 1965년 신라 밀교의 선구적 업적을 제출한 이후, 1970년대 문명대가 『삼국유사』를 기본 사료로 분석해서 『관불삼매해경觀佛三昧海經』, 『금광명경金光明經』을 사상적 배경으로 신인종神印宗이 삼국통일 과정에서 성립했다고 주장했다(1976, 「新羅 神印宗의 硏究」, 『진단학보』 41). 또 밀교학의 측면에서 서윤길은 신라 밀교 사상 전반을 개론했다(1977, 「신라의 밀교사상」, 『한국철학연구』 9).

불교 신앙에 대해서는 주로 정토신앙과 사상적 배경에 대한 전반적인 검토가 있었다. 정토학 연구는 1960년대 안계현이 선구적으로 시작했다. 그는 원효, 경흥憬興의 미타정토, 미륵정토 사상에 대한 논고를 지속적으로 발표하고, 1974년 「신라시대 정토왕생사상 연구」로 박사학위논문을 제출했다. 한편 김영태, 문명대 등에 의해 사상적 배경과 연관된 신앙 사례가 검토됐다. 문명대는 아미타신앙이 경덕왕대 사례가 집중적으로 나타나는 것에 착안하여 전제왕권과의 연관성을 설명했다. 계율에 대해서는 채인환이 동경대에서 「신라불교의 계율사상연구」로 박사학위 논문을 제출했다.

1980년대 교학 연구의 본격화

우리 학계에서 고대 불교 교학 연구는 화엄, 유식이 주요한 과제였다. 두 주제 중 먼저 화엄에 대한 연구가 1980년대 본격화됐다. 1980년대 화엄 관련 연구 중 논쟁이 심화되고 그 영향이 깊었던 것으로는 김상현의 문제 제기가 주목된다. 김상현은 1970년대 고대 화엄사상과 신라 중대 전제왕권의 연관성을 강조한 의견에 의문을 가졌다. 동시에 그는 『삼국유사』를 깊이 탐색했는데, 『신라화엄사상사연구』(1991)는 그와 관련된 결과물이다. 이 책에 수록된 「신라 중대 전제왕권과 화엄종」을 통해 사상사 연구에서 지나치게 정치 사회적 배경을 강조해 사상의 자율성을 축소시키지 않아야 한다는 시각을 제시했다. 그리고 의상의 사상적 지향은 연기緣起의 본질을 밝힌 것이기에 전제왕권을 뒷받침할 수 없다는 견해를 밝혔다. 이러한 견해를 이어 이기영, 고익진 등도 사사무애事事無碍한 화엄의 세계관을 정치적으로 해석하는 것은 화엄 사상의 지향이 아니라고 보았다. 그러므로 화엄 사상이 전제왕권을 직접적으로 뒷받침 했다고는 볼 수 없다고 주장했다. 1988년에는 제140회 한국사월례발표회에서 김복순이 이 주제로 발표하고, 이기백, 김상현, 김지견, 최병헌이 토론에 참여하는 장이 마련됐을 만큼 이 주제는 많은 학자들의 관심을 받았다. 여기에서 김복순은 오히려 신라 하대에 들어 화엄과 왕권의 관계가 긴밀해지는 경향이 나타남을 지적했다. 이후 의상을 중심으로 한 신라 화엄 사상과 그 사회적 의미의 관계는 역사학계의 주요한 논쟁으로 이어졌다. 그 과정에서 신라 중대는 유학이 새롭게 기존 불교의 역할을 대체해 갔으며(정병삼), 불교계에서는 유식 계통 불교가 왕권과 긴밀성을 보인다고 파악하는 견해가 새롭게 제기됐다(김복순).

김지견이 신라 화엄 연구의 중심에 의상이 있음을 환기한 이후(1973,

「신라화엄학의 계보와 사상」, 『학술원논문집』 12) 1980년대는 의상 화엄사상에 대한 이해가 본격적으로 이루어졌다. 고익진은 중국의 화엄사상가들 및 원효와 의상 사상을 비교해서 의상이 스승인 지엄智儼을 계승하면서도 한 걸음 더 나아가 특히 육상六相과 수십전數十錢에 대한 설명은 법장法藏의 화엄학 정립에도 영향을 미쳤다고 파악했다. 또 의상의 화엄사상과 정토신앙의 일치성은 신라만의 특징이 구현된 것이라는 견해가 제시되기도 했고(정병조), 의상 이후 화엄학 저술들에 나타난 계승성을 분석하는 연구가 진행됐다(채인환). 정병삼은 1991년에 「의상 화엄사상 연구」라는 박사학위논문을 통해 문헌 자료를 종합 분석해서 의상의 생애와 행적을 복원하는 동시에 『일승법계도』의 중심 사상이 중도中道에 있다고 파악했다. 특히 법계연기설法界緣起說의 계승성 양상과 의상이 지닌 실천적인 측면이 당대 사회 및 의상계 승려들에게 미친 영향에 대해 치밀히 분석했다.

한편 의상 사상의 핵심을 성기性起의 관점에서 이해하는 김지견의 견해를 이은 연구 성과들이 발표됐다. 이 관점은 실천적 신앙을 강조한 의상에 의해 진리 그 자체인 성기의 세계를 드러내고자 하는 측면이 더욱 부각됐다는 것으로 신현숙, 전해주에 의해 『일승법계도』가 재해석 되면서 제시됐다. 전해주는 1990년, 의상 관련 최초의 박사학위논문을 통해 『법계도』 첫 4구에 주목해 그것이 화엄의 성기에 대한 묘사라고 밝혔다. 그리고 이러한 의상의 사상은 한국 화엄사상으로 면면히 계승됐다고 주장했다.

원효 사상에서 화엄을 비중 있게 다룬 연구자인 고익진은 원효의 『대승기신론』에 대한 관점을 화엄사상과 연결해 해석했다. 그는 1970년대 『대승기신론소』와 『대승기신론소별기』를 분석해서 일심一心을 주목하고 일심의 두 측면인 진여문眞如門과 생멸문生滅門에 중관中觀과 유식唯識

을 대응시켜 중관과 유식 사이의 대립을 진속원융무애眞俗圓融無礙 입장에서 화쟁한 것으로 파악했다. 그리고 원효의 기신론 철학을 화엄사상에 배속해야 한다고 주장해 원효의 종합적인 불교사상 연구를 크게 진전시켰다.

신라 화엄의 흐름과 관련해서 신라 하대에 화엄교학이 현학화 되면서 선종이 주를 이루게 되었다는 기존 이해의 틀에 대한 논의가 이루어졌다. 이에 한기두, 정선본, 김복순, 김상현은 신라 하대 선종과 교종이 대립했다고 볼 수 없으며, 오히려 서로 영향을 주고받으며 공존하는 가운데 선의 파급 효과가 두드러졌다는 견해를 연이어 제시했다. 한편 이 시기 고대 불교 연구의 큰 틀로서 종파 성립 문제가 본격적으로 연구됐다. 종파 문제와 연관해서 구산선문의 형성과정 및 그 성격을 구명하려는 측면에서 시도된 연구가 많았다. 이와 관련해 허흥식은 구산문설에 대한 대안으로 선종설禪宗說을 제안했다. 한기두와 김영태는 수정적 입장에서 성립 시기를 검토했으나, 고익진과 추만호는 구산문설의 유효성을 강조했다. 신라 하대의 선은 교敎와의 관계에 대한 관심에서 접근한 연구도 진행됐는데, 선과 화엄의 상호 병립의 측면에서 이해하는 견해가 연속해서 제시됐다(고익진, 김복순, 조경시, 김상현).

고대 불교의 교학사에서는 원효 연구를 빼놓을 수 없는데 대게 일심사상, 화쟁사상, 여래장, 대승기신론 그리고 화엄 등이 원효 연구의 주요 주제이다. 이중 학계에 가장 큰 영향을 미친 것은 원효 사상이 곧 한국 고대 불교를 넘어서 한국불교의 사상적 특징을 상징하는 모습으로 이해되는 점이다. 최남선이 원효불교를 통불교론으로 이해한 이래, 한국불교의 역사적 성격론의 담론으로 발전했다. 50년대 민영규가 원효 사상을 중관학과 유식학의 통합불교를 화엄학으로 이해한 점, 60년대 조명기가 원효불교를 중심으로 한 신라불교사상의 특성을 통화성統和性, 총화성總

和性으로 규정한 것도 같은 맥락에 있다고 하겠다. 80년대 이기영은 『원효사상1-세계관』을 통해 『대승기신론소』와 『대승기신론별기』에 대해 전면적으로 해설함으로써 원효불교를 학문적으로 접근하는 시도를 했다.

원효의 저작 중 현존하는 『법화종요法華宗要』와 연관해 원효의 법화 사상 연구가 주로 불교학계에서 이루어졌다. 이기영은 원효 사상에서 『법화종요』가 갖는 의미를 검토하고 지의智顗에게 영향을 받았던 면모를 밝혔다. 이에 반해 길장吉藏의 영향을 강조하는 견해도 있다. 한편 『법화경』의 교리 중 일승一乘과 삼승三乘의 관계는 교학적 측면에서 접근해 사회적 의미를 도출한 연구가 있다. 앞서 보았던 화엄 사상에 대한 이해의 틀과 유사하게 법화 교학을 해석한 것이다. 안계현이 원효가 해석한 일승 개념이 삼국통일의 기본 원리가 되었다고 해석한 관점은(1982, 「법화사상과 삼국통일이념」, 『한국불교사연구』, 동화출판사) 이후 역사학계에 깊은 영향을 미쳤다. 일승과 삼승의 관계를 설명하는 회삼귀일會三歸一 정신이 고대 국가 운영 과정에서 위기에 직면했을 때, 정치 융합의 논리로 작용했다는 견해로 이어졌다(김두진, 조경철, 곽승훈, 정선여). 한편 김영태는 신앙의 측면에서 고대의 법화 영험 사례를 분석했다.

유식학은 삼국시대 후기 지론地論, 섭론攝論 등 구舊 유식 계통의 사상이 삼국에 전해진 것으로 파악하고 있다. 그리고 7세기 중반 이후 신유식이 수용되는데 이후의 고대 유식학 관련해서는 원측圓測 중심의 연구가 진행되어 원측 유식학의 이해의 큰 틀이 이 시기에 마련됐다. 해방 전 1941년 조명기에 의해 원측 연구가 발표되기도 했으나 다른 한국불교 연구 경향과 비슷하게 침체기를 겪는다. 다만 1960년대 안계현이 승장勝莊의 일문을 수집해서 『금광명최승왕경소金光明最勝王經疏』를 복원한 성과는 중요하다. 1970년대는 오형근이 유식학 전반에 걸친 연구와 더불어 원측, 원효 관련 논문을 발표했는데, 그는 원측의 사상적 경향을 일승적

유식학이라고 정의했다. 1970년대부터 80년대 걸쳐 고익진, 정태혁, 원의범, 신현숙, 정영근 등도 원측을 연구 대상으로 삼았다. 고익진은 원측의 『반야심경찬般若心經贊』과 규기窺基의 『반야심경유찬般若心經幽贊』을 비교했다. 이를 통해 원측은 중국 불교계에서 삼론종과 섭론종의 대립을 극복하려는 시도를 했으며, 원측에서 도증道證과 대현大賢/太賢으로 이어지는 학맥이 규기로부터 이어지는 중국과는 다른 성격을 가진다고 파악했다. 신현숙은 규기와 원측의 비교를 통해, 인도 10대논사의 견해를 원측이 보다 정확하게 이해했다는 견해를 제시했다. 원의범은 원측이 진제眞諦 계통의 구유식을 따르면서도 한편으로 현장의 신유식의 관점에서 설명하는 등 중도적 입장으로 기존 유식사상보다 한 차원 높은 것이라고 설명했다.

원측 이외에도 그를 계승한 대현 연구가 비교적 주를 이루었다. 이만은 1980년대에는 유식 교학 일반을 연구하고, 일본 문헌에 인용된 대현의 저술들의 일문을 정리해 『성유식론학기成唯識論學記』의 자료적 가치를 부각했다. 『성유식론학기』에 착목한 방인은 『성유식론학기』를 자세히 분석해서 원측과 규기의 유식사상을 종합했다고 파악했다. 이만은 이외에도 의빈義賓, 도증道證, 의영義榮 등의 자료도 연달아 수집해서 보고했다. 90년대 채인환은 대현의 전기와 저술을 정리해서 그의 사상적 경향을 성상화회性相和會라고 파악했다. 그리고 『범망경梵網經』과 『보살계본菩薩戒本』에 대한 주석을 검토해서 계율 사상을 파악하기도 했는데, 이후 최원식도 보살계에 대한 접근을 통해 대현의 계율관 연구를 이어간다. 한편 김남윤은 역사학의 입장에서 신라 시대 법상종 성립을 전제로 연구해서 대현과 진표眞表의 행적을 탐색했다. 그 과정에서 법상종 승려들의 공통된 신앙으로 미륵신앙을 연구했다. 그 결과 1990년대 박사학위논문으로 「신라법상종연구」를 제출했다.

1980년대 신앙 연구의 양상

교학과 더불어 구체적인 신앙 양상에 대한 연구는 일찍부터 시작됐다. 특히 1980년대는 1982년부터 7년에 걸쳐 화엄, 천태, 선, 정토, 밀교, 미륵, 관음신앙 등 7개 분야에 대한 『한국불교사상총서』 7권이 발간됐다. 여러 불보살의 정토 중에서도 아미타정토신앙은 『한국정토사상연구』에서 다루어졌다. 그리고 1986년과 1987년에 출간된 『한국미륵신앙연구』, 『한국관음신앙연구』 등을 통해 한국의 불교 신앙 중 미륵신앙과 관음신앙을 개관하고, 앞으로의 연구 방향을 고민해 볼 기회를 마련했다. 이처럼 1980년대에는 이미 중간 점검이 이루어질 만큼 아미타정토신앙, 관음신앙, 미륵신앙 연구가 상당한 수준으로 축적되어 있었다.

한국 고대 신앙 연구는 정토사상 연구와 연동되어 이루어진 경향이 크다. 정토사상은 아미타신앙의 성격과 특징에 대한 연구와 밀접하게 연동되어 진행됐는데, 그 중심에는 신라 정토 사상이 있었다. 원효, 경흥, 의적의 현존 저술을 검토한 안계현의 연구에서 시작했으며, 관련 연구가 1980년대 크게 성장했다. 이 시기 신현숙, 장휘옥 등이 불교학의 측면에서 원효의 정토사상을 규명하거나 신라의 미타정토 사상을 개관했다. 특히 장휘옥은 신라 승려들의 저작에서 흩어져 있는 정토 관련 문헌을 검토했는데, 문헌학 연구로서 의미가 있다. 채인환은 이른바 정토 삼부경에 대해 개관하고 이를 바탕으로 원광, 자장, 원효, 의상, 의적, 법위 등이 혜원慧遠의 정토교학과 관련 있다고 파악했다. 또 원측, 경흥, 대현, 도륜/둔륜 등의 저술을 검토하여 중국에서는 『관무량수경觀無量壽經』 중심이었던 것에 비해 신라에서는 『무량수경無量壽經』 중심으로 연구됐다그 파악했다. 그리고 신라 승려들이 정토왕생의 정인正因, 십념왕생十念往生, 참회 문제에 대해 고민한 결과, 임종 시 십념 염불로 정토왕생한다는 정토 교학을 발달시켜 통일 전쟁 과정에서 상처 받은 이들과 민들에게 위로를 줄 수 있었던 점을 신라 정토 교학의 특징으로 꼽았다.

김영태는 신라뿐 아니라 고구려, 백제의 정토신앙을 개관해서 삼국시대 미타신앙의 초기 양상과 특징을 규명하고자 했다. 고구려나 백제는 본국의 자료가 희소하기에 중국과 일본의 양상, 고구려 승려 의연과 연정토淵淨土, 선화사 연기 자료 등 몇몇 단편적인 사례를 개관했다. 이를 통해 불교 수용 전후 두 나라에도 분명 정토사상을 담은 경전들이 전해지고 그에 따른 신앙 활동이 행해지기 시작했을 가능성이 높다는 견해를 밝혔다. 그리고 백제의 정토신앙은 서방 왕생보다는 현세 이익적 성격이 강했던 것으로 분석했다. 또한 본래는 정토신앙이 내세적 의미가 큰 데 비해 신라의 경우 현실 위주 성향이 강하며, 신라가 곧 정불국토淨佛國土임을 믿고자 했다고 해석했다.

역사학에서는 이기백이 신라 정토 신앙을 염불을 통한 현신 왕생 신앙과 추선을 통한 사후 왕생 등 크게 두 유형으로 분류하고 정토 신앙을 사회사적 입장에서 분석한 연구도 발표했다. 김영미는 늦어도 7세기 초 신라 사회에 아미타 신앙이 자리 잡기 시작했다고 파악했다. 그는 연구를 확장해 1992년 「신라아미타신앙연구」를 학위논문으로 제출해서 신라 사회에 미친 아미타 정토 신앙의 역할을 규명했다. 여기에서는 아미타 신앙의 중생 구제의 성격은 평등성이 강해 중대왕실에서 민생안정을 통한 왕권 강화 정책을 펼치는데 영향을 미쳤다고 파악했다. 그리고 원효 및 불성론佛性論의 관점에서 아미타 정토 신앙을 검토해 일반 민에게 성불 가능성을 열어주고 정토왕생이 권유되었던 양상을 지적하면서, 신라 통일전쟁기 민의 다양한 성장과 관계가 있다는 견해를 제시했다. 그는 무구정탑 건립과 정토 신앙을 연관해서 해석했으며, 신라 하대 정토신앙은 불국정토 실현이라는 중대의 특징에서 벗어나 사후세계 기원만으로 변했다고 파악했다.

　미륵신앙의 경우 고구려 미륵신앙은 자료의 한계로 인해 별도 연구가 거의 진행되지 못했으며, 백제는 미륵사와 관련해서 연구됐다. 이 시기 미륵신앙은 김남윤, 김혜완, 오형근 등에 의해 진행됐다. 비교적 사료가 풍부한 신라 미륵신앙에 대해 중고기대 미륵신앙을 전륜성왕 설과 결합하거나 화랑의 성격과 관련해서 왕권 강화의 측면에서 해석했다. 중대는 경흥과 같은 유식 전공 승려들의 저작을 검토해서, 미륵상생신앙이 승려나 지식층을 중심으로 행해졌다고 파악했다. 신라 하대 궁예나 금산사와 연관해서는 일반 민들을 대상으로 메시아적 성향을 띤다고 파악했다. 한상길은 이에 비해 중대에도 하생신앙이 주를 이루었다는 견해를 제시했다. 한편 미륵신앙과 관련해서 진표의 행적에서 미륵신앙을 강조하고 그것의 사회적 의미를 해석한 연구들이 이루어졌다. 전제왕권을 뒷받침했다고 해석하기도 하고, 백제 유민의 정체성을 지녔던 진표가 참회를 통해 계법戒法을 강조한 것은 현실에서 이상세계를 구현하고자 한 것으로 보기도 하는 등 다양한 해석이 제시됐다.

　관음신앙은 이 시기 고대 관음신앙 사례를 전체적으로 개관하고, 그 성격을 유형화 하는 기초 작업이 이루어져 이후 연구자들에게 깊은 영향을 미쳤다. 대표적으로 정병삼은 통일신라시대 관음신앙 사례를 종합, 분석해서 그 유형과 성격을 『법화경法華經』「보문품普門品」과 『화엄경華嚴經』을 기반으로 하는 것으로 분류하고 그 의미를 개관하는 연구를 발표했다. 1988년에는 『한국관음신앙연구』가 출간되어 한국의 관음신앙 연구를 정리하고 개관한 연구들이 수록됐다. 여기에서 김영태는 고구려, 백제, 신라 삼국의 관음신앙을 고찰했는데, 삼국 중 백제와 고구려는 『법화경』「보문품」 중심 신앙 비중이 컸다고 밝혔다. 한편 고대 관음신앙 중 의상 연구의 진척과 함께 의상의 관음신앙도 주목됐다. 특히 의상의 저술로 전해진 「백화도량발원문」이 의상의 진작인지 여부는 일찍이 논의됐는데, 김영태는 의상 찬술이 아니라고 주장했다. 반면 김상현은 의상 진작을 인정했으며, 정병삼은 의상 문도가 가탁한 것이라고 파악했다. 「백화도량발원문」의 문헌적 검토는 2012년 새로운 판본이 학계에 보고되면서 재조명되게 된다.

이 밖에도 오대산 신앙과 문수신앙 사례도 검토됐다. 오대산 신앙의 경우 1980년대 박노준은 「五臺山信仰의 起源研究 － 羅·唐 五臺山信仰의 比較論的 考察」 등 오대산 신앙의 기원과 전개 과정에 관한 논문을 연속적으로 발표해서 기초를 다졌다. 신라 오대산 신앙은 1980년대부터 『삼국유사』 기록을 둘러싸고 역사학계에서 집중 논의됐다. 이 기록이 성덕왕 또는 헌덕왕과 흥덕왕 대 왕위 계승을 반영하고 있다고 해석할 수 있을 뿐만 아니라 자장의 행적의 신빙성과도 연관되어 있기 때문이다. 이와 연동해서 신라의 오대산 신앙 성립 시기는 주요 논쟁 주제였다. 일반적으로 신라 하대 성립설이 받아들여지면서도 해당 사료를 둘러싸고 오대산 신앙 성립 시기 문제는 여전히 합의되지 않은 모습이다.

오대산 신앙과 함께 자장의 문수신앙도 중요한 관심의 대상이 됐다. 자장이 문수보살의 상주처로 상정한 곳이 오대산이라고 파악한 안계현, 태백산이라고 보는 이기백의 견해 등이 있다. 반면 자장과 오대산 문수신앙은 관계가 없고 후대 윤색이라고 파악한 김복순, 신종원 등의 견해도 있다. 이 밖에도 자장 만년의 문수신앙은 인정하면서도 신라 하대 오대산이 성립하면서 오대산 신앙의 기원을 자장에게로 소급한 것이라 분석한 남동신의 견해 등 자장의 문수신앙의 진위 여부 및 오대산 신앙과의 연관성에 대해 다양한 의견이 제시됐다. 한편 석가모니부처에 대한 신앙은 고대 국가 성립 과정에서 왕권을 합리화하는 데 기여했다는 견해가 김철준, 김두진, 신동하 등에 의해 제기됐다.

고대 불교 사상 연구의
주제 확장과 문헌의 재발견

1990년대 연구 주제의 다변화

1990년대 이후에는 박사학위 논문이나 단행본들이 연달아 출간됐다. 이는 이전 시기 연구를 바탕으로 연구가 한층 더 다양해지고 심화됐음을 보여준다. 원효 연구는 연구자의 증가와 함께 연구성과도 질적으로나 양적으로나 비약적으로 증가했다. 또 이 시기 원효의 행적에 관한 자료들이 구체적으로 검토되었는데, 특히 원효의 거사불교가 크게 주목받았다. 원효 저술 전반에 대한 교감과 주석 작업이 추진되었다. 이 같은 연구를 이끈 이들로는 이종익, 은정희, 이평래, 김성철 등 불교학 연구자들과 남동신, 김상현 등의 역사학 연구자들이 있다. 이들은 여래장사상과 유식사상, 화엄사상과 보살행, 계율관과 정토관 등 다양한 분야를 다룸으로써 연구의 영역을 넓혔다. 이들을 통해 원효 저술이 동아시아 불교에 미친 영향과 원효 불교가 차지하는 역사적 위치가 파악되었다. 남동신은 원효 연구를 통해 중대 불교의 시점을 『금강삼매경론』 찬술 시점으로 파악했다. 김복순은 원효가 중국의 현장의 신유식을 비판하는 등 중대 교학 번성을 이끌었음을 밝혔다. 이들의 연구 성과는 논문뿐만 아니라 단행본, 학위논문으로 제출되었다. 또 김영미는 원효를 여래장사상, 불성론의 시각에서 검토하면서 성불 가능성을 넓게 열어두고 여러 계층에게 정토왕생을 권유한 것에 의미를 부여하는 해석을 했다.

이 시기는 의상 연구의 새로운 모색기였다. 법장의 저술로 전해졌던 『화엄경문답華嚴經問答』이 의상 문도들에 의해 정리된 의상의 강의록일 가능성이 제시되는 동시에 의상의 저술인 『법계도』가 의상의 진찬이 아니라는 주장이 제기된 것이다. 이를 둘러싼 연구자들의 논박은 한국학계만이 아니라 한·중·일 삼국의 연구자들에 의해 진행되어 의상 화엄 사상을 보다 폭넓게 이해할 수 있는 계기가 되었다.

한편 의상, 원효 등 주요 승려 외에 고대에 활약했던 승려들에 대한 개별 연구가 본격화되면서, 한 명의 승려가 지닌 다양한 면모가 연구된다. 예를 들어 김남윤이 진표 관련 전기 자료를 종합적으로 살피는 한편 미륵신앙의 측면에서 검토하기도 하고, 법상종의 하나의 흐름을 형성했음을 설명했다. 또한 채인환은 진표 행적에서 계율의 측면을 부각해 1980년대 후반부터 일련의 연구 성과를 제출함으로써 진표가 점찰 교법을 확립한 인물임을 부각했다. 한편 김상현은 1970년대 이기백이 진표가 반신라적 행보를 띠었다고 파악한 기존 견해에 반론을 제기했다. 또 신라 하대 견훤과 궁예가 진표를 계승했다는 의견이 제시되거나(조인성), 지장신앙과의 연결점에 주목하기도 했다(홍윤식).

이러한 측면의 연장선상에서 당에 유학한 승려들 연구는 고대 불교 이해의 시각을 넓혔다. 권덕영은 원측의 입당 관련 사항을 자세히 살폈고, 여성구는 신라 중대 승려들 전반을 검토하면서 귀국하지 않은 승려들인 혜초, 무상, 지장, 무루에 대해서도 살폈다. 변인석은 장안의 사찰과 신라 승려들의 관계를 파악했으며, 종석은 밀교 승려들의 행적과 사상 경향을 집중적으로 살펴, 고대 밀교 승려 연구의 기초를 닦았다.

또 계율만을 독자 주제로 해서 범망경보살계를 중심으로 승장, 의적, 대현, 원효가 지닌 보살계에 대한 관점을 파악한 박사학위논문이 최원식에 의해 제출됐다. 그는 원효에 의해 종합적인 보살계사상이 신라에 전해졌으며, 승장, 의적, 대현은 『유가론』에 기초해 『범망경』을 이해했음을 밝혔다. 또한 보살계 사상이 왕권의 합리화 측면에서 도움이 되었을 뿐만 아니라 민들에게도 위안을 주는 기능을 했다는 견해를 제시했다. 이처럼 불교학에서 계율 연구도 1990년대 이후 꾸준히 증가 추세를 보인다. 이 시기 전반적인 계율학을 개관하는 연구들이 많이 발표됐는데, 그 중 목정배는 계율학을 정립하는 일련의 연구 성과 중에 신라불교와 범망경의 관계에 대한 논문을 제출했다. 채인환은 신라뿐만 아니라 고구려와 백제의 계율에 대한 일련의 연구를 발표했다.

90년대에는 선종 연구가 급증했는데, 기존 통설에 대한 재검토와 더불어 새로운 분야로 연구가 확대됐다. 선종의 수용과 전개 과정을 역사적 시기 구분 문제와 연동해서 세분해서 살펴보는 연구가 선종 연구 전공자들에 의해 다각적으로 검토됐다. 또 선종과 연관된 세력에 대한 새로운 견해로 호족뿐 아니라 일반민에 주목하거나(추만호) 중앙왕실과도 선별적이며 탄력적인 관계로 파악하면서(조범환, 이계표) 다양한 세력과의 연계를 설명하게 됐다(최인표). 그리고 이 시기에는 선종의 개별 산문의 사상이 본격적으로 검토되기 시작했다. 그 결과 이와 관련한 박사학위논문이 여러 편 발표됐다(추만호, 정선본, 조범환, 최인표).

90년대 신앙의 측면에서는 결사불교結社佛敎가 새롭게 주목됐다. 이미 1970년대 김문경은 『삼국유사』의 결사를 불교신앙의 측면에서 검토한 바 있으며, 채웅석이 고려시대 향도의 사회적 성격에 대해 논구한 바가 있었다. 90년대 들어 고대 결사와 향도에 대한 논문들이 잇달아 발표됐는데, 결사불교와 향도에 대한 시각차로 그 개념에 대해서는 이견이 제기됐다.

고대 향도와 결사는 불교의 교학적 측면과 더불어 신앙적 측면에서 계층과 지역을 넘어 불교가 전파된 현상을 구체적으로 알려 준다는 점에서 주목됐다. 이후 2000년대 들어 사회적 기능의 측면과 고려 결사와의 비교를 통해 고대 결사의 특징을 검토하는 연구 등 다양하게 변주된다.

이 시기는 역사학계를 중심으로 국가와 불교의 관계를 해명하는 입장에서 박남수, 곽승훈, 남동신, 윤선태 등이 주도해 왕실사원, 성전사원 연구가 지속되어 승관제 연구가 구체화되었던 시기이기도 하다. 한편 신동하가 2000년에 발표한 신라불국토사상에 대한 연구는 이후 신라 불교 성격의 큰 틀로서 불국토 사상을 제시해 추후 학계에 큰 영향을 미쳤다. 또 불교 전래 이전 이른바 전통/무속신앙과의 비교를 통해 불교 초전 시기 고대 사회의 특징을 찾는 연구도 이루어졌는데 불교사의 대표적인 연구 성과로는 신종원의 『신라초기불교사연구』가 있다.

90년대 불교 연구 주제의 다변화를 보여주는 것으로는 불교와 여성을 테마로 한 연구가 시작됐다는 점을 들 수 있다. 불교학계에서 전해주, 리영자가 주도해 80년대부터 불교의 여성관의 측면에서 연구의 시작을 알렸는데, 90년대 들어 고대 여성관으로까지 연구가 확장된 것이다. 대표적으로 김영미는 신라와 백제의 비구니 교단 성립 양상과 계율의 관계 및 신앙 양상을 살폈다. 나아가 『삼국유사』와 금석문 자료에 나타난 신라 여성의 신앙 사례를 검토해 업설과 윤회 사상을 바탕으로 성불보다는 극락왕생을 지향하는 특징이 있다고 설명했다. 이 시기 본격적으로 시작한 불교와 여성이라는 연구 주제는 2000년대 이후 서구의 연구 성과가 반영되면서 불교학계에서는 불교와 페미니즘이 본격적으로 거론되며, 고대 불교 입장에서 불교를 매개로 한 여성의 국가, 왕실, 교단과의 관계의 기능과 의미를 밝히는 연구가 지속된다.

2000년대 연구의 심화와 분기

2000년대 고대 불교 연구는 이전 시기까지 축적된 연구를 바탕으로 세분화된 주제 탐색이 심화하는 방향으로 진행되거나, 기존에 주목되지 못했던 주제에 대한 연구가 새롭게 시작되는 양상이 나타난다. 고대 불교의 시각에서 백제와 고구려 불교에 대한 연구 성과가 제출된 것은 고대 불교 전체에 대한 이해를 높이는 데 기여했다. 그리고 불교문헌의 천착을 통해 교학을 더욱 정밀히 이해하게 된 경향이 뚜렷해졌다.

먼저 이 시기 연구 경향을 박사학위논문 통해 알아보겠다. 2000년대 국내에서 발표된 고대 불교 관련 박사학위논문의 주제는 인물, 사상, 문헌, 기타 등으로 분류할 수 있다. 연구 주제가 된 인물과 문헌 관련 연구로는 원효, 원측, 의상, 경흥, 대현이 있다. 더하여 신라 승려로 추정되는 문궤文軌와 월충月忠도 포함된다. 원효는 한국 불교 연구 시작부터 가장 많은 연구 대상이 되었는데, 그 경향성은 2000년대 들어도 지속됐다. 원효 연구 주제는 유식사상, 화엄사상, 정토사상 및 정토신앙, 실천 수행관, 해석학인데 이외에 현대적 관점에서 평화사상도 연구 주제로 다루어진다. 원효 사상 전반을 독자적인 보법화엄의 입장의 성립에 의미를 둔 연구를 필두로(석길암) 원효 저작을 연구 대상으로 삼은 경우는 『금강삼매경론』, 『이장의』, 『기신론별기』, 『기신론소』, 『열반경종요涅槃經宗要』가 주를 이루고 있다. 이 같은 원효 연구는 1970년대 이후 원효 연구의 맥을 이으면서도 심화된 연구 경향을 보여준다.

원측 역시 유식사상과 연관해 지속적인 연구 대상이 되고 있는데(남무희), 특히 그의 저술인 『해심밀경소』를 각 품별로 세분해서 파악함으로써 그의 사상을 정밀하게 추적하는 방법이 제시되어 주목할 만하다(장규언, 김성은). 경흥의 저술인 『무량수경연의술문찬』도 신라 정토사상을 파악하는 관점에서 역주연구 방식으로 검토됐다(김양순). 반면 의상에 대한 연구는 주춤하는 분위기이지만 의상 문하 제자들의 저술인 『도신장道身章』 검트를 통해 의상과 그 이후의 화엄사상을 재조명하는 연구는 방법론의 측면에서 의상 연구의 새로운 측면을 보여주었다(박서연).

  2000년대에는 도륜/둔륜이 새롭게 조명되어 연속해서 3편의 박사학위논문이 제출됐다(추인호, 서정인, 이소영). 이들은 본격적으로 도륜의 『유가론기瑜伽論記』를 검토했다. 이전 시기 도륜 연구는 유식학의 근본 논서 중 하나인 『유가사지론瑜伽師地論』 100권 전체에 대한 유일한 주석서인 『유가론기』의 방대한 분량으로 인해 자료의 성격과 판본 문제를 검토하고 도륜의 행적을 추적해 찬술 연대를 추론하는 단계에 머물러 있었다. 이들 연구를 통해 도륜의 사상적 경향이 보다 구체적으로 규명될 수 있었다. 『유가론기』에 등장하는 신라 논사들에 대한 연구도 박사학위논문 제출 이후 지속된 연구 및 유식학 연구자들에 의해 신라 논사들의 정체나 사상이 밝혀지고 있다(박인석, 백진순).

  한편 신라 출신으로 추정되는 문궤의 『인명입정리론소因明入正理論疏』나(박세규) 월충의 『석마하연론釋摩訶衍論』에 대한 연구도(김지연) 진행되어 이전 시기에 비해 인물 및 사상에 대한 연구가 다양화되고 있음을 보여준다. 그 과정에서 신라 승려만이 아니라 백제 승려에만 주목하고(심경순) 일본에 영향을 준 한반도 출신 승려를 주제로(이윤옥) 백제계 행기行基, 관륵觀勒, 의각義覺, 법명法明뿐만 아니라 고구려 승려 도현道顯, 도등道登 등 그동안 주목되지 않았던 인물들도 부각함으로써 고대 불교의 범위를 확대하는 계기를 마련했다.

  이 시기 고대 전체를 아우르는 사상을 독자적인 주제로 선택한 연구로는 법화사상 연구가 있다. 법화사상은 이전 시기에는 신앙적 측면과 천태사상과의 연관성을 비롯해 원효의 『법화종요』 검토 등에서 부차적으로 연구된 경향이 강했는데, 이 시기 들어 새롭게 독자적인 주제로 주목된다. 원효, 의적, 경흥의 저술 분석을 토대로 한 교학적 측면 및 『법화경法華經』을 통한 신앙적 측면에서 신라 법화사상사를 전체적으로 조명한 연구가 그것이다(박광연). 이와 같이 불교 문헌 분석과 유통 현황을 검토하는 방법으로 제출된 연구로는 신라 밀교 연구 분야에서도 나타났다. 고대 밀교 연구는 2000년대 이전 홍윤식, 종석, 서윤길 등에 의해 밀교 사상의 흐름이 검토된 바 있었다. 여기에 더해 역사학적 시각에서 신라 사회에 미친 밀교의 영향을 불교 문헌의 유통에 초점을 맞춰 개관한 박사논문이 발표됐으며(옥나영), 밀교 승려의 활동을 신라 사회 변화와 연계하여 파악한 연구도 연이어 발표됐다(김연민).

이 밖에도 선종과 신앙을 주제로 한 연구가 있다. 신라 하대 대두된 선종 연구로 90년부터 본격화된 개별 산문과 선승들의 생애와 사상 연구의 연장선상에서 굴산문의 동향을 주제로 한 박사학위논문과(김흥삼), 선승의 현실인식을 역사학적 방법론을 통해 연구한 결과가 발표됐다(정동락). 불교 신앙으로는 정토신앙, 관음신앙, 오대산신앙 및 신불융합이나 무속과 불교의 융합 등을 주제로 한 연구들이 있다. 그리고 신라 중고기 교단의 성립과 변화를 역사적 시각에서 접근한 연구(신선혜)와 『삼국유사』를 불법전서적 면에서 조명한 연구 등도 이 시기 학위논문으로 발표됐다.

또 다른 주제로는 고구려·백제불교 연구가 있다. 백제와 고구려는 고대 불교를 개관하면서 다루어지거나, 1970~80년대 별도의 소논문이 발표된 이후 구체적이고 본격적인 연구는 거의 이뤄지지 못했다. 그러다 1990년대 이후 백제불교의 계율, 미륵신앙, 법화신앙, 사서에 등장하는 승려들 연구가 진행되다가 2000년대 들어 박사학위논문이 연달아 발표됐다. 대표적으로 대통사에 착목해 백제 전시기에 걸쳐 불교를 정치변동과 연동해 접근한 조경철은 「백제불교사의 전개와 정치변동」을 박사학위논문으로 제출했다. 이어 길기태가 사비시대 백제의 불교 신앙을 주제로, 이장웅은 국가 제사와 불교사원의 연관성을 주제로 연이어 박사학위논문을 제출했다. 고구려 불교에 대해서도 정선여가 고구려 전 시기를 관통하는 시각에서「고구려불교사연구」를 박사학위논문으로 제출했다.

2000년대 교학 연구의 심화 모습은 특히 유식학과 화엄학 분야에서 두드러진다. 특히 이 분야 연구는 일본 학계의 연구 동향과 맞물려 진행되는 비중이 높다. 예를 들어 신라 유식학 이해의 중심 인물인 원측의 사상 경향에 대해 일본학계에서 비판적 제기가 90년대 중반부터 있었다. 원측이 진제 계통인 구유식의 일체개성설一切皆成說을 받아들였다는 견해를 비판하며 오히려 5성각별설의 입장에 있다고 주장한 것이다. 대표적으로 키츠카와 도모아키橘川智昭는 원측의 사상은 중국에서 구유식에서 신유식으로 사상적 전환이 이루어지는 과정에서 중간단계에 있다고 판단해 학문적 완결성이 떨어진다고 평가했다. 이에 정영근은 연속적으로 재반론 하면서 일체중생의 성불에 대한 원측의 입장을 재확인함으로써 원측 사상에 대한 이해를 심화하는 계기가 되었다. 또한 원측의『해심밀경소』의 사상적 의의를 티베트 불교에 미친 영향이라는 시각에서 접근한 연구도 발표됐다(안성두, 차상엽).

원측계와는 성격이 다른 의적義寂이나 현륭玄隆의 사상에 대한 검토도 시작되었다. 1980년대 의적을 유식학의 측면에서 살펴야 한다는 김상현의 의견이 제기된 바 있으나 의적에 대한 본격적 연구가 90년대 일본에서 시작되면서 한국에서도 관심의 대상이 되었다. 연구의 중심 문헌은『대승의림장大乘義林章』인데, 이것을 의적의 저술로 볼 수 있는 가능성을 제시하고, 일문逸文이 복원되기도 했다. 또 원측과 다른 이들 계통이 신라 유식학의 주류를 점했던 양상을 포착한 것은 기존 고대 유식학 연구의 범주를 넓힌 것이라고 할 수 있다.

그리고 방대한 양과 교학 이해에 대한 깊이, 판본 문제 등으로 인해 연구의 우선 순위에서 밀려나 있던 유식 승려들의 현전 저술에 대해서도 주석 작업이 본격화되면서 다양한 연구 성과가 제출됐다. 예를 들어 도륜의 『유가론기』는 2000년대 들어 판본 문제를 비롯해서 세부 내용 검토가 이루어졌다. 같은 맥락에서 대현의 『성유식론학기』나 『대승기신론내의약탐기』 등의 저술에 대한 검토를 통해 그의 유식사상가로서의 복합적 사상 지형의 층위를 분석한 연구와 함께(이수미, 박인석) 『보살계본종요』의 판본 검토 및 동아시아에서의 유통 정황을 추적하고 『범망경』 해석에서 대현의 위상을 재조명하기도 했으며(김천학), 대현 활동의 사회적 의미를 검토하기도 했다(송보혜).

또한 신유식 사상 수용 이전, 삼국시대 지론이나 섭론이 전래됐던 양상도 연구 대상이 되면서 삼국시대 유식학 연구에 대한 단초가 시작되었다. 한편 신라 중심의 연구 경향에서 벗어나는 시도는 의미가 매우 크다. 흩어져 있는 사료를 종합해 고구려 승랑의 생애의 전면 복원을 시도하고 중국의 불교계와 연동해 사상 경향을 살핀 연구서가 연속해서 출간됐다(김성철, 남무희). 여기에서는 승랑이 독창적인 이제론二諦論을 통해 대승 경전을 해석하고자 했으며 비단 한국 고대 불교만이 아니라 삼론종三論宗 성립에 깊은 영향을 주었음이 밝혀졌다.

화엄학 분야에서는 2000년대 의상 및 의상계 화엄에 대한 연구 비중이 이전 시기에 비해 축소되는 대신 상대적으로 중국 화엄과 화엄학 일반에 이르는 연구 범주의 확장이 이루어졌다. 이 시기 일본 고대 화엄문헌 연구가 진행되면서 신라 화엄 전적에 대한 발굴이 많아진 것도 하나의 계기가 됐다. 그리하여 중국과 일본의 화엄 경향을 고려하면서 고대 화엄 사상을 검토하는 연구가 진행되고 있다. 최연식은 화엄 문헌의 내용 분석과 유포를 정밀하게 검토하는 동시에 사상사적, 역사적 의미를 부여하는 일련의 연구를 발표했다. 특히 김천학은 일본의 화엄사기류를 통해 한국 화엄과 중국 화엄에 대한 역추적을 시도하는 새로운 방식을 통해 화엄학 연구를 심화시켰다. 또『화엄경』사상에 대한 천착을 바탕으로 연구의 확장 과정에서 의상의 이이상즉理理相卽에 대한 기존 해석을 비판적으로 검토하는 연구 등(박보람) 화엄 연구는 의상 사상을 주로 하되 방법론적으로 다변화가 이루어지고 있는 경향이 크다.

불교 문헌 자료의 복합적 지형

한국 고대 불교 연구는 1차 자료인『삼국유사』분석을 바탕으로 기초를 닦았다. 이후 금석문의 판독과 번역, 역주 작업이 본격적으로 크게 활성화됐다. 황수영과 허흥식은 금석문 자료를 수집해서 판독했고, 이지관은 고승 비문을 역주했다. 그리고 한국역사연구회의 나말여초 선사비문 역주 작업은 긴 기간 동안 여러 연구자들이 함께한 공동 작업으로 큰 의미가 있다. 이 과정에서 신라 중대와 하대 승려들 각자의 연구가 활발하게 이루어져 기존에 원효, 의상 등 주요 승려 위주의 연구에서 그 범위가 확장될 수 있었다.

특히 동국대학교 불교문화연구소에서 시작된 우리나라 찬술 불교문헌을 모은『한국불교전서』간행은 우리 불교 연구에 기폭제가 됐다. 연이어 한글 번역본이 간행되고 있고, 2015년에는 국문본과 영문본으로『한국불교전서 편람』도 간행됐다. 한국전통사상총서간행위원회가 주도하여 한국 불교 텍스트의 역주와 영역작업이나 금강대 불교문화연구소 주도로 간행한『장외지론종문헌집성藏外地論宗文獻集成』은 이러한 측면에서 의미가 깊다.

한국이라는 지역을 기반으로 찬술된 자료는 기존에 알려진 자료 이외에도 새롭게 발굴될 가능성은 언제든 열려 있다. 대표적으로『대승사론현의기大乘四論玄義記』의 중국 찬술설을 비판하고, 백제 찬술 문헌으로서 조명하거나, 법장의 저술로 알려졌던『화엄경문답』을 신라의 문헌으로서 신라 화엄사상사의 맥락에서 이해하게 됐다. 이로써 의상 화엄사상과 그 계승을 이해할 수 있는 자료가 추가되어, 신라 화엄사상 이해의 폭을 넓히는 계기가 된 것에서도 알 수 있다(김상현, 최연식, 이만). 반대로『유심안락도』,『대승기신론동이약집』은 원효의 저작으로 알려졌었는데, 일본 승려가 원효의 저술을 토대로 주석을 붙인 것일 가능성이 높아졌다. 또 일본 승려 린쇼의 저술로 알려진『무량수경소無量義經疏』가 원측의 저술일 가능성도 제시되기도 했다.

이와 관련해서 한국찬술문헌을 넘어서 그것에 대한 주석서에 주목할 필요가 있다(김천학). 한국불교사상이 동아시아로 확장해 나가는 일면을 보여주기 때문이다. 예를 들면 신라 불가사의不可思議의『대비로자나경공양차제법소大毘盧遮那經供養次第法疏』에 대해서는 일본의 유한宥範이 불가사의 저술의 전 문장에 대한 주석서를 남겼다. 이를 통해 불가사의의 주석이 경전에 근거한 것임을 밝히면서, 실제 사례를 보충하고, 오해의 소지가 있는 부분을 해명하거나, 구체적 설명을 더 하고 있어 신라 밀교 이해의 수준과 그것이 일본에 미친 영향을 가늠해 볼 수 있게 한다.

더불어 고대 불교 연구의 진전을 위해서는 일문의 수집과 정리는 필수적이라는데 공감대가 형성되어 왔다. 최근에는 일본의 고문헌에 대한 조사를 진행하면서 일련의 연구 성과들이 발표되고 있다. 특히 2000년대 이후 일본의 고대 화엄문헌 연구를 통해 신라 화엄의 전적에 대한 발굴 성과는 한국 고대 불교 사상 연구에 크게 기여하고 있다. 일문 수집은 한 번으로 마무리 할 수 있는 일은 아니다. 예를 들어 1960년대 안계현에 의해 『금광명최승왕경소』의 일문이 제시된 바 있다. 이에 최근 한명숙은 『금광명경소』 집일 현황을 파악하고 오류를 파악하면서 앞으로 일문 수집, 정리의 방향을 제시하면서 정밀한 시각에서 접근할 필요가 있음을 강조했다.

  이처럼 불교문헌은 단선적인 시각이 아니라 중층적 시각에서 치밀하게 검토할 필요가 점점 높아지고 있다. 고대 불교 이해의 큰 틀이 이미 제시된 연구 환경에서 그것을 확장 시키거나, 오류를 밝혀 올바른 이해를 하는 이유는 문헌을 복합적으로 활용하고 해석해야 하기 때문이다. 한편, 미륵사지 발굴 성과에서도 경험했듯이 기존 자료에 대한 재해석이 필요한 자료의 발굴이라는 행운은 고대 불교 연구에 긴장의 끈을 놓지 않게 한다. 따라서 열린 태도를 지님과 동시에 비판적 시각을 도구로 기존 불교문헌 자료를 활용해야 한다.

한국 고대 불교 사상 연구의 방향과 과제

　고대 불교는 1700년 한국불교 역사가 시작된 시기라는 특수성으로 인해 많은 관심의 대상이 됐다. 일본의 경우 한국불교에 대한 연구를 이른 시기부터 시작했고, 한국불교 연구에도 많은 참고가 되는 연구 성과들을 지속적으로 제출하고 있다. 일본에서의 한국불교 연구는 특히 고대 불교에 집중되어 화엄, 유식학을 중심으로 원효, 원측, 의상 관련 문헌 검토가 상당히 치밀하게 이루어졌다. 또 서구에서의 고대 한국 불교에 대한 연구는 기존 학설에 대한 새로운 검토의 기회를 제공하여 고대 한국 불교사 이해의 틀을 재구축하는데 기여했다.
　우리 학계에서는 근대 학문의 방법론 도입 후 양과 질적인 측면에서 많은 성과를 축적했다. 불교 철학계 뿐 아니라 역사학계에서도 이 시기 사회상을 이해하기 위해 깊은 관심을 지속하고 있다. 1970년대는 한국불교 연구의 기초 자료가 정리되는 동시에 선구적인 연구자들이 고대 불교 이해와 연구의 기초적인 틀을 제시함으로써 이후 고대 불교 연구에 토대를 구축한 시기였다. 1980년대 이후에도 연구의 양적, 질적인 면에서 꾸준하게 일정 수준 이상의 성과를 내왔다. 1990년대 이후에는 연구 주제가 세분화되어 다양성이 확보된 동시에 연구 결과를 공유하는 방법이 용이해짐에 따라 그 성과가 확산된 점은 고무적이다. 2000년대에는 세분화된 주제 탐색이 심화하는 방향으로 진행됐다. 또한 기존에 주목되지 못했던 주제에 대한 연구가 새롭게 시작되는 양상이 나타나면서 교학 이해의 정밀화 경향이 뚜렷해지고 있다.

한국 불교의 시작인 고대 불교에 대한 이해의 폭이 넓어지는 것은 곧 한국불교에 대한 이해를 높이는 것이기도 하다. 이러한 측면에서 무엇보다 불교 문헌의 정밀한 검토와 활용이 필요하다. 이를 위해 문헌 자료 전반에 대한 정확한 해석 시도가 전제되어야 한다. 한자 문화권의 대다수 자료가 지역별 언어로 번역된 자료를 공유하고 있는데, 번역에 오류도 빈번히 찾을 수 있다. 따라서 공동 세미나를 통해 기존 해석의 재해석을 학자들이 함께 공유하고, 수정안이 지속적으로 반영될 수 있는 환경이 마련되어야 한다. 또 아직 역주 작업이 이루어지지 않은 고대 불교 자료를 담고 있는 문헌의 역주도 기대해 볼 수 있다.

다음으로 불교 문헌의 정확한 활용이 필요하다. 불교문헌이 DB화 되어 그 어느 때보다도 자료를 손쉽게 공유할 수 있게 되면서 연구에 활력을 불어 넣는 긍정적인 면이 분명히 있다. 그러나 그 용이성이 곧 학문의 질적 향상과 직결되느냐는 별도의 문제이다. 몇몇 키워드를 통해 자료를 검색해 파악하다 보니, 사료 전체의 맥락을 놓치고 부분만을 강조한 해석을 하는 오류를 범하기 쉽다. 또한 특정 검색어로는 찾아지지 않는 내용을 놓치는 경우도 많다. 현 한국연구재단 체제하에서 많은 연구자들은 필수 연구 성과 제출을 요구받고 있다. 따라서 사상의 맥락과 문맥에 대한 깊은 고민 없이 키워드 검색을 통한 통계치를 바탕으로 한 단선적 논문들이 대량으로 제출되고 있는 것도 사실이다. 물론 이 문제는 비단 불교학계만이 아니라 한국학계의 고민 중 하나이다.

한 걸음 더 나아가 일본 승려의 사상에 대한 연구 심화가 필요하다고 한다고 생각된다. 일본 승려들의 사상은 우리 학계의 연구가 본격적으로 심화되지는 못했기 때문이다. 서로 영향을 주고받았던 승려들의 사상 지형이 선명해진다면 동북아시아 불교 사상의 상호관련성을 명확하게 밝힐 수 있는 동시에 한국 고대 불교의 특질과 독자성도 명료하게 밝힐 수 있을 것이다.

| 참고문헌 |

고익진(1989), 『韓國古代佛敎思想史』, 동국대학교출판부.
금강대학교불교문화연구소(2012), 『화엄경문답을 둘러싼 제문제』, 씨아이알.
김남윤(1995), 「신라 法相宗 연구」, 서울대학교 박사학위논문.
김복순(1990), 『新羅華嚴宗研究 : 崔致遠의 佛敎關係著述과 관련하여』, 民族社.
김상현(1991), 『新羅華嚴思想史研究』, 民族社.
김영미(1994), 『新羅佛敎思想史研究』, 民族社.
김영태(1990), 『삼국시대불교신앙연구』, 불광출판부.
김지견(1973), 「新羅 華嚴學의 系譜와 思想」, 『學術院論文集』 12.
김천학(2010), 「화엄십현의사기에 인용된 신라화엄문헌의 사상사적 의의」, 『불교학리뷰』 7.
_____ (2017), 「한국찬술불교문헌의 확장성에 대한 일고찰-태현의 『보살계본종요』를 중심으로-」, 『서지학연구』 70.
남동신(1995), 「元曉의 大衆敎化와 사상체계」, 서울대학교 박사학위논문.
서윤길(2006), 『한국밀교사상사』, 운주사.
신동하(2000), 「新羅 佛國土思想의 展開樣相과 歷史的 意義」, 서울대학교 박사학위논문.
신종원(1992), 『新羅初期佛敎史研究』, 民族社.
안계현(1976), 『新羅淨土思想史研究』, 亞細亞文化社.

이기백(1994), 『新羅思想史硏究』, 一潮閣.

이기영(1972), 「華嚴一乘法界圖의 근본정신」, 『신라가야문화』 4, 신라가야문화연구소.

이　만(2000), 『한국유식사상사』, 장경각.

전해주(1993), 『義湘 華嚴思想史 硏究』, 民族社.

정병삼(1998), 『의상 화엄사상 연구』, 서울대학교출판부.

정성본(1995), 『新羅禪宗의 硏究』, 民族社.

조범환(2001), 『新羅禪宗硏究 : 朗慧無染과 聖住山門을 중심으로』, 一潮閣.

종　석(1996), 「唐朝의 純密盛行과 入唐 新羅 密敎僧들의 思想」, 『論文集』 5, 중앙승가대학.

채인환(1977), 『新羅佛敎戒律思想硏究』, 國書刊行會.

최병헌(1972), 「신라하대 선종구산파의 성립」, 『한국사연구』 7.

최병헌 외(2013), 『한국불교사 연구 입문』 상·하, 지식산업사.

최연식(2005), 「8세기 신라 불교의 동향과 동아시아 불교계」, 『불교학연구』 12.

최원식(1999), 『新羅菩薩戒思想史硏究』, 民族社.

한명숙(2017), 「元曉『金光明經疏』輯逸의 현황과 그에 대한 비판적 검토(Ⅰ)」, 『보조사상』 49.

한명숙(2018), 「元曉『金光明經疏』輯逸의 현황과 그에 대한 비판적 검토(Ⅱ)」, 『보조사상』 50.

마 음
『능엄경』·『원각경』

김지연

Ⅰ. 동아시아에서 바라본 '마음'
Ⅰ. 삼국과 고려에서의 '마음' 이해
Ⅲ. 조선에서 '마음' 해석의 변용
● 마음, 고금을 통하다

I

동아시아에서 바라본 '마음'

동아시아 찬술 문헌

현대인에게 '마음'은 중요한 주제어로 지속적인 관심을 받고 있는데, 불교에서는 이미 오래전부터 이 '마음'에 초점이 맞춰져 있었고 많은 논의가 이루어져 왔다. 동아시아 불교에서 널리 읽히는 『대불정여래밀인수증요의제보살만행수능엄경大佛頂如來密因修證了義諸菩薩萬行首楞嚴經』(이하『능엄경』)과 『대방광원각수다라요의경大方廣圓覺修多羅了義經』(이하『원각경』)도 이 '마음'을 다루는 문헌이다.

이『원각경』은『능엄경』으로부터 상당한 영향을 받은 것으로 추정된다. 모치즈키 신코望月信亨와 조윤호는『원각경』성립과 당시의 여러 사상과의 관계 속에서『능엄경』과『기신론』의 영향에 주목한다. 특히 '원각'이라는 단어에서『능엄경』과의 연관성을 유추하는데, 산스크리트어에 '원각'의 원어가 존재하지 않아 중국인이 창안했을 가능성을 제시하였고 그 연원이『능엄경』의 '원각圓覺' 및 '원圓'의 사상일 것으로 추측하였다. 실제로『능엄경』에서 원만圓滿·원융圓融·원통圓通·원명圓明·원증圓證·원조圓照·원지圓知·원허圓虛·원정圓淨·원정圓定·원성圓成·원편圓遍·원주圓周 등과 같이 '원'의 개념을 활용하는 경향이 강하기 때문이다.[1] 또한 김경숙이 밝힌 것처럼『원각경』의 "「변음장辯音章」과 「위덕장威德章」의 사마타奢摩他·삼마발제三摩鉢提·선나禪那의 삼관三觀은『능엄경』의 묘사마타妙奢摩他·삼마三摩·선나禪那, 최초방편最初方便과 비슷하다.[2] 또한 박영희는 종밀이『능엄경』을 인용하여 선교일치禪敎一致와 돈오점수설頓悟漸修說을 주장한다고 하고,[3] 이지관은 '능엄다라니'와 관련된 구체적 의례를 포함하는 의례적 측면에서 두 경전의 유사성을 제시한다.[4]

이러한『능엄경』과『원각경』의 연관성과 함께 두 경전은 '중국찬술문헌' 이라는 성립 문제를 안고 있는 공통점이 있다. 인도에서 발생한 불교가 중국으로 전래되면서 '마음'을 이해하는 방식에 중국인의 사유가 더해졌는데, 중국에서 찬술된 것으로 보이는 경전僞疑經에서 발견할 수 있다.

『능엄경』의 전역과 관련된 연구는 모치즈키 신코, 도키와 다이조우常盤大定, 최법혜(1983), 김경숙(2001), 최창식(2005), 황영희(2016) 등이 있는데, 황영희의 연구에서 선행연구를 종합하면서 추가적으로 새로운 설을 제시하므로, 그의 연구를 중심으로 정리해보고자 한다.

『능엄경』의 중국 찬술 논의는 이 경전의 전래를 기록한 문헌을 검토하여 확인할 수 있다.『능엄경』의 전역에 대해서는 당 지승智昇(658~740)의『개원석교록開元釋敎錄』(730년)과『속고금역경도기續古今譯經圖紀』(730년), 송 원조円照의『정원신정석교목록貞元新定釋敎目錄』(799년), 송 찬녕贊寧의『송고승전宋高僧傳』(988년), 송 자선子璿의『수능엄의소주경首楞嚴義疏注

---

1 望月信亨(1946), p.509; 조윤호(2001); p.199; 조윤호(2007a), p.3.
2 김경숙(2001), p.15.
3 박영희(2005), p.4.
4 김홍미(2018), p.144에서 재인용.

經』(1030년대) 등이 있다.[5] 송대의 기록은 지승의 기록을 가감한 것이라서 『개원석교록』과 『속고금역경도기』의 내용을 중심으로 살펴본다.

두 문헌은 지승이 개원 18년에 저술하였지만 번역시기, 전래자(범승), 필수자 등 전하는 내용은 약간 다르다. 『개원석교록』에는 번역 시기를 713년 이후라고 하고, 『속고금역경도기』는 그 보다 8년 앞선 705년 5월 23일로 정확하게 기록한다. 그리고 『능엄경』을 가져온 범승에 대해 『개원석교록』은 이름을 모른다고 한 데 반해 『속고금역경도기』는 중인도의 사문沙門 '발랄밀제般刺密帝'라고 그 이름을 명확하게 밝힌다. 필수자도 『개원석교록』은 회적懷迪이지만 『속고금역경도기』에서 회적은 번역을 검증檢證한 사람이고 필수는 방융房融이 했다고 한다. 『정원신정석교목록』을 포함한 이후의 기록에서는 대부분 『속고금역경도기』의 기록을 따르고 있다. 다만 『송고승전』은 회적의 전기에서는 『개원석교록』을, 극량極量(반랄밀제의 중국어 이름)의 전기에서는 『속고금역경도기』를 따른다. 『수능엄의소주경』에서도 권8은 반랄밀제를, 권9는 회적을 언급한다. 이처럼 『송고승전』과 『수능엄의소주경』에서는 『속고금역경도기』와 더불어 『개원석교록』의 내용을 각각 다른 권에서 서술한다.

그러나 한 저자가 동일한 시기에 저술한 『개원석교록』과 『속고금역경도기』의 기록이 차이나는 이유에 대한 설명은 보이지 않는다. 이에 대해 황영희(2016)는 일본고사경본 『속고금역경도기』를 검토하여 현행본과의 차이를 확인하고, 지승이 찬술할 당시 두 문헌의 전역설의 내용은 동일했음을 밝혔다. 그리고 원조가 『오공입축기悟空入竺記』의 후서後序에 자신이 『속고금역경도기』를 검증하고 수정했다고 한 기록에 근거하여 799년 원조가 『정원신정석교목록』을 찬술할 때 『속고금역경도기』를 변경한

---

5 황영희(2016), p.114 참조.

것으로 추정한다.[6] 이처럼 여러 논란이 있는 『능엄경』의 전역설이지만, 범승이 『능엄경』을 가져왔다는 기록은 공통된다. 그럼에도 불구하고 『능엄경』의 범본이 없다는 점은 이 경의 중국 찬술설에 힘을 실어주는 근거가 되어 오래전부터 위의경으로 여겨졌다. 일본에서는 8세기 경부터 『능엄경』의 진위 논란이 있었는데, 현예玄叡의 『대승삼론대의초大乘三論大義鈔』·종성宗性의 『일본고승전요문초日本高僧傳要文鈔』 등에서 확인할 수 있다.[7]

『원각경』의 전역설과 관련된 연구는 김경숙(2001)과 조윤호(2001) 등이 있는데 정리해보면 다음과 같다. 『원각경』은 "사문 불타다라佛陀多羅는 …(중략)… 북인도 계빈국 사람으로 동부 백마사에서 『원각요의경』 1부를 번역하였다."[8]는 『개원석교록』(730년)의 기록에 처음으로 등장한다. 앞서 저술된 목록인 도선道宣의 『대당내전록大唐內典錄』(664)이나 명전明佺의 『대주간정중경목록大周刊定衆經目錄』(695) 등에는 보이지 않아 695년~730년 사이에 성립되었을 것으로 추정된다. 비록 『개원석교록』에서 『원각경』을 번역된 문헌으로 밝히지만, 조윤호(2001)는 몇 가지 사항을 근거로 하여 위찬설을 주장한다.[9] 번역자인 불타다라의 행적이 전혀 발견되지 않는 점, '돈교대승頓敎大乘'·'돈각頓覺'·'돈기頓機'·'돈점頓漸'과 같은 중국불교의 교판적 사고를 보여주는 용어를 사용하는 점, 경명에 '수다라修多羅'와 '경經' 개념이 중복되거나 'samāpatti'의 음사어인 '삼마발제三摩鉢提'가 'samādhi'의 음사어인 '삼마제三摩提' 또는 '삼마三摩'로 혼용되는 등 산스크리트어에 대한 지식이 결여된 점 등을 제시한다.

---

6 황영희(2016), pp.113-120 참조.
7 望月信亨(1946) 제10장 참조.
8 『開元釋敎錄』(T55, pp.564c-565a).
9 조윤호(2001), p.199 참조.

이처럼 『능엄경』과 『원각경』은 중국찬술의 가능성이 농후하지만 두 경전은 중국뿐만 아니라 한국과 일본에서도 널리 읽힘과 동시에 지속적으로 많은 주석서들이 저술되었고 지금까지 연구되고 있다. 그러므로 두 경전에서의 마음 이해를 살펴보는 것은 동아시아 불교에서 이해하는 '마음'의 한 측면을 확인하는 기회가 될 것이다.

『능엄경』・『원각경』의 '마음' 이해와 전개

『능엄경』은 서분・정종분・유통분으로 구성되어 있고, 정종분은 다시 5분分으로 나뉜다. 견도분에서는 사마타(止)를 논하고, 수도분에서는 삼마제(定)를 6근根・6경境・6식識・7대大에 의거한 수행으로 설명하고, 증과분에서는 57위位의 수행단계를 통해 선나(禪)를 서술하고, 결경분에서는 경의 제목을 풀이하며, 조도분에서는 7취趣의 중생과 수행 시 나타나는 마장魔障을 보인다.

이 가운데 견도분에서 『능엄경』의 '마음'이 중점적으로 설해지는데 '원묘명심圓妙明心'과 '반연심攀緣心'으로 대표될 수 있다. '원묘명심'은 심층의 마음으로 부동不動이나 불멸不滅을 포함한 10가지 성품(十番顯見)으로 설명하고, '진심眞心'・'일심一心'・'여래심如來心'・'묘정명심妙淨明心'으로도 표현된다.[10] '반연심'은 표층의 마음으로 6근과 6경에 반연하여 발생・소멸하는 견문각지심見聞覺知心으로 생사를 상속하는, 즉 윤회하는 원인인 망심妄心이다. 이 경에서는 붓다와 아난의 문답인 7처징심七處徵心을 통해 이 마음이 존재하는 곳이 없으므로 그 체가 없음

---

10 한자경(2023), p.276 참조.

을 논증한다.[11]

『원각경』은 문수文殊·보현普賢·보안普眼·금강장金剛藏·미륵彌勒·청정혜淸淨慧·위덕자재威德自在·변음辨音·정제업장淨諸業障·보각普覺·원각圓覺·현선수賢善首의 12보살이 차례로 문답하는 형식이고, 각 보살이 하나의 장을 이루어 12장을 구성한다. 이 경은 제명에서도 알 수 있듯이 '원각圓覺'을 이루기 위한 수행을 설한다. 『원각경』에서는 본래 모든 중생이 '원각'을 갖추고 있지만 어느 순간에 환幻에 덮여 오염되었고, 이 염오된 상태에서 본래의 청정함으로 돌아가기 위해 수행을 권한다.[12] '원각'은 바로 '원각묘심圓覺妙心'을 지시하므로 『원각경』의 '마음'을 대표하는 용어이며 '열반묘심涅槃妙心'·'원각심圓覺心'·'각심覺心'은 동의어로 사용된다. '원각묘심'을 서술한 부분을 보면, "중생들의 갖가지 환화幻化가 모두 여래의 원각묘심에서 나왔다. 마치 허공의 꽃이 허공에서 생긴 것과 같다. 허공 꽃은 멸할지라도 허공의 성품은 무너지지 않는다. 중생의 허환虛幻한 마음도 다시 환幻에 의하여 사라지지만, 모든 환이 다 사라지더라도 각심은 움직이지 않는다."[13]고 한다. 『원각경』에서도 중생의 마음을 환화로 표현하면서 그것이 원각묘심으로부터 나온 망심임을 나타내고, 근원인 원각묘심은 불멸·부동한 성품임을 밝힌다.

동아시아 불교, 특히 중국에서는 『능엄경』과 『원각경』에 대한 많은 주석서가 저술되었는데, 주석서를 통해 두 경전의 '마음' 이해가 청淸에 이르기까지 오랜 시간 동안 전해졌다. 본고에서는 중요한 목록과 연구를 중심으로 서술한다. 두 경전의 주석서에 대한 전체 목록은 『불서해설대

---

11 칠처징심 설명은 주성옥(2014), 견문각지심·반연심 설명은 한자경(2023) 참조.
12 김경숙(2013), p.305 참조.
13 『楞嚴經』(T17, p.914a), 김경숙(2013).

사전佛書解說大辭典』[14]에서 확인할 수 있다.

『능엄경』은 당唐 유각惟慤 등 4인, 송宋 홍연弘沇·숭절崇節·홍민洪敏·자선子璿(965~1038)·지원智圓·인악仁岳(992~1064)·효월曉月·계환戒環(?~1127)·함휘咸輝 등 18인, 원元 유칙惟則(?~1354) 등 4인, 명明 진감眞鑑·덕청德清(1546~1622) 등 42인, 청淸 달천達天(1701~1782) 등 12인에 의해 주석되었다.[15] 이러한 『능엄경』 주석서에 대한 연구로는 조명제(1988), 신규탁(2004), 박영희(2005), 주성옥(2014), 한자경(2023) 등이 있다.

『능엄경』은 후대로 가면서 천태·화엄·선 등 다양한 계통에서 다뤄진 것으로 평가된다. 우선 화엄의 입장으로는 송의 자선을 들 수 있는데, 그는 『수능엄의소주경』을 지어 『능엄경』에 나타난 '여래장묘진여성如來藏妙眞如性'에 대해 화엄과 『대승기신론大乘起信論』(이하 『기신론』)에 입각하여 정밀한 논의를 전개하고 있다.[16] 자선이 『기신론』 주석서인 『기신론소필삭기起信論疏筆削記』의 저자임을 감안한다면, 그의 『능엄경』 해석에 『기신론』 사상이 융합되어 나타나는 것은 당연한 일이라고도 하겠다. 다음으로 천태의 관점은 송 인악의 『능엄경집해楞嚴經集解』와 『능엄경훈문기楞嚴經熏聞記』 등에서 드러난다. 그러나 후대에 이르러 명 진감의 『능엄경정맥소楞嚴經正脈疏』와 덕청의 『능엄경통의楞嚴經通議』는 천태의 삼관을 『능엄경』에 적용하는 해석을 비판하기도 한다. 마지막으로 선 계통의 해석으로는 계환의 『능엄경요해楞嚴經要解』·혜홍慧洪(1071~1128)의 『능엄경합론楞嚴經合論』 등을 들 수 있다. 계환은 "선승禪乘을 도달導達하고 정견正見을 결택決擇함은 『능엄경』이 최고"라고 하면서 이전에는

---

14 佛書解說大辭典編纂會 編(1968).
15 조명제(1988), p.12; 주성옥(2014), p.59 참조.
16 주성옥(2014), pp.61-62 참조.

나타나지 않았던 선의 입장에서 이 경의 가치를 높이 평가한다.[17] 또한 그는 주역周易 등을 수용하여 『능엄경』을 해석하고 있는데, 중국 사상사에서 '마음' 이해의 새로운 바람을 불러왔다는 점에서 매우 주목할 만하다. 계환의 사례처럼 선 계통에서 『능엄경』을 중시한 이유에는 여러 요인이 있지만, 공통적으로 『능엄경』의 대화체와 내용이 공안처럼 제시된 점을 든다.[18] 특히 신규탁은 구체적인 근거로 『종용록從容錄』 제100칙 〈낭야산하瑯琊山河〉 공안 등을 제시하며 『능엄경』의 내용을 화두로 하여 공안이 만들어졌음을 입증한다.[19] 하지만 한자경은 『능엄경』이 선의 기반일 수 있다는 사실을 인정하면서도, 선문답은 의심으로써 사유의 한계를 뛰어넘도록 하지만 『능엄경』에서는 사유로써 사유의 한계를 넘어서게 하기 때문에 『능엄경』에서의 대화는 선문답과는 차원과 깊이가 다르다고 분석하였다.[20]

『원각경』의 대표적인 주석가라고 하면 종밀宗密(780~841)을 떠올릴 수 있다. 종밀은 『원각경대소圓覺經大疏』에서 자신보다 이전에 『원각경』을 주석한 사람으로 유각惟慤·오실悟實·견지堅志·도전道詮을 거론한다.[21] 종밀 이후에는 당 배휴裴休, 송 여산如山·행정行霆·청원淸遠·주기周琪, 명 덕청德淸·통윤通潤, 청 홍려弘麗 등의 여러 선종 계통 사상가들이 『원각경』을 연구하였다. 동시에 『종경록宗鏡錄』·『대혜보각선사어록大慧普覺禪師語錄』·『굉지선사광어宏智禪師廣語』 등에 의하면 『원각경』은 송대 이후 선종의 문헌에 널리 수용되어 연수延壽·종고宗杲·굉지宏智를 비롯한

---

17 조명제(1988), p.136.
18 신규탁(2004), p.221; 주성옥(2014), p.63; 한자경(2023), p.277.
19 신규탁(2004), p.221.
20 한자경(2023), p.277.
21 『圓覺經大疏』(X9, p.335a).

선사들의 사상 형성에 크게 영향을 끼친 것으로 알려진다.[22]

이러한 『원각경』 주석서에 대한 연구로는 김경숙(2001, 2012), 조윤호(2007), 김홍미(2018), 김두진(2021) 등이 있다. 위에서 살펴본 것처럼 『원각경』도 다수의 주석서가 존재하지만, 대부분 종밀의 해석에 많은 부분을 의거하고 있으므로 그의 해석을 중심으로 살펴보도록 한다. 종밀은 『원각경대소』·『원각경대소초圓覺經大疏鈔』·『원각경과문圓覺經科文』·『원각경약소圓覺經略疏』·『원각경약소초圓覺經略疏鈔』·『원각도량수증의圓覺道場修證儀』·『원각경찬요圓覺經纂要』 등을 남겼다.

종밀의 해석에서 주목되는 부분은 '여래장如來藏'과 '중생심衆生心'으로 원각이 번뇌에 뒤덮여 있는 상태(在纏), 즉 범부위凡夫位에서의 '마음'을 정의하는 것이다.[23] 우선 여래장과 관련해서는 "여래장은 즉 『기신론』의 일심으로, 자성自性은 바로 진여眞如이며, 차별差別은 바로 생멸生滅이다. 『기신론』과 이름은 비록 다르지만 내용은 완전히 같다."[24]라고 하여 『원각경』의 '여래장자성차별'을 『기신론』의 '중생심'·'진여'·'생멸'에 대입하여 설명한다. 즉 『기신론』을 활용하여 여래장도 '자성'과 '차별'이라는 두 측면을 갖고 있음을 보이는데, 종밀이 『기신론소起信論疏』를 저술한 것과 무관하지 않다. 이처럼 자신이 『기신론소』에서 세운 일심·이문·이의·삼세·육진이라는 다섯 단계의 본말 체계를 『원각경』에 도입하여 해석하는 것은 종밀만의 해석적 특징이다.[25]

다음으로 일심에 대해서 "[기신]론에서 말한 일심은 곧 이 『[원각]경』

---

22 조윤호(2007b), p.153.
23 『圓覺經大疏』(X9, p.335b, p.416c).
   김경숙(2001), p.26; 김경숙(2012), p.274; 조윤호(2007b), p.149 참조.
24 『圓覺經大疏鈔』(X9, p.520c). 조윤호(2007a), p.18.
25 조윤호(2007a), p.19.

의 각심覺心이고….", "첫 번째로 [『기신론』에서] 다만 일심만을 본원으로 하여 '이 마음은 세간과 출세간의 법을 포섭한다.'라고 하는데, 이 [마음]은 여기서의 원각묘심圓覺妙心을 의미한다."[26]라고 하며, 『기신론』을 『원각경』 해석에 적용하여 '일심'을 '각심'과 '원각묘심'에 등치시킨다. 종밀의 해석에 따르면 중생심의 본원은 일심이고, 일심은 원각묘심이므로, 중생심의 본원을 원각묘심이라고도 할 수 있다. 이처럼 '중생심=원각묘심'의 입장에서 '원각묘심[각심]'의 중생본래성불론衆生本來成佛論을 제시하는 것은 종밀만의 차별된 마음 이해이다.[27]

지금까지 살펴본 것처럼, 『능엄경』과 『원각경』은 '마음'을 심층과 표층으로 나누고 표층의 마음을 생멸하고 변화하는 망심으로 정의하면서 그 체는 바로 심층의 마음이라고 한다. 그리고 심층의 마음을 '원묘명심'과 '원각묘심'처럼 유사한 단어로 표현하고, 성품도 불생·불멸·부동·청정과 같이 동일하게 정의한다. 『능엄경』과 『원각경』 주석서에서의 '마음' 이해의 특징은 여러 종파의 관점이 융합되어 나타난다는 것이다. 물론 『원각경』은 저술의 단계에서부터 『능엄경』의 영향을 받았지만, 후대로 가면서 주석가들은 『능엄경』과 『원각경』을 포함한 다양한 경전을 함께 섭렵함과 동시에 그에 대한 주석서를 저술한다. 『능엄경』과 『원각경』 등에 대한 주석을 쓴 당 유각이나 명 통윤이 한 예이다. 이처럼 '마음' 해석이 전개되면서 동일한 마음의 성품을 조금 다르게 표현하더라도 여러 사상을 통합하여 해석한다는 공통점이 있다.

---

26 『圓覺經大疏釋義鈔』(X9, p.519c); 『圓覺經大疏』(X9, p.331c).
27 김두진(2021), p.126.

불교와 성리학의 교차점

불교는 중국에 들어온 이후부터 유교·도교와 서로 영향을 주고받으며 변화해갔다. 그 사례는 모든 시대에서 찾아 볼 수 있지만 『능엄경』과 관련해서는 송대에서 두드러지게 나타난다. 이와 관련된 연구로는 도키와 다이조우常盤大定(1930), 쿠스모토 분유久須本文雄(1980), 요시오 타케우치武內義雄, 조명재(1988) 등이 있다. 일본 학자의 연구는 조명재의 연구에 정리되어 있으므로, 조명재의 연구를 중심으로 서술하고자 한다.

송대의 성리학자인 장재張載(1020~1077)·정명도程明道(1032~1085), 정이천程伊川(1033~1107)·주자朱子(1130~1200)에게서 『능엄경』을 애독하거나 비판하는 경향이 보이는 것은 계환의 『능엄경』 주석서와 큰 연관성이 있다. 계환은 "만법은 오행五行으로부터 변화하고 오행은 망각妄覺으로 발생한다."[28], "각명覺明 등의 세계는 오행이 이룬 것이고, 오행은 이기理氣가 이룬 것이고, 이기는 망식妄識이 일으킨 것이고, 망식은 진심眞心이 일으킨다."[29]와 같이 『능엄경』을 『주역周易』과 배대하여 설명함으로써 성리학과의 상호 연관성을 보여준다.[30] 계환의 이러한 시도는 당대의 성리학자들에게 상당한 영향을 미친 것으로 평가된다.

장재의 심성론은 '천지지성天地之性'과 '기질지성氣質之性'으로 표현할 수 있는데 『능엄경』으로부터 영향을 받았다고 추정한다. 사람에게 성性으로서 나타나는 태화太和로부터 출발해서 기질성氣質性의 근저에 태허太虛를 두고 이를 천지성天地性이라고 한 장재의 성리설性理說은 『능엄경』

---

28 조명제(1988), p.136에서 재인용.
29 조명제(1988), p.137에서 재인용.
30 조명제(1988), pp.136-137 참조.

권4에서 "세간에서 모든 것들이 잡다하게 섞여 일체를 이룬 것을 화합성이라고 한다. 비화합이란 본연성을 이른다."고 한 것과 맥락이 닿기 때문이다.[31]

정명도의 존심양성법存心養性法, 즉 존양存養을 의방義方(外)·경직敬直(內)·정성定性·식인識仁으로 나누는 것 가운데 정성에서『능엄경』의 영향을 발견할 수 있다. 그는 수양修養의 극치는 식인의 경계에 들어가는 것이며 천지天地와 더불어 일체一體라는 자각自覺에 있다고 한다. 특히 "내외內外가 양망兩忘하면 동정動靜이 모두 정성定性한다."고 한 서술은『능엄경』의 "움직임과 고요함의 두 가지 상이 전혀 생기지 않는다(動靜二相了然不生)."로부터 나온 것으로 보인다.[32]

정이천程伊川의 철학에서 핵심은 '사리일치설事理一致說'과 '이일분수설理一分殊說'에 집약되어 있다. 이일분수설은 현상계가 천차만별하여 하나라도 같은 것이 존재하지 않는데 어떻게 하여 일리一理의 작용으로 인정될 수 있는지를 설명하기 위해 정이천이 장재의 일기분수설一氣分殊說을 개조하여 만상의 차이를 설명한 것이다.[33]

주자는 인성론人性論에서 성性을 마음의 체體로 보고 정情을 마음의 용用으로 보는데, 이는 심통성정心通性情의 이론을 구성하면서 체·용의 분별방식을 받아들인 경우라고 할 수 있다.[34] 그는 불교의 심성 이해를 수용하면서도 상당한 비판을 가했는데, 비판의 대상에『능엄경』과『원각경』이 포함되어 있다. 주자가 비판한 주요 내용은 심성에 관한 것으로 두 가

---

31 장재에 대한 내용은 조명제(1988), pp.130-131 참조.
32 정명도에 대한 내용은 조명제(1988), pp.131-132 참조.
33 조명제(1988) p.132 참조. 도키와 다이조우와 요시오 다케우치의 견해를 확인할 수 있음.
34 조명제(1988), p.133; 구스모토 분유·정영근 등의 이해가 반영됨.

지이다. 첫째는 불교가 마음과 성을 동일시하여 세계가 공空이라는 잘못된 결론을 이끌어 냈다는 것이다. 둘째는 불교의 '관심견성觀心見性'은 하나의 마음이 그와 동일한 마음을 살피는 오류에 빠졌다는 것이다. 즉 주자는 당시 선종의 '작용시성설作用是性說'과 '식심설識心說'을 비판하였다.[35]

송대의 불교와 성리학의 관계를 정리해보면, 성리학자들은 『능엄경』을 포함한 불교의 마음 이해를 선택적으로 수용하여 자신의 사상적 체계를 견고히 하거나, 왕안석王安石이나 장상영張商英 같이 성리학자지만 불교 문헌인 『능엄경』의 주석서(두 가지 다 현존하지 않음)를 저술하거나, 불교의 마음 이해를 비판하며 성리학과 불교의 우위를 구분하기도 하였다. 이처럼 중국에서 『능엄경』과 『원각경』의 '마음' 이해는 시간이 흐르면서 여러 사상을 융합하는 관점에서 해석되고, 성리학과의 교류를 통한 수용과 비판이 나타난다. 이러한 경향은 중국만이 아니라 한반도에서의 '마음' 이해에 영향을 준다는 점을 염두에 두어야 한다.

---

35 이종수(2009), pp.266-267.

II
삼국과 고려에서의 '마음' 이해

삼국으로의 전래

『능엄경』과『원각경』이 한반도에 전래된 시기부터 지금까지 두 경전은 한국 불교에서 중요한 위치를 차지하지만, 언제 유입되었는지에 대한 기록이 없어 그 정확한 시점을 알 수 없다.『능엄경』의 전래에 관련해서는 박영희(2005), 황영희(2017) 등,『원각경』은 허흥식(1989), 조윤호(2001), 찰스 뮐러A. Charles Muller(1999), 김미경·강순애(2010), 변혜경(2005), 김홍미(2018) 등이 다양한 가설을 제시하였다.

『능엄경』은 709년(성덕왕 8), 9세기, 신라 말의 세 시기가 논의된다.[36] 첫 번째는『관음경觀音經』에 있는 관세음보살의 '수기응신설법授記應身說法'과『능엄경』권6에 있는 '관음원통설觀音圓通說'이 부합된다는 가정하에 제시된 것이다. 두 번째는 지증대사智證大師(824~882) 탑비에 '自濟未暇無影逐' 구절이『능엄경』권4 '演若達多迷頭逐影之事'의 고사에서 가져왔다는 추정에 근거한다. 세 번째는 정진국사靜眞國師(878~956) 탑비에 원주

---

36 세 가지 설과 관련해서는 박영희(2005), pp.11-12; 황영희(2017), p.127.

인 병백이 이 경을 독송하고 있다는 기록(院主芮帛常誦楞嚴未嘗休息)에 따른다. 이를 통해 비록『능엄경』이 유입된 정확한 시기는 알 수 없지만, 신라 말부터 선사들이『능엄경』을 읽었음을 유추할 수 있다.

다음으로『원각경』의 전래에 대해서, 찰스 뮐러는 의천이『원각경』을 언급했다는 사실은 한반도에서 이른 시기부터 이 책이 존재했다는 것을 의미하며, 이 경전이 다른 자료에서 언급되지 않은 이유는 널리 유통되지 못했기 때문이라고 한다.[37] 조윤호도 찰스 뮐러의 견해에 동의하면서, 구체적으로 두 가지 근거를 들어『원각경』과 종밀의 주석서가 함께 신라시대에 유포되었음을 밝힌다. 우선 남송南宋 1138년(紹興 8)에 원징 의화圓澄義和가 인행한『원각경대소초』와 그『과문』이 고려의 인본印本에 의거하고 있다는 것이다. 다음으로 대각국사大覺國師 의천義天(1055~1101)의『신편제종교장총록新編諸宗敎藏總錄』권상 「해동유본견행록海東有本見行錄」에 의하면 당시 종밀의 저작 외에도 현지賢志·정원淨源·대가大舸·덕소德素·법원法圓·선총善摠·중희仲希·도린道璘 등의 저작이 유통되고 있다는 것이다.[38] 이 두 가지 모두 고려시대에『원각경』이 존재한 사실에 근거한 추론이다.

한편 허흥식은『조선불교총보』에 실린 신라 승려인 혜거惠居(899~944)의「혜거국사비문」의 기록에서, 광종이 경운전慶雲殿에서 백좌회百座會를 개최하고 그를 초청하여『원각경』을 설하게 했다는 기록에 근거하여 신라 시대에『원각경』이 있었다고 유추한다.[39] 김미경·강순애와 변혜경도 동일한 입장을 밝히는데,[40] 다만 변혜경은 원효의 저술에서『원각경』을

---

37 A. Charles Muller(1999), p.20 참조.
38 조윤호(2001), p.200 참조.
39 허흥식(1989), p.45; pp.37-39 참조.
40 김미경·강순애(2010), p.334; 변혜경(2005), p.9.

언급하지 않은 점을 들어 이 경전의 유포 시기를 원효元曉(617~686)가 활동하던 시대부터 944년까지로 상정하였다. 그러나 김홍미는 혜거의 입적 연대가 944년이 아닌 974년이며 혜거가 『원각경』을 설법한 때가 968년(광종 19)이므로, 혜거의 기록은 『원각경』이 신라 시대에 존재했었다는 근거가 되기는 어렵다고 반론한다.[41]

『능엄경』에 대한 유입 기록은 찾아볼 수 없고 『원각경』도 고려 시대의 기록에 의거한 추론이므로, 이 두 경전에 대한 최초의 또는 신라 시대의 전래에 대해서는 확인할 수 없다. 그러나 고려 전기에 이미 널리 유포되고 있었고 의천과 혜거라는 두 국사가 주목할 정도로 중요시 여겨졌다는 사실을 알 수 있다.

수선사 계통에서 수용된 '마음'

신라 시대에 존재감이 매우 희미했던 『능엄경』과 『원각경』은 고려에 이르러 본격적으로 모습을 드러내기 시작한다. 두 경전의 '마음' 이해는 수선사 계통으로 수용되어 간화선으로 이어지며, 본경 보다는 계환이나 종밀의 주석서를 중심으로 하는 특징이 있다. 고려에서 두 경전의 위치와 관련된 연구로는 허흥식(1986), 조명제(1988), 김홍미(2018), 변혜경(2005) 등이 있다.

『능엄경』과 『원각경』이 고려 시대에 등장하는 것은 의천과 관계가 깊은데, 『신편제종교장총록』에 28종의 『능엄경』의 주석서가 언급된다. 그가 1085년(宣宗 2)에 입송하여 『능엄경집해楞嚴經集解』를 저술한 인악 등과

---

41 김홍미(2018), p.121.

교류한 영향으로 보인다. 즉 당시에 많은 『능엄경』 주석서가 고려에 유입되고 유통되었음을 알 수 있다. 또한 그가 귀국한 이후 1089년(宣宗 6)에 건덕전乾德殿에서 능엄도량이 7일간 개설된 일도 의천의 주선에 의한 것으로 추정한다.[42]

『원각경』 주석서는 앞서 밝힌 바와 같이 『신편제종교장총록』에 18종이 기록되어 있고, 『대각국사문집大覺國師文集』에도 '원각경 강의에 대한 발사(講圓覺經發辭)'[43]가 수록되어 있다. 전반부에서는 『원각경』의 제명을 종밀과 같은 방식으로 분석하고 '원각'을 '일심'으로 정의한다. 후반부에서는 종밀의 해석을 평가하는데, 의천은 종밀이 『원각경』을 선과 교를 동등하게 전하는 가르침으로 높이 평가한 것을 그대로 수용한다.[44]

이처럼 『능엄경』과 『원각경』을 중시하던 의천의 성향은 그 이후 불교계를 주름잡은 수선사 계통으로 이어진다. 수선사를 이끌었던 지눌知訥(1158~1210)은 자신의 저술에서 『능엄경』과 『원각경』을 여러 차례 경증으로 활용한다. 우선 『능엄경』을 살펴보면, 지눌은 '진심眞心'을 중심으로 하는 심성론을 체계화하면서 『능엄경』을 활용하여 진심을 체에 대응시켜 용과 대비시킨다. 그리고 체와 용의 관계에 상응하여 성과 상 및 불변과 수연을 구분하여 서술한다. 『능엄경』 권4의 구절을 들어 진과 망의 득과 실의 견見을 다만 망상妄想으로 보고 심성은 득실이 없음을 밝힌 것은 그 한 예이다. 이처럼 진심의 실재實在를 설득하는 근거로 『능엄경』을 인용한 것은 반조返照를 통해 본성인 진심의 체를 발견하는 한 가지 방법을 묘사한 『목우자수심결牧牛子修心訣』에서도 확인할 수 있다. 이어서 지

---

42 조명제(1988), pp.137-138.
43 『大覺國師文集』卷3(H4, pp.531a-532a).
44 변혜경(2005) p.10 참조.

눌은 이 진심을 체득하게 하는 실천적 과정으로 돈오점수설을 제시한다. 다음으로 『원각경』을 살펴보면, 『권수정혜결사문權修定慧結社文』・『목우자수심결』・『간화결의론看話決疑論』・『법집별행록절요병입사기法集別行錄節要幷入私記』 등에서 8회 이상 인용되었다.[45] 이를 통해 지눌이 자신의 사상을 입증하는 근거로 『원각경』을 적극 활용하고 있음을 확인할 수 있다.

혜심慧諶(1178~1234)은 스승인 지눌의 사상을 계승하여 『능엄경』과 『원각경』을 중요하게 여겼다. 그가 『능엄경』을 중시한 예로는 이 경에서 설하는 이종근본二種根本(無始生死根本, 無始菩提涅槃元淸淨體)을 화두話頭로 삼거나, 시랑侍郞 기약충奇若冲이 업장과 습기 때문에 마음을 밝히지 못하여 혜심에게 미혹한 마음을 없애줄 법요法要를 요청했을 때에 『능엄경』 구절을 인용한 것 등이 있다.[46] 한편 그의 저술인 『무의자시집無衣子詩集』에 「원각경찬圓覺經讚」이 실려 있는 것[47]을 통해 『능엄경』과 함께 『원각경』도 비중 있게 다루고 있었음을 알 수 있다.

고려에서 '마음' 이해가 확장된 또 하나의 측면은 『능엄경』과 『원각경』의 주석서에 의한 것인데, 특히 계환의 『능엄경』 주석서(이하 『계환해』)가 주목된다. 중국으로부터 유입된 수많은 『능엄경』 주석서 가운데 유독 『계환해』가 유행하고 그 흐름이 조선에까지 이어지게 된 시작점에는 의천과 동시대에 살았던 탄연坦然(1070~1159)이 있다. 그는 계환을 포함한 중국 임제종 계통의 선승들과 교류를 하였기 때문에 분명 『계환해』를 접했을 것이고, 이 문헌을 고려로 가져와 유통시켰을 것이다. 이후 백련결사 지류에 속하는 보환普幻은 『능엄환해산보기楞嚴環解刪補記』 2권

---

45 김홍미(2018), p.121.
46 조명제(1988), p.152.
47 변혜경(2005), p.1.

(1279)을 지어 『계환해』의 오류를 수정하고 자신의 견해를 보충함과 동시에 인악의 『능엄경집해』에서 필요한 부분을 인용하여 재해석을 시도했다.[48] 체원體元의 『화엄경관자재보살소설법문별행소華嚴經觀自在菩薩所說法門別行疏』 등에서도 『계환해』의 인용이 다수 확인된다. 이러한 『계환해』의 유행이 수선사의 흐름과 맞물린 것은 『계환해』를 선적인 경향으로 받아들이면서 간화선과 결부되었기 때문으로 해석할 수 있다. 혼수混脩(1320~1392)·지천智泉(1324~1395)·자초自超(1327~1405)와 같은 임제선 선사가 간화선을 이해하는데 『능엄경』으로부터 영향을 받은 것도 이와 관련되어 있다.[49]

이처럼 지눌과 혜심에 의해 『능엄경』과 『원각경』의 사상에 영향을 받은 간화선적 경향이 이후 수선사 계통에서 일반화됨에 따라, 두 경전의 사상적 영향력은 고려 후기 사상계에서 점차 증대되었다.[50] 원감 충지圓鑑沖止(1227~1292)가 최이崔怡에게서 『능엄경』을 선사받은 사실이나,[51] 태고 보우太古普愚(1307~1382)의 전기에 "1337년 가을, [태고는] 불각사의 방 한칸에 혼자 머물고 있었다. 『원각경』을 공부하다가 그는 '모두가 다 사라져 버리면 그것을 부동이라 한다.'는 부분에 이르러 모든 지해知解가 갑자기 사라졌다."[52]는 서술은 이것을 입증해준다.

---

48 조명제(1988), p.158 참조.
49 조명제(1988), p.154, p.164 참조.
50 조명제(1988), p.127; 허흥식(1982); 허흥식(1986) 참조.
51 조명제(1988), p.152.
52 변혜경(2005), p.14.

선종과 성리학의 회통

고려에서 주역을 활용하여 『능엄경』을 해석한 『계환해』가 유행함에 따라 당시 지겸志謙(1145~1229)·혼구混丘(1250~1322)와 같은 선사들은 유학과 접목하려는 경향을 띠었다. 그리고 고려의 유학자도 송의 성리학과 흐름을 같이하며 선종에 관심을 보이는데, 이자현李資玄(1061~1125)·이규보李奎報(1168~1241)·이색李穡(1328~1396)·정몽주鄭夢周(1337~1392) 등을 들 수 있다.

이자현은 『능엄경』을 중시하여 적극적으로 활용함과 동시에 널리 유포하려고 노력하였다. 이처럼 그의 선사상 형성에 『능엄경』이 큰 역할을 했다는 사실을 조명제(1988), 조용헌(1996), 신규탁(2004)은 공통적으로 인정한다. 그런데 조용헌(1996)이 이자현의 선사상을 '능엄선楞嚴禪'으로 정의한 것에 대해 신규탁은 의문을 제기한다. 조용헌이 '능엄선'의 정의 및 구체적인 실체를 밝히지 못한 것이 그 이유라고 밝힌다. 신규탁은 이자현에게 보이는 『능엄경』의 영향을 '능엄선'으로 규정하는 것에 대해 반론한 것으로, 그는 이자현이 『능엄경』의 일부 내용을 활용하여 화두話頭로 삼아 '간화선看話禪' 수행을 한 것이라고 평가한다.[53] 이자현이 『능엄경』에 의거하여 수행한 간화선은 25원통圓通(六塵·六根·六識·七大가 원통한 것) 가운데 지地·수水·화火·풍風·공空·근根·식識의 칠대오입七大悟入을 통한 망념의 타파와 깨침을 강조한다.[54]

『능엄경』에 대한 이자현의 태도는 김부철金富轍의 「청평산문수원기淸平山文殊院記」에서 "일찍 문인에게 말하기를 '내(이자현)가 대장경을 다 읽고

---

53 신규탁(2004), p.213, p.217, p.222.
54 이애희(2007), pp.152-153 참조.

여러 서적을 두루 보았으나, 『능엄경』을 제일로 치니, 이는 마음의 근본을 새겨주고 중요한 방법을 발명한 것인데, 선학禪學을 공부하는 사람 가운데 이것을 읽는 사람이 없으니 진실로 한탄할 일이라.'하고 드디어 제자들에게 이것을 공부하게 하니 배우는 자들이 점점 많아졌다."[55]라고 한 서술에서 확인할 수 있다. 이를 통해 『능엄경』이 중시되지 않았던 당시 불교계에서 이자현은 『능엄경』을 마음의 근본으로 여길 정도로 매우 중시하여 적극적으로 권장했다는 사실을 알 수 있다. 그의 영향은 탄연·승형承逈을 거치면서, 선종의 부활과 간화선의 수용이라는 새로운 변화 과정에 폭넓은 사상적 기반을 마련하는 중요한 역할을 하였다.[56]

『능엄경』을 중시한 또 다른 인물은 이규보로, 최영성(2006)과 정성식(2016)은 이규보의 사상을 경세적 측면과 심성수양의 측면으로 나누어 전자를 유교에 후자를 불교에 대응시킨다.[57] 이규보는 오랫동안 『능엄경』을 독송한 것으로 알려져 있는데, 그가 저술한 『동국이상국집東國李相國集』에 실린 수십 편의 시문에서도 찾을 수 있다. 〈시월 십사일 능엄경을 읽으면서 옆에 있는 거문고를 타고는 인하여 짓다〉, 〈능엄경을 다 읽고 다시 짓다〉, 〈능엄경 첫권을 외다가 우연히 시가 떠오르므로 수기 승통에게 보이다〉, 〈누워 능엄경을 외면서 두 수를 짓다〉(제5권), 〈능엄경 제육권까지를 외고 짓다〉(제6권), 〈능엄경을 읽으면서〉(제7권)와 같은 시의 제목에서 그가 얼마나 『능엄경』을 즐겨 읽었는지가 드러나기 때문이다.[58] 내용에서도 〈누워 능엄경을 외면서 두 수를 짓다〉를 예로 들면, "늙어지자 경서經書 공부 그만두고 / 옮겨서 능엄경을 배웠다 / 밤에 누워서도 욀 수

---

55 『東文選』권64, 한국고전DB(http://db.itkc.or.kr).
56 박영희(2005), pp.13-14 참조.
57 정성식(2016), p.106 참조.
58 한국고전종합DB: 고전번역서 서지정보-동국이상국집(http://db.itkc.or.kr).

있으니 / 이불 속이 바로 도량이네."⁵⁹라고 하여 『능엄경』에 대한 그의 태도를 볼 수 있다. 정성식은 이규보의 이러한 입장이 유·불의 궁극적인 이치는 같아서, 우열을 나누는 자세가 아니라 유·불의 근본이 되는 경전을 함께 즐겨 읽어야 한다는 유·불일원에 바탕한 것이라고 평가한다.⁶⁰ 이 외에도 태고 보우太古普愚(1307~1382)와 나옹 혜근懶翁惠勤(1320~1376) 및 그 제자와 교류하며 간화선에 심취했던 이색李穡(1328~1396)에게서도 『능엄경』의 영향을 찾을 수 있고, 정몽주도 『능엄경』을 애독하였다고 전해진다.⁶¹

지금까지 살펴본 것처럼, 고려 시대의 유학에서는 송대의 성리학의 흐름을 이어 불교의 선종과 많은 교류가 나타나게 되었고 그 중심에는 『능엄경』이 있었다. 고려의 단계에서는 불교와 유교의 마음 이해를 모두 수용하여 회통하는 경향이 강하고, 조선과 다르게 불교를 비판하는 입장은 아직 강하게 드러나지 않는다.

---

59 『東國李相國集』後集卷第5,〈臥誦楞嚴有作二首〉. 한국고전종합DB(http://db.itkc.or.kr).
60 정성식(2016), p.128; 정성식(2021), p.20 참조.
61 조명제(1988), p.164, p.166 참조.

III
조선에서 '마음' 해석의 변용

두 경전의 간행과 유행

조선에서 『능엄경』과 『원각경』의 '마음' 이해가 얼마나 받아들여지고 관심을 받았는지를 입증해주는 근거 중 하나는 간행 기록이다. 조선 시대에는 불서 간행을 위해 1461년(세조 7)에 간경도감이 설치되었는데, 약 37종의 한문 불전과 9종의 언해 불전이 간행되었다.[62] 조선시대 두 경전의 간행과 관련된 연구로는 최귀묵(2011), 김기종(2015), 곽동화·강순애(2018), 박현주(2017), 하정수(2022) 등이 있다.

조선 전기 왕실 발원본에서 『능엄경』과 『원각경』에 관련된 기록을 확인하면, 『능엄경』은 1401년(태종 1) 목판본, 1457년(세조 3) 을해자본, 1462년(세조 8) 을해자본이 있다. 『원각경』은 1457년(세조 3)~1461년(세조 7) 을해자본, 1465년(세조 11) 을주자본, 1472년(성종 3) 목판본이 있다.[63] 간경도감본 한문불전 가운데 두 경전의 주석서로는 『능엄경환해산보기

---

62 김기종(2015), p.212.
63 곽동화·강순애(2018) 참조.

楞嚴經環解刪補記』(1461)·『능엄경의해楞嚴經義解』(1462)·『원각예참약본圓覺禮懺略本』(1461~1462)·『원각경대소석의초圓覺經大疏釋義鈔』(1462)가 간행되었다.

하정수(2022)의 연구를 정리해보면 조선 초기에『능엄경』과 관련하여 두 가지 점이 주목된다. 하나는 조선 초기 왕실에서 이 경전에 가지는 특별한 관심이다.『능엄경』과『능엄경언해楞嚴經諺解』의 서문과 발문을 비롯하여『조선왕조실록朝鮮王朝實錄』에서 이러한 경향을 확인할 수 있다.『능엄경』간행과 관련하여 태조가 태상왕이던 시절 눈이 잘 보이지 않는 그를 위해 당대 명필인 신총 대사가 글씨를 써서 판을 새겨 대자본 능엄경(계환해)을 목판본으로 간행한다는 기록이 있다.[64] 그리고『조선왕조실록』(태종실록 10권 태종5년 11월 21일 계축 2번째 기사)에서는 "아난이 마등가녀를 보고 참지 못하여, 마침내 범하였습니다. 석가가『능엄경』을 설법하여 음란한 것으로 제일계第一戒를 삼았습니다."와 같이『능엄경』을 들어 음란한 행위를 경계하기도 했다.[65] 이처럼 불전을 간행한 이유에 대해 김기종(2015)은 국가의 안정과 통합을 위한 불교 순화 정책 또는 문화 통제 정책의 일환이라고 분석한다.[66]

또 다른 하나는 고려부터 조선으로 이어진『능엄경』의 주석서『계환해』의 유행이다. 위에서 1401년 태조를 위해 간행한 것은『능엄경』이 아닌『계환해』이고, 이어서 1461년 간행된 을해자본 역시『계환해』를 국역한 언해본이다. 또한 김시습金時習(1435~1493)의『능엄경발楞嚴經跋』을 보면『능엄경언해』(1462년)처럼『계환해』과판의 핵심 내용인 통서과판부분을

---

64 하정수(2022), p.209 참조.
65 『조선왕조실록』(http://sillok.history.go.kr.).
66 김기종(2015), p.226. 간행목적과 관련하여 박정숙·한상설·권영웅·진성규·김종명 등의 논의가 있는데, 이에 대해서는 김기종(2015) 참조.

상세히 번역한다.[67] 이러한 사실에 의거한다면 조선 초기에도 『계환해』가 선호되고 있음을 확인할 수 있다.

『원각경』이 간경도감에서 간행되어 이전보다 널리 유포됨에 따라 나타나는 하나의 현상은 득통 기화得通己和(1376~1433)나 영월 청학詠月淸學(1570~1650)처럼 불교의 교리를 문학의 영역으로 끌어들이는 움직임으로, 관련된 연구는 전재강(2018)과 김홍미(2018) 등이 있다.

우선 득통은 『원각경』을 해설하면서 산문 설명인 '해解'와 더불어 '게송'을 읊어 핵심 내용을 담았는데, 『원각경해圓覺經解』의 게송 14수와 『함허당득통화상어록涵虛堂得通和尙語錄』에 포함된 『원각경』 게송 2수가 있다.[68] 『원각경해』의 경우는 산문으로 설명하고 그 내용을 게송으로 마무리하는 동일한 형식으로 되어있다. 다음으로 영월은 『원각경』을 찬탄하여 게송으로 남겼는데, 그 일부를 옮겨보면 "중생의 성불, 오래 전에 내려온 그것이고, 원각으로 집을 삼아 흰 구름 위에 눕는다."와 같다.[69] 이 게송은 『영월대사문집詠月大師文集』에 실려 있다.

사교과 채택과 융합적 이해

조선 후기에는 『능엄경』과 『원각경』을 포함한 다수의 경전의 '사기私記'와 '은과隱科' 등이 저술되었다. 그 배경에는 벽송 지엄碧松智嚴(1464~1534)부터 시작되어 청허 휴정淸虛休靜(1520~1604) 문하에서 확립된[70] 강원 이

---

67 최귀묵(2011), pp.196-197; 하정수(2022), p.218 참조.
68 전재강(2018), p.293 참조.
69 김홍미(2018), p.120 참조.
70 종범(1989), pp.75-87 참조.

력 과정(沙彌科·四集科·四敎科·大敎科) 중 사교과의 강의과목(『능엄경』·『기신론』·『금강경』·『원각경』)으로 두 경전이 채택된 것이다. 17~18세기에 저술된 사기에 대한 연구로는 이종수(2012), 이정희(2013), 이선화(2016) 등이 있다.

'사기'는 유불교섭과 선교겸학이라는 승가교육의 전통 아래에서 나타난 독특한 연구 방식을 보여주는 한 형태의 저술 양식으로, 강학講學 과정에서 경론의 주소註疏를 다시 주석한 것이다. 그래서 교과목을 대상으로 한다는 점과 고증학적 학풍이 반영되어 있다는 특징이 있다.[71] '사기' 가운데 『능엄경』과 『원각경』에 대한 것으로는 연담 유일蓮潭有一(1720~1799)의 『능엄경사기楞嚴經私記』 1권과 『원각경사기圓覺經私記』 3권, 인악 의첨仁岳義沾(1746~1796)의 『능엄경사기』 1권과 『원각경사기』 1권이 있고, 백파 긍선白坡亘璇(1767~1852)과 설파 상언雪坡祥彦(1707~1791)도 사기를 저술한 것으로 알려져있다.

이처럼 『능엄경』과 『원각경』이 강의 과목에 포함된 것은 한반도에서의 해석적 변용을 유발하여, 승려들의 저술에는 여러 경론이 함께 언급되는 경향이 나타나게 되었다. 그 예로 『[조선어]능엄경』(1928)이나 『원각경』(1924) 등 다수의 불서를 번역한 용성龍城(1864~1940)의 『각해일륜覺海日輪』을 들 수 있다. 신규탁(2008)은 용성의 입장을 『화엄경』의 '일심연기一心緣起' 사상, 『기신론』의 '일심이문一心二門' 사상, 『능엄경』 및 『원각경』의 '원각묘심圓覺妙心' 사상에 바탕을 둔 '법성法性의 철학'으로 평가한다.[72] 공통으로 '마음(心)'을 중심으로 하고 있음을 알 수 있는데, 용성의 심성론은 '일진심一眞心'으로 대표된다. 그가 말하는 '일진심'도 청정·불생멸·구족·부동의 성품을 지닌 심층의 마음으로, '본각성本覺性'·'대원각체성

---

71 이정희(2013), pp.198-242.
72 신규탁(2008), p.263.

大圓覺體性'·'본원각성本圓覺性'·'묘명진심妙明眞心'으로도 표현된다.[73] 이 용어들에 '묘명진심'이나 '원각'이 포함되어 있는 것을 통해서 『능엄경』과 『원각경』 모두가 용성의 사상에 영향을 주었음을 추론할 수 있다. 한편 용성은 "요풍양목搖風陽木이 음토陰土와 배합하여 그 둘 사이에서 음금양금陰金陽金이 생하고….",[74]와 같이 음양오행설을 적용하여 해설하기도 하는데, 당시 불교와 성리학의 연관성을 엿볼 수 있다.

불교와 성리학의 우열과 『심성론』

조선 시대에는 고려 시대보다 불교와 성리학의 대립적 성향이 강하게 나타난다. 대표적으로 정도전鄭道傳(1342~1398)의 『불씨잡변佛氏雜辨』을 들 수 있는데, 주자의 불교 비판을 그대로 수용한 그의 입장이 잘 드러난다. 정도전이 불교를 비판하는 관점은 심성론에 상당히 집중되어 있고 『능엄경』과 『원각경』을 가장 많이 인용하는데, 이와 관련된 연구로는 이종수(2008), 조명제(1988) 등이 있다. 정도전은 불교에서 심心과 성性을 같다고 파악함에도 불구하고, 『능엄경』에는 '원묘명심圓妙明心 명묘원성明妙圓性'이라 하여 '심'은 '명'으로 '성'은 '원'으로 구별하는 점을 비판한다. 그리고 불교가 심과 성을 진상眞常이라 하면서 천지만물天地萬物을 가합假合된 것으로 보는 점 등도 비판하는데,[75] 『능엄경』과 『원각경』의 내용과 깊은 관련이 있음을 확인할 수 있다.

---

73 백용성(1979), p.175. 신규탁(2008), p.260 재인용.
74 백용성(1979), p.47. 신규탁(2008), p.266 재인용.
75 이종수(2008), p.267 참조.

『불씨잡변』이 성리학의 입장에서 불교를 비판한다면, 1686년(숙종 12)[76]에 저술된 운봉 대지雲峰大知(?~?)의 『심성론心性論』은 그 반대로 불교의 입장에서 성리학을 비판한다. 『심성론』은 당시 성리학계에서 전개되는 심성 논쟁의 영향을 받아 불교계에서도 심성론을 조명했다는 점에서 그 의의를 찾을 수 있다. 관련된 연구로는 이종수(2009), 이병욱(2009), 고영섭(2015), 박현주(2017), 김방룡(2019) 등이 있다.

『심성론』에서 다뤄진 '심성' 논변에 영향을 준 성리학의 논변에 대해서는 해석이 각각 다르다. 우선 '태극논변'의 영향으로 보는 것은 이종수·방세채·권상유·조성기·김창흡·정혜정·조한보·이언적·고영섭 등이 있다.[77] 김방룡도 '태극논변'의 상관성을 동의하면서, 인물성동이人物性同異 논쟁의 영향에 대한 가능성을 더하고 있다.[78] 그러나 고영섭은 불교의 심성 논변은 인물성동이, 즉 인성과 물성의 동이 논변보다 앞서 일어났기 때문에 이것에 영향을 받았다고 분석하지 않는다. 또한 인물성동이 논변은 인간의 본성과 사물의 본성이 같은가 다른가에 대한 논의를, 천명天命(太極)과 성性의 내용인 오상五常 간의 정합성에 대한 검토를 통해서 오륜五倫적 질서의 당위성을 역설하고자 했기에 불교의 심성론과는 일정한 거리가 있다고 반박한다.[79]

『심성론』에서의 마음 이해를 살펴보면 두 가지 논쟁점이 있다. 하나는 '마음(心)'을 정의하는 심체성용설心體性用說·심통성정설心統性情說이고, 또 다른 하나는 태극太極과 무극無極이다. 우선 운봉은 『심성론』의 「서」에

---

76 이종수는 고려대학교 소장본을 근거로 심성론의 간행연대를 추정한다. 이종수(2008), p.263 참조.
77 이종수(2009), pp.13-21; 정혜정, pp.139-140; 고영섭(2015), p.283 참조.
78 김방룡(2019), p.89 참조.
79 고영섭(2015), p.283.

서 "사람은 원만 공적한 심체心體를 가지고 있어 …(중략)… 또 사람은 광 괘하고 영통한 성용性用을 가지고 있어 …."[80]라고 하며 심心은 체體이고 성性은 용用이라는 심체성용설을 표명한다. 이 견해는 성을 마음의 이理 로 정情을 마음의 용으로 정의하는 주자의 심통성정설과는 다르다. 이 심 통성정설은 조선 성리학에서 수용되어 율곡 이이栗谷李珥(1536~1584)와 그의 학맥을 계승한 김장생金長生(1548~1631)에게도 나타난다.[81] 다시 말 하면 운봉은 '성'을 '이'(근본)로 하는 당시(17세기) 성리학의 보편적인 가치 관과 대립되는 입장에 있는 것이다. 그가 심체성용설을 주장한 이유에 대해 김방룡(2011, 2019)은 성리학에서 근본으로 하는 성을 작용(用)에 대 응시키고 그 근원(體)을 설정하여 '마음(心)'으로 해석함으로써 불교가 더 근원적이고 우위에 있음을 보이고자 했다고 추론한다.[82] 이종수(2008)는 운봉의 사상이 서산 휴정西山休靜(1520~1604)을 거쳐 대혜 종고大慧宗杲 (1089~1163)까지 거슬러 올라간, 대혜의 간화선 전통을 유지한 임제종풍 으로 보았다. 조선 시대 성리학에서 불교를 비판하는 논거가 바로 성을 용으로 정의하는 것(作用是性)임에도 불구하고 운봉을 포함한 조선의 선 가禪家에서 대혜의 사상을 계승할 수 있었던 것은 아마도 유교보다 불교 가 철학적으로 더 뛰어나다고 하는 자부심에 있다고 해석한다.[83]

다음으로 태극과 무극의 논변을 보면, 운봉은 『심성론』에서 "어떤 사람 들은 '이 중생심이 태극과 일체이다.'라고 말하는데 잘못이다. 어째서인 가? [『능엄경』에서] '성각性覺은 반드시 밝지만 망妄의 작용으로 명각明覺

---

80 『心性論』(K9, p.1).
81 이종수(2008), p.271 참조.
82 김방룡(2011), p.150; 김방룡(2019), p.93.
83 이종수(2008), p.272 참조.

이 되었다.'고 하였기 때문이다."[84]라고 서술하면서, '중생심'과 태극·무극의 관계를 설명한다. 그는 「서」에서도 밝힌 것처럼, 『기신론』으로 '마음' 즉 중생심을 풀이하면서 『능엄경』을 인용하여 중생심=성각=무극이라는 결론을 도출한다. 이종수(2008, 2009)는 원래 성리학에서 무극과 태극을 분리하지 않지만, 무극과 태극을 나누어 태극의 근원을 무극으로 설명한 운봉의 시도는 불교가 유교보다 더 근원적인 문제를 다루는 수승한 사상임을 보이려고 한 것이라고 분석한다.[85]

비록 본고에서는 대지의 『심성론』에 반영된 『원각경』 부분은 언급하지 않았지만, 『심성론』은 『기신론』을 중심으로 하면서도 조선 후기의 다른 문헌과 동일하게 『능엄경』과 『원각경』 등 여러 경전을 원용한다. 이들을 근거로 제시하여 『심성론』에서 밝히고자 한 것은 '마음'이 근원(體)이라는 심통성정설과 마음이 무극이라는 사실로, 성리학의 설을 반박하는 내용이다. 비단 조선 후기에만 나타난 사상적 풍조가 아닌 중국 송대부터 이어지는 대립으로, 성리학보다 불교의 우위를 드러내기 위한 목적이 담겨 있다고 볼 수 있다.

---

84 『心性論』(K9, p.4a). 인용된 『능엄경』 문장은 『楞嚴經』(T19, p.120a). 불교기록문화유산아카이브(http://kabc.dongguk.edu).
85 이종수(2008), pp.274-275; 이종수(2009), pp.8-10 참조.

마음, 고금을 통하다

　현대인에게 '마음'은 중요한 주제어로 지속적으로 관심의 대상이 되고 있는데, 불교에서는 이미 오래전부터 '마음'에 초점을 맞추어 많은 논의를 해왔다. 동아시아 불교에서 널리 읽히는 『능엄경』과 『원각경』은 바로 이 '마음'을 다루는 문헌이다. 이 두 경전은 중국찬술의 가능성이 농후하지만 중국뿐 아니라 한국과 일본에서 널리 읽혔고, 동시에 지속적으로 많은 주석서들이 저술되면서 지금까지 주목받고 있다. 그러므로 두 경전에서의 마음 이해를 살펴보는 시도는 동아시아 불교에서 이해하는 '마음'의 한 측면을 확인하는 기회가 될 것이다.
　『능엄경』과 『원각경』에서는 '마음'을 심층과 표층으로 나누어, 표층의 마음은 생멸하고 변화하는 망심이고 그 체는 바로 심층의 마음이라고 정의한다. 그리고 심층의 마음을 각각 '원묘명심'과 '원각묘심'으로 유사한 단어를 사용하여 표현하고, 성품도 불생·불멸·부동·청정으로 동일하게 정의한다. 『능엄경』과 『원각경』의 주석서에서 '마음' 이해의 특징은 여러 종파의 관점이 통합적으로 반영된다는 것이다. 물론 『원각경』은 저술의 단계에서부터 『능엄경』의 영향을 받았지만, 후대로 가면서 당 유각이나 명 통윤과 같은 주석가들은 『능엄경』과 『원각경』을 포함한 다양한 경전을 함께 섭렵함과 동시에 그에 대한 주석서를 저술한다.
　송대에 이르러서는 불교와 성리학의 교류가 활발하게 나타난다. 성리학자들은 『능엄경』을 포함한 불교의 마음 이해를 선택적으로 수용하여 자신의 사상적 체계를 견고히 하거나, 왕안석이나 장상영처럼 성리학자지만 불교 문헌인 『능엄경』의 주석서를 저술하거나, 불교의 마음 이해를 비판하며 성리학과 불교의 우위를 구분하였다. 이처럼 중국에서 『능엄경』과 『원각경』의 '마음'은 시간이 흐르면서 여러 사상을 융합하는 관점에서 해석되었고, 성리학의 입장에서 수용과 비판이 나타나며 상호 교류가 이뤄졌다. 이러한 경향은 중국에서 한반도의 '마음' 이해로 이어져 영향을 주었다는 점을 염두에 두어야 한다.

한반도에서 『능엄경』과 『원각경』의 전래에 관한 정확한 기록이 없어 삼국 시대에 유입되었다고 추정하는 다양한 설이 제기되었다. 비록 언제 한반도에 들어왔는지는 모르지만, 고려 전기에는 이미 널리 유포되었고 의천과 혜거라는 두 국사가 주목할 정도로 중요시 여겨졌다는 사실을 알 수 있다. 그리고 지눌과 혜심에 의해 『능엄경』과 『원각경』의 사상에 영향을 받은 간화선적 경향이 수선사 계통에서 일반화됨에 따라 고려 후기 사상계에서 두 경전의 사상적 영향력은 커졌다. 원감 충지가 최이에게서 『능엄경』을 선사받은 사실이나, 태고 보우의 전기에 보이는 『원각경』에 대한 언급 등에 의해 입증된다. 고려 시대의 유학은 송대의 성리학의 흐름을 이어 불교의 선종과 적극적으로 교류하였다. 그 중심에는 『능엄경』이 있는데, 이 단계에서는 불교와 유교의 마음 이해를 모두 수용하여 회통하는 경향이 강하고, 조선과 다르게 불교를 비판하는 입장은 아직 강하게 드러나지 않는다.

조선에서 『능엄경』과 『원각경』의 '마음' 이해가 얼마나 받아들여지고 관심을 받았는지를 입증해주는 근거 중 하나는 간행 기록이다. 조선 초기에 『능엄경』과 관련하여 두 가지 점이 주목된다. 하나는 조선 초기 왕실에서 이 경전에 가지는 특별한 관심이다. 또 다른 하나는 고려부터 조선으로 이어진 『능엄경』의 주석서 『계환해』의 유행이다. 그리고 『원각경』과 관련해서는, 간경도감에서 이 경전이 간행되어 이전보다 널리 유포되었고, 그 영향으로 함허 득통처럼 불교의 교리를 문학의 영역으로 끌어들이는 움직임이 일어나기도 했다. 조선 후기에는 『능엄경』과 『원각경』의 '사기'와 '은과' 등이 저술되었는데, 두 경전이 강원의 강의 과목으로 채택되면서 나타난 현상이다. 『능엄경』과 『원각경』을 포함한 다수의 경전이 함께 수학됨에 따라 용성의 『각해일륜』처럼 승려들의 저술은 여러 경론을 함께 언급하는 경향을 띠게 되었다.

  조선 시대에는 고려 시대보다 불교와 성리학의 대립적 성향이 강하게 나타난다. 대표적으로 정도전의 『불씨잡변』을 들 수 있는데, 주자의 불교 비판을 그대로 수용한 그의 입장이 잘 드러난다. 『불씨잡변』이 성리학의 입장에서 불교를 비판한다면, 1686년(숙종 12)에 저술된 운봉 대지의 『심성론』은 불교의 입장에서 성리학을 비판한다. 『심성론』은 『기신론』을 중심으로 하면서도 조선 후기의 다른 문헌과 동일하게 『능엄경』과 『원각경』 등 여러 경전을 원용한다. 이들을 근거로 제시하여 『심성론』에서 밝히고자 한 것은 '마음'이 근원(體)이라는 심통성정설과 마음이 무극이라는 사실로 성리학의 설을 반박하는 내용이다. 비단 조선 후기에만 보인 사상적 풍조가 아닌 중국 송대부터 이어지는 대립으로, '마음'을 가장 중요시한 불교의 우위를 드러내기 위한 목적이 담겨있다고 볼 수 있다.

| 참고문헌 |

고영섭(2015), 「조선후기 불학과 선학의 변화: 심성 및 사기 논변과 선교 및 선지 논변」, 『한국불교사연구』8, 한국불교사연구소.

곽동화·강순애(2018), 「조선 전기 왕실 발원 불교전적에 관한 연구」, 『서지학연구』74, 한국서지학회.

김경숙(2001), 「圓覺經의 修行論 硏究 圭峰宗密의 사상을 중심으로」, 동국대 대학원 석사학위논문.

_____(2012), 「『圓覺經』의 圓覺妙心과 頓悟漸修論에 관한 연구」, 『정토학연구』19, 한국정토학회.

김기종(2015), 『불교와 한글』, 동국대학교출판부.

김두진(2021), 「宗密의 一心觀에 대한 小考」, 『불교연구』55, 한국불교연구원.

김미경, 강순애(2010), 「원각경 판본의 계통과 서지적 특징에 관한 연구」, 『서지학연구』46, 서지학연구회.

김방룡(2011), 「조선시대 불교계의 유불교섭과 철학적 담론」, 『유학연구』25, 충남대 유학연구소.

_____(2019) 「유불교섭사의 맥락에서 바라본 조선 후기 불교 심성론의 변용」, 『동서철학연구』91, 한국동서철학회.

김홍미(2015), 「『원각경』의 3가지 보살의 선정」, 『불교학보』72, 동국대 불교문화연구원.

박영희(2005), 「禪宗에서의 楞嚴經의 사상적 위치」, 『선학』11, 한국선학회.

박현주(2017), 「조선후기 운봉 대지의 『심성론』에 나타난 종밀의 영향」, 『불교학연구』53, 불교학연구회.

변혜경(2005), 「己和의 『圓覺經說誼』 研究」, 동국대 대학원 석사학위논문.

신규탁(2004), 「이자현의 선사상」, 『동양철학연구』39, 동양철학연구회.

＿＿＿(2008), 「각해일륜분석: 동북아사아불교의 전통과 관련하여」, 『대각사상』11, 대각사상연구원.

이애희(2007), 「高麗中期 李資玄의 楞嚴禪 思想의 사상적 특징」, 『공자학』14, 한국공자학회.

이정희(2013), 「조선 후기 사기의 불교학적 의미」, 『한국불교사연구입문』, 지식산업사.

이종수(2008), 「조선후기 불교계의 心性 논쟁: 雲峰의 『心性論』을 중심으로」, 『보조사상』29, 보조사상연구원.

＿＿＿(2009), 「17세기 말 心性論에 있어서 儒佛 교섭의 가능성」, 『보조사상』32, 보조사상연구원

전재강(2018), 「圓覺經 涵虛 解 소재 偈頌의 脈絡과 機能과 表現」, 『대동한문학』56, 대동한문학회

정성식(2016), 「여말선초 성리학파의 불교인식 변화양상」, 『동양고전연구』64, 동양고전학회.

＿＿＿(2021), 「고려 중·후기 유학자의 불교 교섭」, 『동양고전연구』83, 동양고전학회.

정혜정(2011), 「조선조 유불교섭과 불교 심성론에 나타난 개성실현의 의미」, 『교육철학연구』33, 한국교육철학학회.

조명제(1988), 「고려후기 戒環解 楞嚴經의 성행과 사상사적 의의」, 『釜山史學』12, 부산경남사학회.

조윤호(2001), 「원각경은 선경인가」, 『보조사상』15, 보조사상연구원.

＿＿＿(2007a), 「여래장사상의 중국적 수용과 전개: 원각경과 그 주석서들을

　　　　중심으로」, 『불교학연구』16, 불교학연구회.

_____(2007b), 「종밀의 원각경해석에 보이는 제 사상의 수용」, 『범한철학』45, 범한철학회.

종　범(1989), 「강원교육에 끼친 보조사상」, 『보조사상』3, 보조사상연구원.

주성옥(2006), 「『능엄경』에 나타난 마음의 논증 분석」, 『불교학연구』13, 불교학연구회.

_____(2014), 「능엄경주소를 통해 본 과문의 특징」, 『불교학연구』41, 불교학연구회.

최귀묵(2011), 「金時習의 〈楞嚴經跋〉 고찰」, 『문학치료연구』19, 한국문학치료학회.

하정수(2022), 「『능엄경언해』를 통해 본 조선 초기 『능엄경』 수용에 대한 관견」, 『한마음연구』8(1), 대행선연구원

한자경(2023), 「『능엄경』이 논하는 원묘명심(圓妙明心)의 이해」, 『한국종교』55, 종교문제연구소.

황영희(2016), 「능엄경 전역의 전개와 특징」, 『불교연구』45, 한국불교연구원.

_____(2017), 「능엄경연구」, 동국대대학원 박사학위 논문

허흥식(1989), 「혜거국사의 생애와 행적」, 『한국사연구』52, 소속.

A. Charles Muller(1999), *The Sutra of Perfect Enlightenment*, State University of New York Press.

望月信亨(1946), 『佛教經典成立史論』, 法藏館.

佛書解說大辭典編纂會 編(1968[c1964]), 『佛書解說大辭典』, 大東出版社.

규율規律

이충환(법장)

I. 초기 승가의 규율과 율장
II. 대승보살계의 등장과 발전
III. 한국불교에서의 계율
● 현대 사회 속의 불교 규율

I
초기 승가의 규율과 율장

초기 승가의 형성과 규율

불교에 귀의한 독신출가자들이 모여 공동수행을 하는 공간을 '승가僧伽(saṃgha)'라고 한다. 현대에 이르러서는 교단敎團, 대중大衆, 종단宗團, 종파宗派 등의 표현이 사용되는 경우도 있지만, 불교의 출가수행자들의 집단을 대표하는 표현은 승가이다. 승가의 성립시기에 관해 다양한 학설이 존재한다. 그 중 부처님의 입멸을 나이 80세인 기원전 383년에 기준할 경우, 초전법륜初轉法輪이 35세인 기원전 428년에 이뤄지고 오비구가 부처님에게 귀의하였기에 최초 승가의 탄생을 이때로 볼 수 있다.[1]

그러나 불교에 '승가'라는 표현이 처음부터 정착되어 사용된 것은 아니다. 불교가 성립되던 시기에 기존의 바라문교와 베다에 대립하던 수행자 집단이 다수 존재했다. 그들은 바라문교의 범아일여梵我一如나 카스트 등의 전통적 사상을 전면으로 부정하였고, 같은 사상을 가진 이들이

---

1 사토 미츠오, 김호성 역(1991), p.14; 水野弘元(2015), p.121; 大正大學佛敎學科(2015), p.47.

모여 수행을 하는 혁신적인 집단이었다. 이러한 집단을 당시에 보편적으로 사용되던 상가saṃgha와 가나gaṇa라고 불렸고, 그곳의 수행자들을 바라문에 대립하는 종교인의 의미로서 '사문沙門(śramaṇa)'이라 하였다. 불교도 처음에는 상가와 가나의 두 표현이 혼재되어 사용되었다. 『숫타니파타』나 『디가니까야』 등에서도 부처님을 'saṃghin(상가를 지닌 이)'나 'gaṇin(가나를 지닌 이)'라고 지칭하는데[2], 이와 동일한 표현이 『사문과경』에서는 육사외도六師外道를 부를 때 사용된다.[3]

그러던 중 점차 사문 집단의 규모가 커지며 각 집단을 대표하는 사상과 규율에 따라 각각의 특성이 형성된다. 불교에서는 공동체의 규율인 '율律'이 확립되면서부터 본격적으로 상가라는 표현이 정착되어 사용된다.[4] 이는 불교가 점차 승원화가 되고 규모가 증대함에 따라, 그 안에서 공통된 규율이 필요해졌고, 이때 그것을 일컫는 표현으로 '상가(=승가)'가 채택되어 사용된 것이다. 즉, 불교의 승가는 사문들의 수행공동체에서 승원화가 이뤄지는 과정 속에 채택된 표현으로 볼 수 있으며, 이를 '특정 승원에 거주하는 승려의 조직체'라고 해석하는 경우도 있다.[5]

이처럼 불교의 승가는 점차 그 규모가 거대해지고, 승원화가 이뤄지며 공통된 생활을 유지할 수 있게 하는 규율이 필요해졌다. 특히 바라문교의 카스트를 전면으로 부정하였기에 신분이나 직업을 구별하지 않고 누구라도 마음만 있으면 승가에 출가할 수 있었다. 그렇기에 다양한 사람들이 모이며 여러 일들이 생겨났고, 그것들을 일일이 제지할 수 없었기에 승가의 규율인 율이 만들어지게 된 것이다. 가장 이른 시기의 규율은

---

2 平川彰(2000), pp.3-4.
3 하카마야 노리아키, 이자랑·양경인 역(2021), p.21.
4 平川彰(2000), p.4.
5 하카마야 노리아키, 이자랑·양경인 역(2021), p.21.

특정한 조항으로 이루어진 것이 아닌 '칠불통계七佛通戒'라고 하여 "모든 악을 그치고, 선한 일을 찾아 행하며, 자신의 마음을 청정케 하라(諸惡莫作, 衆善奉行, 自淨其意)."는 가르침에 가까운 것이었다. 사문들은 세속의 욕망을 등지고 깨달음을 추구하기 위해 출가한 이들이었으나, 사문이기 전에 한 인간이었기에 다양한 문제를 일으켰다. 이에 칠불통계만으로는 그들을 전부 통제할 수 없었고, 매번 문제가 생겨날 때마다 부처님께서는 두 번 다시 승가에서 같은 문제가 반복되지 않도록 규율을 제정하셨다. 이를 '해서는 안 될 일을 범했을 때 그에 따라 제지하게 한다'는 의미로 '수범수제隨犯隨制'라고 한다. 이렇게 수범수제로 만들어진 승가의 규율들은 출가자에게 산재되어 전해지다가, 불멸 후 제1결집에서 우파리優波離(upali) 존자에 의해 결집되어 '율장律藏'이라는 성전으로 불리게 된다.

앞의 설명과 같이 불교의 승가에는 누구라도 출가할 수 있다. 물론 자격을 확인하는 10차遮 13난難이라는 조항이 있으나, 이는 그저 출가에 있어 하나의 절차에 지나지 않았기에 사실상 대부분의 지원자가 출가할 수 있었다. 이에 수범수제의 규율과 함께 승가의 생활원칙도 제정되었는데, 모든 출가자들은 '삼의일발三衣一鉢'을 지니고 '사의四依'를 지키며 생활해야 했다. '삼의일발'은 출가자가 일생동안 지녀야 하는 생활물품이며 소유의 범위이다. 여기서 삼의란 일상생활과 수행, 법회 등에 사용되는 세 종류의 옷을 말한다. 첫 번째 안타회安陀會(antarvāsa)는 속옷의 역할을 하는 옷으로 모든 일상에서 반드시 입어야 하는 옷이다. 두 번째 울타라승鬱多羅僧(uttarāsaṅga)은 일종의 겉옷으로 승가에서의 의식과 수행에 착용을 하는 옷이다. 세 번째 승가리僧伽梨(saṃghāṭī)는 법회나 탁발과 같은 중요한 의식을 행할 때 울타라승을 입은 상태에서 왼쪽 어깨에 걸치는 옷으로 현재의 승려들의 가사袈裟와 같은 역할을 하는 복식이다. 이러한 삼의는 출가자들로 하여금 옷은 신체를 보호하고 수행을 위한 최소한의 용도

만으로 삼게 하고, 그를 통해 사치나 풍족함을 누릴 수 없도록 제정한 생활원칙이다.

　일발은 하나의 발우鉢盂로써 승가의 식생활인 탁발을 하기 위한 도구이다. 출가자는 재물의 축적과 집착을 없애기 위해 생산 활동과 저장을 금지시키고 있는데 식생활에 있어서도 마찬가지로 음식을 만들거나 보관할 수 없다. 그렇기에 출가를 하면 화상和尚으로부터 발우를 받아 일생 동안 탁발로 음식을 얻고 정오 전에 식사를 하는 생활을 해야 한다. 이는 음식에 대한 집착과 만족을 버리고 오로지 수행에만 전념하도록 제정한 생활원칙이다.

　다음으로 사의는 승가의 출가자가 지켜야 할 의식주 전반의 네 가지 원칙으로 걸식乞食(paiṇḍapātika), 분소의糞掃衣(pāṃsukūla), 수하좌樹下坐(niṣaṇṇā vṛkṣatalammi), 진기약陳棄藥(pūtimuktabhaiṣajya)을 말한다. 사의는 승가의 모든 출가자들이 생활의 원칙으로 삼아야 하는 것이기에 수계를 할 때 이에 따라 살아갈 것을 서약한다. 첫 번째 걸식은 앞의 일발과 같은 의미로 출가자가 좋은 음식과 배부름을 추구하는 것은 그 자체로 게으름과 어리석음을 보이는 것이기에 걸식을 통해 음식에 대한 집착을 버리고 수행을 위한 약으로 삼아 정진하게 하기 위한 것이다.

　두 번째 분소의도 앞의 삼의와 같은 의미로 출가자가 의복으로 안락함을 받고 그에 대한 소유욕을 갖지 못하게 하기 위한 규범이다. 특히 분소의는 부처님이 출가하실 때 시체를 감쌌던 낡은 천을 옷으로 삼아 정진하셨던 모습에서 비롯된 것으로 불교의 출가자를 상징하는 모습 중의 하나이다.

　세 번째 수하좌는 생활의 거처인 집과 터전에 대한 집착을 갖지 못하게 하기 위한 원칙이다. 사람들은 일생을 살아가며 자신의 터전을 마련하고 그것을 지키기 위한 삶을 산다고 해도 과언이 아니다. 그러나 출가자는 세속적 삶을 떠나 구도의 길에 들어선 존재이기에 그러한 터전을 소유해서는 안 된다. 그렇기에 정주하여 안락함을 누리는 생활을 금하고자 나무 아래에서 잠시 머문다는 의미에서 수하좌라는 원칙을 둔 것이다.

네 번째 진기약은 소의 오줌을 발효해서 만든 일종의 약으로 출가자는 삶과 죽음에 집착하지도 두려워하지도 않는 삶을 살기 위해 수행을 하는 것이기에 건강과 장수를 바라서는 안 된다. 그렇기에 진기약이라는 규범을 두어 최소한의 의약품만으로 생활함으로써 삶에 대한 집착을 버리고 오로지 수행에만 전념하도록 한 것이다.

그러나 삼의일발과 사의는 어디까지나 승가의 생활원칙이지 철칙이었던 것은 아니다. 불교의 수행은 중도中道를 추구하기에 어느 한 쪽의 모습에 기울어진다거나 지나친 고행을 수행의 척도로 삼지 않는다. 이에 부처님 당시에도 '정법淨法(kappa)'이라는 방편을 두어 지나친 고행을 피하고 지역과 환경을 고려하여 출가자들이 승가에서 원만한 수행생활을 이어갈 수 있도록 하였다.

율장의 형성

불교의 승가는 바라문교와 베다를 부정하며 태어났기에 어떠한 신분의 차별도 두지 않고 모든 이들의 출가를 받아주었다. 그렇기에 다양한 이들이 모이며 자연스레 여러 문제들이 생겨났고, 출가자로서 해서는 안 되는 일들조차 발생하게 된다. 출가자는 한 개인으로서 수행생활을 하기도 하지만, 불교의 일원으로서 부처님의 가르침을 포교하는 중요한 역할을 했다. 그러다 보니 재가자와의 관계를 비롯해 사회적으로 비춰지는 모습도 중요하게 여겼다. 이에 출가자는 물의를 일으키거나 좋지 못한 모습을 보여서는 안 되었기에 그러한 것들을 하나하나 설명해 주고 금지시키는 규율이 수범수제에 의해 율로 만들어지게 된다.

특히 승가는 세속의 인연을 끊고 독신으로 출가한 수행자들의 집단이기에 독신과 금욕 생활을 무엇보다 중시했다. 그럼에도 불구하고 승가에서 일어나서는 안 되는 음행淫行의 문제가 가장 처음 발생하게 된다. 『사분율四分律』에 따르면 가란타 마을에서 출가한 수제나 비구가 부처님과 함께 비사리에서 지낼 때 흉년이 들어 탁발이 어려워지자 비구들을 데리고 자신의 마을인 가란타로 탁발을 가게 된다. 수제나의 집안은 상당히 유복하였으나, 그의 아버지가 세상을 떠난 뒤였기에 수제나의 어머니는 그에게 집안을 이을 후손을 남겨 달라 간청한다. 이미 출가자가 된 수제나가 거절하였음에도 어머니는 세 차례나 더 간청하였다. 결국 자식의 도리를 저버릴 수 없었던 수제나는 아직 율이 제정되기 전 출가자의 음행에 대한 개념이 부족한 상태에서 출가 전의 부인과 부정행을 저지르게 된다. 이후 자신의 행동에 대해 근심에 빠진 수제나는 다른 비구들에게 그 부정행에 대해 이야기하였고, 그 내용이 부처님에게도 전해져 무수한 방편으로 꾸짖음을 받게 된다. 그리하여 부처님께서 이러한 일이 승가에서 두 번 다시 생겨나지 않도록 학처學處로써 '만일 비구가 부정행을 범하고 음욕법을 행하면 이 비구는 바라이다. 함께 살지 못한다'라는 규율을 제정함으로써 음행을 금하는 최초의 음계淫戒가 생겨나게 된다.

이후 승가 내에서 도둑질, 살생, 거짓된 가르침 등의 다양한 문제들이 발생하게 되었고, 그때마다 수범수제로 학처를 제정하여 율의 조문들이 점차 늘어나게 된다. 이 조문들은 출가자들이 해서는 안 되는 내용들로 구성되어 있는 지지계止持戒로서 승가의 구성원이라면 반드시 지켜야 하는 철칙이다. 이후 '바라제목차波羅提木叉'라는 이름으로 정리되어 승가의 규율로 정착하게 된다.[6] 바라제목차에는 다양한 조목들이 있는데 그 잘못의 크기와 처벌의 강도에 따라 바라이波羅夷 4조, 승잔僧殘 13조, 부정不定 2조, 니살기바일제尼薩耆波逸提 30조, 바일제波逸提 90조, 바라제제사니波羅提提舍尼 4조, 중학衆學 100조, 멸쟁滅諍 7조로 분류되며 총 250계의 구족계具足戒로 성립된다. 이 중 바라이는 음행, 투도, 살인, 대망어의 4조로써 바라이를 어길 시에는 출가자의 자격을 박탈당하고 승가에서 영원히 추방된다.

바라제목차는 현존하는 가장 오래된 승가의 규율로써[7] 모든 출가자들은 반드시 수계해야 하며 일생 동안 지켜나가도록 노력해야 한다. 그리고 보름마다 포살布薩에서 모든 출가자들이 모여 바라제목차를 낭송함으로써 자신의 잘못을 참회하고 승가가 원만하게 운영·유지될 수 있도록 하는 중요한 역할을 하게 된다.

이러한 수범수제의 율은 승가에서 문제가 생겼을 때 그것을 방지하기 위한 조치 일뿐 아니라 그를 통해 승가의 청정성과 출가자들의 수행이 증장되게 하는 큰 역할을 하는 것이다. 이를 '십리十利' 또는 '제계십리制戒十利'라고 하여 다음과 같이 설명한다.[8]

1. 승가를 결합시킴(攝取於僧)

---

6 이자랑(2015a), p.119.
7 목정배(2001), p.121.
목정배는 올덴베르그의 율장 성립 순서를 토대로 율의 현재 형태는 불멸 후 100년 전후에 성립된 것이지만, 바라제목차는 이미 붓다시대에 있었던 것이라고 설명한다. 그러나 현재와 같이 2백 수십 계의 계조를 붓다 자신이 정립하였는가 라는 문제는 의문이라고 한다.
8 대한불교조계종 교육원 불학연구소(2011), p.30; 平川彰(2000), pp.258-259. 위의 '십리'는 『계율과 불교윤리』에 나온 순서를 기본으로 하여 平川彰의 해석으로 정리한 내용임.

2. 승가를 환희롭게 함(令僧歡喜)

3. 승가를 안락하게 유지하게 함(令僧安樂)

4. 아직 불법을 믿지 않는 이들에게 믿음을 일으킴(令未信者信)

5. 이미 믿음이 있는 이들의 믿음을 증장시킴(已信者令增長)

6. 악인(잘 따르지 않는 자)을 조복시켜 잘 따르게 함(難調者調順)

7. 잘못을 저지른 자를 참괴하도록 해서 안락을 얻게 함(慚愧者得安樂)

8. 현재의 번뇌를 끊게 함(斷現在有漏)

9. 미래의 번뇌를 끊게 함(斷未來有漏)

10. 정법이 오래 머물게 함(正法得久住)

십리의 내용을 보면 율이 지지계로써 출가자들의 생활을 통제하는 것만이 아니라 그를 통해 승가가 보다 원만하게 운영·유지될 수 있게 하는 역할을 한다. 더불어 제8, 9번의 내용을 통해 출가자들의 번뇌를 멸하여 깨달음으로 나아가게 하는 역할까지도 한다는 것을 확인할 수 있다. 이러한 십리의 명칭은 현존하는 율장에 따라 다소의 차이가 있는데,『사분율』에서는 '십구의十句義'라고 하고,『마하승기율摩訶僧祇律』에서는 '십종이익十種利益'이라 하며, 그 외의 율장에서는 '십리'라고 한다. 그 내용에 있어 모든 율장이 전반적으로 유사하지만, 앞(제1, 2, 3)의 승가의 이익에 관한 부분과 뒤(제10)의 정법에 관한 부분에서는 율장에 따라 항목의 숫자에 차이가 있으며, 십리의 순서도 율장에 따라 다소의 차이가 있다.[9]

승가의 율에는 바라제목차와 더불어 법회와 포살 등의 생활 전반의 내용을 제정한 '건도犍度'라는 부분이 있다. 이는 승가가 거대해지고 승원화가 되며 삼의일발과 사의만으로는 모든 생활을 다룰 수 없었기에 그에

---

9 平川彰(2000), p.259.

따른 규율로 생겨난 것이다. 건도는 율장 내에서 하나의 독립된 부분으로 되어 있어 '건도부'라고도 불리는데 출가자들이 승가에서 머물며 반드시 동참하고 따라야 하는 내용들을 상세하게 설명하고 있다. 바라제목차는 해서는 안 되는 내용을 모아둔 것이기에 지지계止持戒라고 하지만, 건도는 반드시 해야 하는 내용들을 모아둔 것이기에 작지계作持戒라고 하여 적극적으로 실천해야 하는 규율이다. 바라제목차는 그 성립이 부처님 당시로 거론되고 있으나, 건도는 제1결집 이후 율장이 성립되며 함께 정리된 것으로 여겨진다. 건도라는 명칭은 율에 따라 차이가 있는데 『근본설일체유부율根本說一切有部律』에서는 '사事(vastu)'라고 하며, 정량부正量部 계통의 율에서도 같은 표현으로 불린다.[10] 건도의 항목에도 다소의 차이가 있는데 동아시아불교를 대표하는 『사분율』에는 총 20개의 건도가 있고, 동남아시아의 상좌부교단의 「빨리율」에는 22개의 건도가 있다.

이처럼 초기 승가는 바라제목차와 건도라고 불리는 규율에 의해 운영되었다. 그러나 이것들이 현재의 율장과 같이 하나의 형태로 정리되어 있었던 것으로 보기는 어렵다. 부처님 당시에는 승가에서 계속 여러 문제들이 생겨났고 그때마다 수범수제로 율의 조목들도 생겨났기에 하나의 공통된 규율이 있었다고는 볼 수 없다. 그렇기에 같은 승가에 있으면서도 출가자에 따라 율에 대한 인식이 부족했을 수도 있고, 지나치게 집착하는 경우도 발생했을 것이다.

이러한 문제는 부처님의 열반과 동시에 승가의 큰 고민이 되었다. 부처님께서 열반에 들자 모두가 슬퍼했던 것만은 아니다. 수밧다라는 비구는 더 이상 자신에게 잔소리를 하고 통제할 부처님이 죽었다는 소식에 기뻐하였다. 이를 지켜본 출가자들이 이러한 악한 비구가 늘어나 정법을

---

10 平川彰(2000), p.263.

파괴할 수 있다고 염려하여 부처님의 가르침을 다시금 정리하고 승가를 올바른 길로 이끌어 가야 한다는 목소리를 내었다.[11] 이에 마하가섭을 중심으로 500명의 출가자가 왕사성의 칠엽굴에 모여 부처님의 가르침을 암송하고 확인하는 '결집結集'을 하게 된다. 이를 '제1결집'이라 하는데 인원수와 장소에 의해 '오백결집', '왕사성결집'이라고도 한다. 결집이 생겨난 이유가 승가 내의 규율을 확인하기 위해서였기에 부처님의 곁에서 수범수제의 내용을 항상 기억하고 잘 실천하였던 지계제일 우파리가 율의 암송을 담당하여 결집을 시작하게 된다. 이때 우파리에 의해 암송된 규율이 바로 '율장律藏'인 것이다. 그 다음으로 부처님을 시봉하며 가장 많은 법문을 듣고 기억한 다문제일 아난이 그 내용을 암송한 것이 '경장經藏'이 되어 훗날 낱낱의 경전經典으로 만들어지게 된다.

이처럼 승가의 발달과 승원화가 이뤄지며 불교는 큰 종교집단이며 수행공동체로 정착하게 되지만, 그에 따른 여러 문제들도 필연적으로 생겨나게 된다. 그리고 그러한 문제들은 부처님 당시에는 수범수제로 금지시켰고, 그 이후에는 제자들에 의해 하나로 정리되어 '율장'이라는 형식을 갖춰 승가의 규율로 정립된다.

승가의 분열과 율장

율장은 출가자를 제지하기 위한 통제수단이기 보다는 승가를 일정 수준으로 운영·유지하고 그 안에서 모두가 원만한 수행을 이어갈 수 있도록 하는 규율이다. 그러나 칠불통계와 마찬가지로 율장도 시간이 지남에

---

11 대한불교조계종 교육원 불학연구소(2011), p.31.

따라 다시 한계를 드러내며 또 다른 문제를 겪게 된다. 이전에는 승가의 통제가 문제였으나, 이번에는 율장에 따른 생활이 문제가 되어 어려움을 초래하게 된다. 이러한 일들에 대해 율장에서는 '파승破僧'이라는 건도를 두어 기록하고 있다. 파승의 내용은 시대에 따라 다소의 차이가 있는데, 그 중 최초의 파승은 부처님 당시의 규율에 대한 부정에 의한 것이었다. 이를 데바닷타의 오사五事라고 하는데, 부처님의 제자인 데바닷타는 사의를 생활의 원칙이 아닌 철칙으로 적용해야 하며, 정법淨法과 같은 예외를 없애고 모든 수행자들이 고행苦行을 해야 한다고 주장하며, 다음과 같은 내용의 파승을 일으켰다.

1. 비구들은 평생토록 산림에 거주해야 하며, 마을에 거주하면 죄가 된다.
2. 비구들은 평생토록 걸식해야 하며, 청식을 받으면 죄가 된다.
3. 비구들은 평생토록 분소의를 입어야 하며, 거사의를 입으면 죄가 된다.
4. 비구들은 평생토록 나무 아래에서 거주해야 하며, 집 안에서 거주하면 죄가 된다.
5. 비구들은 평생토록 물고기와 고기를 먹지 않아야 하며, 먹으면 죄가 된다.[12]

그러나 데바닷타의 오사에 대해 부처님께서는 고행과 같은 엄격한 생활양식을 실천하고 싶은 자는 그리해도 좋지만, 그렇지 않은 자는 완화

---

12 사토 미츠오, 김호성 역(1991), p.50.

된 생활양식에 따라도 좋다는 중도적 입장을 취한다.[13] 이에 부처님의 답변을 인정할 수 없었던 데바닷타가 일부의 출가자를 데리고 나가 자신만의 교단을 만들어 파승을 일으킨 것이다. 이는 아직 제1결집으로 율장이 생겨나기 전이며 부처님의 생전에 생긴 최초의 파승으로서, 부처님이 살아 계시는 동안에도 승가 내에서 규율에 대한 의견차이가 있었고 그로 인해 화합승가를 분열시킨 일이 있었음을 알려주는 중요한 사건이다. 그러나 이는 사상의 차이에 의한 대립이 아닌 생활원칙에 대한 차이에서 기인한 분열이었던 것이다.[14]

오사 이후로는 제1결집이 열려 율장이 성립되었고 승가는 그에 따라 운영되었다. 그러나 율장에 상세하게 승가의 규율과 생활원칙을 다루더라도 승가가 위치한 지역이나 해당 승가의 구성원들에 의해 거듭 문제가 발생하게 된다. 그 중 불교 역사에서 가장 중요한 사건이며 불교 발전에 큰 전환점을 맞이하는 문제가 불멸 후 약 100년경에 발생하게 된다. 웨사리라는 지역의 승가에서 지내던 왓지족 출신의 출가자들이 포살일에 큰 그릇에 물을 받아두고 신자들로부터 돈을 넣게 하여 보시를 받는 행동을 했다. 이때 다른 지역에서 온 야사라는 비구가 이것은 율장에 어긋나는 부정한 행위라고 문제를 제기한다. 이에 왓지족 비구들은 야사가 승가를 업신여겼으며 재가자의 보시를 훼손하였다고 하여 오히려 징벌갈마까지 내린다.[15] 출가자가 금은을 받거나 자신이 취한다면 이는 율장의 바일제에 어긋나는 잘못이다. 그러나 승가가 위치한 지역의 특성과 재가자와의 관계를 생각한 정법이었기에 이 문제는 쉽사리 해결되지 않았다. 또

---

13 대한불교조계종 교육원 불학연구소(2011), pp.147-150.
14 하카마야 노리아키, 이자랑·양경인 역(2021), p.44.
15 사사키 시즈카, 법장 역(2019), pp.142-155.

한 금은의 문제와 더불어 왓지족 비구들이 율장에 어긋난 열 가지 생활인 십사十事의 비법을 저질렀다는 문제까지도 제기된다.[16]

이에 야사와 왓지족의 의견을 전해들은 출가자들이 전국에서 웨사리로 모여 8개월에 걸쳐 십사가 비법인가에 대한 논쟁을 펼쳤지만 결국 원만한 합의점을 찾지 못했다.[17] 두 집단은 서로 다른 의견을 가진 두 개의 승가로 분열되었다. 부처님 당시로부터 하나의 화합된 승가였던 불교교단이 최초로 분열되는 사태가 벌어진 것이다. 이를 '근본분열根本分列'이라고 하여 불교사에서 중요한 전환점이 되는 사건으로 여긴다. 이 근본분열에 대해 대부분의 율장에서는 이때 모인 비구의 수가 700명이었다고 하여 '칠백결집'이라고도 하고, 불교의 방향성에 대한 논의가 있었기에 '제2결집'이라고도 부른다. 그리고 스리랑카의 연대기인 『디빠왕사(島史)』와 『마하왕사(大史)』에서는 야사를 지지한 장로비구들에 의해 왓지족이 패하여 추방되었다. 이후 왓지족이 만 명의 비구를 모아 새롭게 결집하고 자신들의 승가를 만들어 대중부大衆部라는 부파가 되었고, 야사와 장로비구들의 승가는 상좌부上座部라는 부파가 되었다고 전한다. 이는 데바닷타의 오사와도 유사한 습관에 의한 분열이기는 하지만, 집단으로 나뉜 채 자신들의 의견의 타당성을 주장하며 알력을 보인 점에서 차이가 있다.[18] 또한 이렇게 알력에 의해 두 집단으로 나뉜 채 각자의 승가에서 주장한 생활을 하였기에 이는 율장이 원인이 된 사상적 분열로도 볼 수 있다.

이러한 근본분열에 대해 율장과 스리랑카 연대기와는 다르게 설일체

16　대한불교조계종 교육원 불학연구소(2011), pp.33-37.
17　사사키 시즈카, 법장 역(2019), p.146.
18　하카마야 노리아키, 이자랑·양경인 역(2021), p.57.

유부의 논서인 『대비바사론大毘婆沙論』과 『이부종륜론異部宗輪論』에서는 마하데바大天라는 비구가 아라한의 경지에 대한 5가지의 이견을 제기하며 의견이 갈리게 되었고, 그로 인해 진보적 집단과 보수적 집단으로 구분되어 근본분열이 발생하게 되었다는 '대천의 오사'를 주장한다. 이는 앞의 십사와도 유사하지만 그 배경이 사상과 철학적 문제이기에 설일체유부에서는 다른 부파와 달리 생활원칙에 의한 분열이 아닌 사상에 의한 분열을 더욱 강조하고자 했던 것으로 보인다.[19]

분열의 기록에 대해 율장과 논서의 차이가 존재하지만, 승가는 결국 두 개의 집단으로 분열되었고, 이후로 서로 다른 승가로 발전하여 각자가 주장하던 규율의 생활을 이어가게 된다. 그러나 최초의 분열 이후 각 부파 내에서는 다시금 또 다른 문제제기와 주장들이 생겨났고, 승가는 결국 '지말분열枝末分列'이라는 계속된 분열을 거치며 18~20개의 부파로까지 나뉘게 된다.[20] 더불어 승가분열의 원인이 율장이었던 만큼 각 부파에서는 제1결집에서 우파리가 암송했던 최초의 율장을 토대로 각자의 주장을 담아 율장을 수정·편집하였다. 이에 현재까지 전해지는 '바라제목차·건도·부수'의 형식을 갖춘 광율廣律이 「빨리율」(남방 상좌부), 『십송율十誦律』(설일체유부), 『근본설일체유부율根本說一切有部律』(설일체유부), 『사분율四分律』(법장부), 『오분율五分律』(화지부), 『마하승기율摩訶僧祇律』(대중부)의 6종류에 이르게 된다.

---

19 하카마야 노리아키, 이자랑·양경인 역(2021), p.57.
20 하카마야 노리아키, 이자랑·양경인 역(2021), pp.60-62.
  본 책에서는 부파의 수에 대해 『디빠왕사』에서 주장하는 18개와 『교의구별형성론』에서 주장하는 20개를 설하고 있고, 20개의 부파에 대해 상좌부 11부파, 대중부 9부파로 지말분열의 형성도를 제시하고 있다.

II
대승보살계의 등장과 발전

인도유래의 보살계

불교의 승가는 출가자를 중심으로 발전하지만, 기원 전후로 기존의 모습과는 전혀 다른 형태의 불교가 등장하게 된다. 이를 대승불교라고 하여 보살菩薩이라는 이상적 존재를 통해 모든 중생들과 함께 부처가 되는 것을 수행의 목표로 삼는다. 대승불교에서는 출가와 재가 누구라도 보살행을 닦으면 부처의 지위에 오를 수 있고 모두가 깨달을 수 있다는 가르침을 펼친다. 이처럼 대승불교는 기존과는 전혀 다른 사상과 형식을 지녔으며, 그에 따라 율장이 아닌 대승의 규율을 제창하게 된다. 이때 등장한 것이 십선계十善戒와 보살계菩薩戒이다. 흔히 이 둘을 대승계나 보살계로 통칭하는 경우도 있으나, 의미에 다소 차이가 있다. 대승계는 대승의 성립과 더불어 등장한 대승경전에서 설해지는 계를 말하고, 보살계는 그보다 후대에 특정 경전이나 논서에 의해 확립된 것이다.[21]

십선계는 원시불교와 부파불교에도 존재했지만 대승불교에서만큼 중

---
21 이자랑(2015a), p.202.

요시되지 않았다. 『아함경』에서 '십선업도十善業道'라고 언급되지만 '계'라고는 하지 않는다.[22] 본격적으로 '십선계'의 명칭과 대승계로써 부각된 것은 『대품반야경大品般若經』에서 육바라밀의 계바라밀을 '십선도'라고 설명하고,[23] 그 주석인 『대지도론大智度論』에서 십선계라고 하면서이다. 그 명칭에서 알 수 있듯이 열 가지 선한 업을 닦는 계이기에 '십선업도', '십선'이라고도 불린 것이다. 십선계는 신구의身口意 삼업을 기반으로 하는데, 순서대로 불살생不殺生·불투도不偸盜·불사음不邪淫은 몸에 관한 3가지이고, 불망어不妄語·불양설不兩舌·불악구不惡口·불기어不綺語는 말(입)에 관한 4가지이며, 무탐욕無貪慾·무진에無瞋恚·정견正見은 마음에 관한 3가지이다. 일반적으로 보살계에서는 불망어 하나만을 제지하는 것에 비해 초기의 십선계에서 오히려 말로 저지르는 잘못을 보다 상세하게 다루고, 마음이라는 추상적인 것을 계로써 다루는 특징이 있다.[24] 또한 계를 지악止惡만이 아닌 행선行善과 이타행利他行으로 삼아 십선계를 통해 중생을 교화한다고 설명한다. 이처럼 대승계는 단순한 제지의 의미를 넘어 적극적 실천을 통해 보살의 자리이타를 실현하는 방편이며, 율장의 건도와는 다른 개념의 작지계로써 지악과 더불어 행선의 실천을 중요시한다.

대승계에서 실천을 중시하는 특성은 '섭율의계攝律儀戒·섭선법계攝善法戒·섭중생계攝衆生戒'의 삼취정계三聚淨戒에 이르러 더욱 강조된다. 삼취정계는 대승계의 특징인 지악·행선·이타행으로 구성되어 있다. 섭율의계는 지악으로 불교의 모든 계율을 망라한 일체계一切戒 또는 칠중계七衆戒라고도 한다. 이는 대승불교에서 출재가를 구별하지 않고 모두가 성

---

22 平川彰(2000), p.166.
23 齊藤隆信(2016), p.57.
24 이자랑(2015a), p.203.

불할 수 있다는 사상을 계에 적용시킨 것이다. 섭선법계는 행선으로 악한 일을 그치는 지지계의 역할만이 아닌 계행을 통해 선한 일을 실천하여 남에게 도움을 주는 칠불통계의 삶을 나타낸다. 섭중생계는 이타행으로 중생을 위한 보살의 모든 행동은 계바라밀의 실천이기에 중생을 위해서라면 어떠한 일이라도 실천해야함을 강조했다.

삼취정계의 명칭은 『화엄경華嚴經』과 『유가사지론瑜伽師地論』에 나온다. 불타발타라의 60권 『화엄경』에서는 '삼종계三種戒', 실차난타의 80권 『화엄경』에서는 '삼취정계', 현장의 『유가론』에서는 '삼취'라고 표현된다. 그러나 이후 논서와 주석서에서는 '삼취정계'로 통일되어 사용된다. 계목에도 차이가 있는데 섭중생계를 요익중생계饒益衆生戒 또는 요익유정계饒益有情戒라고도 한다.

이러한 삼취정계는 '유가계瑜伽戒'와 더불어 크게 발전한다. 일반적으로 유가계는 『유가론』「보살지」의 보살계를 말하는데, 여기서 보살의 계행을 삼취정계를 토대로 설명한다. 그래서 삼취정계는 대승계이기도 하지만, 유가계의 하나로 보아 보살계라고도 불린다. 유가계가 동아시아에 전해지게 된 것은 『유가론』의 부분역인 담무참의 『보살지지경菩薩地持經』과 구나발마의 『보살선계경菩薩善戒經』에 의해서였으나, 이후 현장의 『유가론』 완역에 의해 「보살지」가 대표하게 된다. 특히 계바라밀을 '자성계自性戒·일체계一切戒·난행계難行戒·일체문계一切門戒·선사계善士戒·일체종계一切種戒·수구계遂求戒·차세타세락계此世他世樂戒·청정계淸淨戒'의 아홉 가지 계상(九種相戒)으로 설명하는데, 이 중 제2 일체계에서 '율의계는 칠중의 별해탈율의七衆別解脫律儀'라고 하여 출가와 재가의 모든 계율에 이른다고 한다.[25] 이 개념은 경전과 계율의 주석에 큰 영향을 주었다.

---

25 법장(2022b), pp.12-14.

특히 남산율종의 도선道宣은 이를 발전시켜 『사분율행사초四分律行事鈔』 에서 '律儀一戒 不異聲聞'이라 하여 율의계를 성문의 구족계로 정의하였고, 율장(사분율)에 대승적 성격을 지니게 하는 '분립대승설分立大乘說'로 발전시켜 중국불교에서 율장의 위치를 확고하게 한다.[26]

중국에서 형성된 범망계

불교가 인도에서 중국으로 유입되며 율장과 경전도 당시의 언어로 번역되기 시작한다. 그러나 이것들은 인도에서 전래된 사상을 기반으로 하는 것이었기에 중국에서 필요로 하는 신앙이나 사상이 부족하기도 했다. 이에 중국에서 시대상과 특정 사상을 기반으로 새로운 경전을 만들기 시작하는데, 이를 '위경僞經'이라고 한다.

위경에는 사상만이 아니라 계율에 관련된 경전도 등장하는데, 대표적인 것이 '범망계' 계통의 경전이다. 범망계는 위경인 『범망경』과 『영락경』에서 설하는 보살계를 말하는데, 인도에서 전래된 유가계와는 다르게 중국의 효孝와 순順 사상을 토대로 계율관, 기근機根, 수계방식, 죄의 판단 등을 설한다.

범망계를 대표하는 『범망경』은 상·하 양 권으로 구성되어 있다. 양 권은 차례로 찬술된 것이 아니라, 10중 48경계를 다루는 하권이 먼저 만들어졌고, 이후에 『화엄경』을 기반으로 보살의 수행위修行位를 다루는

---

26 中島志郎(2014), pp. 54–56.
　나카지마는 도선의 율의계에 관한 주석에 의해 보살계로서 포섭된 유가계가 출가 보살(출가자) 중심으로 바뀌게 되었다고 한다.

상권이 만들어졌다. 하권의 대략적 찬술연대는 『인왕반야경』(폐불시기, 446~452년) 등장 이후이며 『영락경』(약 480~500년 경) 등장 이전이기에 두 경전의 사이인 450~480년 경 무렵에 찬술되었을 가능성이 높다고 본다.[27] 한편 찬술지역에 대해서는 남조와 북조의 학설이 제기되었으나, 화북華北 지방에서 찬술되었을 가능성이 가장 높게 평가되고 있다.[28] 이밖에도 상권과 하권은 어법의 차이가 있어, 상권의 편찬에 관여한 인물은 하권에 관여한 인물과 전혀 다른 별개의 인물이었으며,[29] 시대순으로 보아도 구마라집의 번역으로는 볼 수 없다. 이러한 학술적 연구를 통해 현재 『범망경』은 번역된 경전이 아니라 위경으로 분류된다.

그럼에도 불구하고 『범망경』은 현재까지도 동아시아 전역에 영향을 미친 가장 중요한 보살계로서 자리하고 있다. 10중 48경계의 범망계는 기존의 율장이나 보살계와는 달리 출재가가 보살이라는 명칭 하에 함께 수계할 수 있고 그를 통해 포살까지도 공유하는 대승적인 성격을 지니고 있다. 그리고 중국 전역에 『범망경』이 정착될 수 있었던 이유는 당시의 불교를 대표하는 천태 지의天台智顗와 현수 법장賢首法藏의 주석에 의해서였다. 두 승려는 당시 큰 세력과 영향력을 지녔던 인물들로 그들의 주석에 의해 많은 교단과 종파에서 관심을 갖게 된다. 지의와 법장은 주석에서 유가계의 삼취정계를 적극적으로 도입하여 범망계를 보다 대승적으로 발전시킨다. 이를 통해 유가계까지 포섭한 하나의 보살계로 통일시켜 보살의 바라밀행을 뒷받침해주는 중요한 역할을 한다. 이 주석은 한국과 일본에도 지대한 영향을 주었고, 이러한 특성은 원효元曉와 태현太

---

27 船山徹(1996), p.69.
28 船山徹(2017), p.18.
29 船山徹(2017), pp.16-19.

賢의 주석에도 두드러지게 나타난다.

범망계와 삼취정계의 관계는 『영락경』에 이르러 더욱 부각된다. 『영락경』은 『범망경』을 보다 발전시킨 형태의 위경으로, 수계의 형식보다 계행을 실천하는 마음을 더욱 중요시한다. 『영락경』의 찬술시기에 관해서는 500년경에 건강建康에서 활약한 보량寶亮이라는 승려의 행적에 그 내용을 알고 있었다는 기록이 남아있다. 따라서 찬술연대는 그 이전 시기로서 대략 480~500년경으로 추정하고 있다.[30] 『영락경』은 섭율의계의 일체계를 『범망경』의 10중계와 동일하게 보고, 10중계를 수계하면 다른 계와 율도 자연스레 받게 된다는 단수單受를 통한 중수重受를 설명한다. 그리고 계체戒體를 마음(心)으로 보고 '마음이 다함이 없기에 계도 또한 다함이 없다(是故心亦盡戒亦盡).'는 '일득영불실一得永不失'을 통해 범망계에 수법受法은 있어도 사법捨法은 없기에 설사 죄를 범하더라도 보살로서의 계를 잃지 않는다고 한다.[31] 이러한 설명은 보살의 무애행無碍行의 토대가 되어 중생제도를 위한 범계를 죄로 보지 않고 오히려 공덕이 된다는 대승불교의 중요한 사상으로 발전한다. 이를 통해 호국불교와 지범개차 등의 개념에 기반을 마련해 주고 동아시아 불교의 여러 사상에 큰 영향을 주게 된다.

이처럼 『범망경』과 『영락경』은 위경이기는 하지만, 기존의 유가계를 토대로 중국적 사상을 더해 보살계를 보다 대승적으로 발전시켰다. 또한 지의와 법장과 같은 승려들의 주석에 의해 동아시아 불교 발전에 큰 축을 담당하게 되며 보살계의 중심은 유가계에서 범망계로 옮겨가게 된다. 현재 대한불교조계종에서도 『범망경』을 포살본으로 채택하여 매 안거 때 출가자와 재가자가 함께 포살을 실시하고 있다.

---

30 船山徹(1996), p.69.
31 법장(2022b), pp.21-22.

새로운 보살계와 수계

　율장을 통해 운영되던 불교승가는 대승불교의 등장과 함께 규율에서도 큰 변화가 생긴다. 대승계와 보살계의 등장은 출가자 중심에서 출재가가 함께 수행하고 깨달음을 추구하는 형태로 변화하였고, 동아시아에서는 범망계와 같은 새로운 보살계가 등장하며 인도불교와는 다른 형태로 발전하게 된다. 율장에 의해 유지되던 불교교단은 보살계의 등장과 함께 그 형식을 비롯한 사상에서도 큰 변화를 맞이하게 된다. 특히 수계에 있어 기존에는 삼사칠증三師七證에 의한 계단戒壇의 종타수계從他受戒가 중심이었으나, 계체를 마음으로 보는 범망계에 의해 발심發心이 보다 강조되어 자서수계自誓受戒가 부각된다. 자서수계는 서상수계瑞祥受戒라고도 하여 수계자가 참회하며 불보살의 호상好相을 보거나 느끼게 되면 그것으로 수계를 인정하는 것이다. 자서수계는 부처님 당시에도 있었는데, 부처님은 수계를 하지 않고 출가하여 스스로 부처가 되었기에 자연득自然得이라 한다. 그리고 마하가섭은 부처님께 귀의하며 스스로 제자라고 하였기에 자서득自誓得이라 한다. 그러나 초기불교에서는 부처님과 마하가섭만을 자서수계로 인정하였고 다른 출가자들은 선래득善來得과 갈마득羯磨得으로 수계를 시켰다.

　그러나 중국에서 『범망경』과 같은 새로운 보살계가 생겨나고, 폐불에 의해 사찰이 점차 깊은 산 속으로 들어가며 형식을 갖춘 수계가 어려워지게 된다. 그리고 재가자들이 일상에서 불교를 실천할 수 있는 방편이 필요해지면서, 점차 이러한 요구를 수용한 위경과 보살계가 등장하게 된다. 특히 『범망경』은 동아시아에서 자서수계가 정착하는데 큰 영향을 끼친 경전으로, 10중 48경계 중 제23, 41경계에서 호상에 대해 상세히 다루었다. 이를 통해 호상을 봄으로써 참회가 성취된다는 것으로 그 토대를 마련하였다. 이후 『영락경』에서는 호상보다 서원을 중시하며 자서수계의 편의성을 강조한다. 이처럼 범망계의 등장과 함께 불교의 규율은 큰 변화를 맞이하게 되었고, 이후로도 발전을 거듭하며 『점찰경占察經』과 원돈계圓頓戒와 같은 또 다른 형태의 보살계까지 등장하게 된다.

『점찰경』은 『점찰선악업보경占察善惡業報經』이라 하여 수隋나라 때 성립된 위경으로 『영락경』과 함께 『범망경』을 해석하는데 널리 사용된 범망계 경전이다.[32] 상하 2권 중 상권에서는 점찰법을, 하권에서는 대승에서의 마음을 설한다. 특히 점찰법이라 하여 불교적으로 점占을 보는 특별한 의식이 설해진다. 불교는 인과因果와 자업자득自業自得의 가르침으로 자신을 참회하며 매순간을 사유하는 수행을 추구한다. 반면 점은 미래를 내다보고 다가올 길흉을 확인하는 행위로써 불교의 수행과는 상반된 것이다. 그러나 『점찰경』의 목륜상법木輪相法에서는 10개의 목륜상을 던져 거기에 적힌 숫자의 합을 통해 숙세의 선악업이나 과보의 차별상 등을 점쳤다. 그리고 이후에 유행하는 탑참법塔懺法과 자박법自撲法에 큰 영향을 주어 점을 치는 것을 넘어 그를 통해 숙세의 과보를 확인하고 현세에서 참회하는 의식으로 발전한다.[33] 『점찰경』은 자서수계도 설하는데 참회자가 선상善相을 얻게 되면 스승이 없더라도 불보살을 증명법사로 하여 십중계와 삼취정계를 얻을 수 있다고 한다. 그리고 범망계의 모든 내용을 목륜상법을 통해 한 번에 얻어질 수 있도록 하고 있다. 이러한 『점찰경』의 자서수계는 『범망경』과 함께 동아시아에서 널리 활용되었다. 특히 일본에서는 보살계를 넘어 비구의 수계에까지도 사용되었다.[34]

---

32 大竹晋(2020), p.220.
33 박미선(2007), pp.250-259.
34 大竹晋(2020), p.234.

동아시아에서 대승불교가 발달하며 더 이상 율장이 아닌 대승의 계만으로 출가하는 것이 보살이 되는 것이라는 인식이 생겨났다. 이러한 개념의 토대에는 범망계가 큰 영향을 주었고, 일본에 이르러 '원돈계圓頓戒'라는 보살계가 만들어지며 현실화된다. 기존의 보살계들은 특정 경전과 위경에 의해 생겨났으나, 원돈계는 사이쵸最澄라는 인물에 의해 주도적으로 만들어진다. 사이쵸에 따르면 원돈계는 본래 천태지의에 의해 만들어진 것이 일본 천태종으로 전해진 것이라고 한다. 그렇기에 『묘법연화경妙法蓮華經』, 『범망경』, 『영락경』을 원돈계삼부경으로 하여 『법화경』의 도덕정신에 『범망경』의 계상을 나타내고, 『영락경』의 삼취정계에 의해 조직화된 계법이 원돈계라고 주장한다.[35] 그러나 중국과 지의의 저술에는 원돈계라는 정확한 명칭은 없으며, 일본에서도 모든 종파가 아닌 정토종, 서산삼파西山三派, 천태진성종天台眞盛宗에서만 원돈계라고 한다. 또한 천태종에서도 사이쵸가 『현계론顯戒論』에서 사용한 원계圓戒라는 명칭을 사용한다.

『범망경』에는 삼취정계를 설하지 않기에 일체계의 개념을 유가계를 사용해 설명하는데, 이 부분을 보완한 것이 『영락경』이다. 이에 원돈계는 『영락경』의 「대중수학품」을 중심으로 전체의 조직과 체계를 갖춘다. 원돈계 자체는 율장이나 보살계처럼 명확한 조목으로 이루어진 것이 아니라 삼취정계와 범망계를 합쳐 그 사상을 토대로 만들어진 것이다. 그래서 삼취정계의 섭율의계에 『범망경』의 10중 48경계, 섭선법계에 보살의 육바라밀, 섭중생계에 사무량심四無量心·사섭법四攝法·사홍서원四弘誓願을 배당하여 성립된 일종의 사상체계에 가깝다.

원돈계를 성립시킨 사이쵸는 766년생으로 일본 나라의 동대사에서

---

35 齊藤隆信(2016), p.73.

785년 『사분율』로 비구가 된다. 804년 입당하여 천태종 제7조 도축道邃에게 『마하지관』과 보살계 수계를 받고, 일본으로 돌아와 홍법대사 쿠카이空海의 제자가 되어 진언밀교를 수행한다. 이후 자신이 수행한 천태와 밀교의 교법을 토대로 『현계론』을 저술하여 원돈계의 기반을 다지며, 율장의 수계가 아닌 보살계의 단수單受를 주장한다. 또한 간진鑑眞 화상으로부터 전해진 동대사의 남산율종 계단의 폐지를 선언하기도 한다.[36] 사이쵸는 보살계 단수의 근거로, 1.『영락경』의 섭율의계에 십바라밀이 있다는 것, 2.『범망경』에서 성문의 경율을 부정한 것, 3.『천태보살계소』에서 '대심을 내어 보살계를 받으면 출가보살'이라 하고 '소승에는 삼취의 의가 없다'고 하였다. 범망보살계를 받으면 출가자로 인정되고 삼취정계는 소승과 무연無緣이기 때문이라고 한다.[37]

그러나 원돈계는 사이쵸의 생전에 받아들여지지 않지만, 그의 입멸(822년 2월 14일) 칠일 후 일본 관부로부터 공식적 승인을 받게 된다. 이로 인해 823년 천태종 본산인 히에이산比叡山 엔랴쿠지延曆寺에서 최초의 대승계 수계가 행해지고, 828년 정식으로 대승의 계단원이 창건된다. 이후 히에이산을 중심으로 생겨난 여러 종파에서 대승계 단수가 행해지고 일본 전역에 원돈계가 정착되게 된다.

이와 달리 정토종에서는 원돈계를 토대로 포살계布薩戒·염불계念佛戒라는 독자의 계법을 만들어, 염불계를 통해 참회와 멸죄를 한다고 주장하지만, 경전의 근거가 없고 정토종 사상과도 합치하지 않는다는 이유로 곧 폐지된다. 그리고 정토진종에서는 『대반열반경』의 '재가자는 비록 율의를 받지 않았어도 우바새, 우바이가 될 수 있다'는 내용을 토대로 말법

---

36 齊藤隆信(2016), pp.163-166.
37 齊藤隆信(2016), p.167.

무계설末法無戒說을 주장한다. 말법시대에는 『범망경』의 보살계조차 받지 않아도 칠중과 보살의 지위를 얻을 수 있고, 선악을 판단할 수 있는 사람도 없기에 오로지 일념으로 염불만 해야 한다는 내용이다. 그러나 이는 정토진종에 한해서 생겨난 계이며 불교 전체에 영향을 준 규율의 하나로 보기에는 어렵다.[38] 이러한 범망계 이후에 등장한 여러 보살계는 각 종파의 사상을 담아 새롭게 만들어진 것이었다. 그러나 전통적 불교의 사상과 다르거나 시대에 따라 필요성이 사라지며 현재는 기록으로만 남아 실제로 수계가 행해지지 않는 경우가 많다.

38　大竹晋(2020), pp.249-256.

III
한국불교에서의 계율

삼국시대의 불교와 계율

한반도의 불교는 삼국시대에 본격적으로 유입되었다. 고구려는 372년 (소수림왕 2)에 전진前秦의 왕 부견符堅의 명에 의해 순도順道 화상이 불상과 경전을 가지고 들어와 불교를 전하고, 375년에 초문사肖門寺를 창건하여 순도를 머물게 하였다. 374년에는 아도阿道 화상이 들어오자 이불란사伊弗蘭寺를 창건하여 아도를 머물게 하며 본격적으로 불교가 전파되었다. 이 시기의 규율과 관련해서는 동진東秦의 승려 담시曇始의 기록이 있다. 담시는 태원太元(376~396) 말기에 경률을 가지고 요동 지역에서 삼승과 삼귀의, 오계를 가르쳤다고 한다. 그가 활약한 시기에 부파의 율 문헌과 갈마법이 번역되었기에 담시가 고구려에 전한 내용에 관하여 구체적인 기록을 확인할 수 없지만 율과 관련된 문헌들이 포함되어 있었을 것이다. 그리고 576년 승상 왕고덕王高德의 청으로 대덕 의연義淵이 북제北齊에 가서 법상法上을 만나 "십지十地·지도智度·지지地持·금강반야 등은 누가 지었는가"라고 묻는 내용을 보아 대승경론이 고구려에 전해져있었던 것을 알 수 있다.[39] 이 중 '지지'는 유가계의 부분역인 『보살지지경』

을 말하며, '십지'는 화엄경의 부분역인『십지경』, '지도'는『대지도론』, '금강반야'는『금강경』혹은『대품반야』라고 생각된다. 이 경론들은 앞선 설명과 같이 십선계와 삼취정계의 토대가 된 것들로 고구려에 대승계와 보살계에 대한 인식이 있었던 것을 알 수 있다.

　백제는 384년(침류왕 1) 동진에서 마라난타가 들어와 한산주에 절을 짓고 백제인 10명에게 수계를 주며 불교가 정착된다. 백제불교는 겸익謙益으로 대표되는데, 526년 인도에 건너가 상가나대율사常伽那大律寺에서 율부를 익히고 배달다倍達多 삼장과 함께 범본의 논장과 오부율문五部律文을 가져와 율부 72권을 번역하였고, 그것을 토대로 담욱曇旭과 혜인惠仁이『소疏』 36권을 지어 왕에게 헌상한다. 541년 양梁에 사신을 보내 교의를 청하였는데 이때 양 무제武帝가『열반경소涅槃經疏』를 보낸다.『열반경』은 불성(여래장)사상을 설하는 대승경전으로 보살계에서 일체중생실유불성一切衆生悉有佛性의 토대가 되는 가르침을 담고 있다. 이를 통해 비슷한 시기의 고구려와 마찬가지로 백제에도 율과 더불어 보살계가 유입되었음을 추측할 수 있다. 그러나 백제는 비교적 율과 관련된 기록이 많이 전해지며, 특히 일본과의 관계가 주목된다.[40] 일본의『원흥사연기元興寺緣起』에 의하면 587년 아스카데라飛鳥寺에서 3명의 비구니(善信尼, 禪藏尼, 惠善尼)가 백제로 들어와 구족계를 받고 수계작법을 배워갔다고 전한다. 아스카데라는『일본서기日本書紀』에서 법흥사法興寺, 원흥사元興寺라고 불리는 일본 내에서 본격적인 사원의 형태를 갖춘 가장 오래된 사찰이다. 이러한 사찰과 백제불교가 긴밀한 관계를 가지고 있고, 그것이 율과 관련된 기록으로 현재까지 전해지고 있다는 것은 매우 상징적이다.

39　이자랑(2015a), pp.207-208.
40　이자랑(2015a), pp.209-210.

신라의 불교 전래연대는 명확하지 않지만, 527년(법흥왕 14)에 이차돈 순교에 의해 공인되고, 544년(진흥왕 5) 흥륜사 창건과 함께 수계를 허용하며 정착하게 된다. 이후 여러 승려들이 중국으로 건너가 경론을 가져오며 신라불교를 중흥하였고 특히 원광圓光의 활약이 두드러졌다. 신라는 원효와 의상, 태현 등 위대한 업적을 남긴 승려들이 많은데, 그들과 더불어 계율에 있어서는 원광과 자장慈藏의 활약이 눈부셨다. 원광은 현재도 '세속오계世俗五戒'로 대표되듯이 보살계를 당시의 시대상에 맞게 해석하여 단순한 규율을 넘어 현실에 부합하는 살아있는 계행을 마련하였다. 또한 점찰법회를 열어 보다 쉽게 불교를 전하여 민중들의 삶 속에서 의지처가 될 수 있도록 이끌었다. 자장은 율을 기반으로 신라불교의 수계와 운영의 기틀을 마련하였다. 당에서 유학을 마치고 643년 귀국한 자장은 대국통大國統으로 부임되어 신라불교의 모든 규범을 담당한다. 한반도에 불교가 유입되며 여러 사상과 율, 보살계 등도 들어왔지만, 그것들을 체계적으로 정리하여 교단을 운영하지는 못했다. 이에 자장은 율장에 의거해 교단을 정비하고 통도사에 수계계단을 건립한다. 그리고 『사분율갈마사기』를 저술하여 율장의 이해를 도왔다. 이 시기 동아시아 불교는 『사분율』로 운영되었는데, 신라도 자장을 중심으로 지명智明의 『사분율갈마기』와 원승圓勝의 『사분율갈마기』, 『사분율목차기』 등이 유포되며 『사분율』에 대한 인식과 그에 따른 교단이 확립된다.[41]

신라는 삼국통일을 전후로 보살계도 크게 유행하는데 그 중심에 원효가 있었다. 자장도 보살계 강설과 법회를 열었지만 율을 보다 중시하였다. 보살계에 관한 원효의 저술로는 『범망경보살계본사기梵網經菩薩戒本私記』, 『보살계본지범요기菩薩戒本持犯要記』, 『보살영락본업경소菩薩瓔珞

---

41 이자랑(2015a), pp.210-214.

本業經疏』가 있다.[42] 원효는 삼국통일의 격변기에 활약했던 승려로서 전쟁 이후 정세와 민중의 어려움을 담은 듯한 주석을 하였다. 특히『사기』에서는『범망경』에 삼취정계를 적극적으로 도입하여 보살이 중생제도를 위하여 범계를 저지를 경우 죄가 아니라 오직 복이 된다는 '일향복비죄一向福非罪'라는 개념을 도입하였다. 그러한 보살은 중생의 근기에 통달한 '달기보살達機菩薩'이라고 한다. 이는 호국불교와 혼란의 시기에 민중을 섭수하고 불교의 가르침으로 위안을 주기 위한 방편이었다. 이러한 주석은『본업경소』에서도 이어져 보살이라면 중생을 위해 설령 자신의 계가 훼손되는 경우가 있더라도 반드시 실천해야 한다고 설명한다. 이러한 원효의 계율관은 이후 태현으로 이어져 범망계가 보다 대승적으로 발전하고 통일신라에 정착하는 기틀을 마련한다. 이외에도 의상, 진표 등이 계율을 발전시키고 불교가 민중에 정착하는데 큰 역할을 하였고, 그들의 사상과 노력은 이후 한국불교를 지탱하는 기둥이 된다.

한반도에서의 계율의 발달

삼국의 불교 유입과 계율의 발달로 인해 불교는 민중 신앙으로 정착된다. 특히 율장을 통한 교단의 운영은 백제와 신라의 두드러진 특징으로 한반도에서의 불교가 신앙과 더불어 틀을 갖춘 승가로서 존재했던 것을 나타낸다. 그리고 보살계를 통해 대승적 불교로 발전하고 보살행의 실천

---

[42] 법장(2022a), pp.57-61.
원효의『범망경보살계본사기』의 진찬여부에 대한 의견이 존재하지만 여기서는 원효의 저술로 소개하고,『보살계본지범요기』는 범망계 주석으로 파악하여 소개한다.

을 추구했다. 이와 같은 계와 율을 통한 불교의 발전은 통일신라를 거쳐 고려에 이르러 번영기를 맞이하게 된다.

고려의 역대 국왕들은 불교를 숭신하고 국가 차원에서 불교의례를 치르면서 교단의 관리와 운영에도 많은 역할을 하였다. 특히 11세기에 들어 현종顯宗과 정종靖宗의 시기에 불교는 큰 발전을 이루게 된다. 불교에 우호적이었던 현종은 연등회와 팔관회를 부활시키고 각종 법회를 개설하며 불교를 상당히 우대하였다. 그러나 한편으로 승려들의 계율에는 엄격하여 승려들의 노비 다툼 금지, 의복 사치 금지, 음주와 작악作樂 금지 등의 규제를 두어 불교계를 관리하였다. 그리고 불교 관련 행정 실무를 담당하는 승록사僧錄司와 국사國師·왕사王師 등을 두어 중앙 교단을 통해 불교계를 보다 면밀하게 관리하였다.[43] 정종은 현종에 의해 부활된 연등회, 팔관회 등의 불교의례에 관한 기본 틀을 마련하고, 그것들을 지방으로까지 확산시켜 불교를 적극적으로 포교하였다. 그리고 출가수계를 국가적으로 관리하기 위해 관단官壇을 운영하였다. 관단은 신라 때도 존재하였으나 대부분 도읍을 중심으로 하던 것을 1036년(정종 2)에 지방 사원으로까지 확대하여 전국적인 규모로 발전하게 된다.[44] 이러한 고려의 친불교적 모습으로 인해 불교국가로 여기는 경우가 많지만, 고려의 정치 이념은 어디까지나 유교였다.[45] 그럼에도 민간에 정착된 불교와 그 문화를 쉽게 배제할 수는 없었기에 고려의 역사 전체에 불교가 항상 있었고, 지금도 불교국가로 여겨질 정도로 고려에 이르러서 불교는 번영기를 맞이하게 된다.

---

43 박광연(2018), p.14.
44 박광연(2018), pp.14-15.
45 김용태(2021), pp.115-116.

이후 조선에 이르러 불교는 숭유억불崇儒抑佛 정책에 의해 어려움을 겪기도 하지만, 불교 자체는 중국불교의 답습이 아닌 우리의 정세에 맞는 변화를 거듭한다. 이러한 발전의 이유는 난세의 어려움 속에서 민중을 보살피고, 모두가 불보살과 같은 존재임을 알아 더 나은 삶을 살도록 하기 위한 서원에서 비롯된 것이다.

특히 한반도에서의 계율 발달 과정에서 가장 상징적인 것이 호국불교이다. 나라를 위한 행동이 불교를 지키는 것이고 그를 통해 중생들과 함께 한다는 호국불교의 이념은 본래 불교의 규율과는 상반된 것이다. 율장과 보살계에서는 타인을 해하려는 마음도 가져서는 안 되고, 그러한 위협이 되는 도구조차 지녀서도 안 되며, 다툼이 있는 것에 머물러서도 안 되기 때문이다. 그렇기에 호국불교는 계와 율로는 허용될 수 없다. 그러나 호국불교에 대해 그 누구도 범계라고 하지 않는 것은 바로 중생을 위해 자신조차 과감히 희생하는 보살행이기 때문이다.

대표적인 호국불교로는 원광의 세속오계가 있다. 원광이 활동하던 시기의 신라는 외부의 침략과 전쟁의 위협이 한창이었다. 이때 귀산貴山과 추항箒項이 원광을 찾아와 세속의 삶을 살고 국가의 관리가 될 자신들이 지닐 가르침을 청하였다. 이에 원광이 보살계를 기반으로 세속에서도 불교적 삶을 살 수 있도록 새롭게 만든 것이 세속오계이다. 그 내용은 1.충성으로 임금을 섬기고(事君以忠), 2.효도로 어버이를 섬기고(事親以孝), 3.믿음으로 벗을 사귀고(交友以信), 4.전투에 임하여 물러서지 않고(臨戰無退), 5.생명을 죽이되 가려서 해야 한다(殺生有擇)의 5가지 계이다. 세속오계의 특징은 기본의 보살계, 특히 범망계에서 허락하지 않았던 전쟁 참여와 살생을 허용한다는 것이다. 『범망경』 자체에서는 금기시 하는 내용이지만 주석서에서는 삼취정계를 통해 보살행으로서 허용하고 있는데, 원광이 이것을 재가자가 쉽게 따를 수 있도록 전면에 내세워 새롭게 만든 것이 세속오계이다.

종전의 계율과는 다르며 경전의 근거를 찾을 수 없기에 쉽사리 부정할 수 있지만, 그 토대에는 오로지 중생을 위한 연민과 배려가 있었다. 그렇기에 이후 화랑도의 신조가 되어 통일전쟁에서 중요한 역할을 하였다. 또한 조선시대에 이르러 숭유억불 정책에 의해 불교가 극심한 탄압을 받게 되지만, 임진왜란으로 민중들이 고통에 휘말리자 불교는 오로지 그들을 위해 호국불교의 정신으로 앞장서 전쟁에 참여한다. 전쟁의 참여는 출가자로서 계율을 파계하는 행위였으나 중생을 위한다는 한결같은 마음으로 호국 의승군은 자신의 목숨조차 아끼지 않았다. 그리하여 평양, 행주산성 등의 중요한 전투에서 활약하였고, 산성 축조와 군량 조달 등 물불을 가리지 않는 보살행을 펼쳤다. 그 중 청허 휴정淸虛休靜과 그의 제자인 사명 유정四溟惟政의 활약은 나라와 민중에 큰 귀감이 되었다. 휴정은 임란이 발발하자 곧바로 자신의 문도를 이끌고 참전하였고, 선조는 승통僧統을 설치하여 휴정에게 의승군의 통솔을 부탁한다. 휴정은 전국의 사찰에 격문을 보내 5천여 명의 승군을 소집하고 그들을 통솔하여 전란에서 큰 활약을 한다. 제자인 사명은 전쟁뿐만이 아니라 일본군과의 교섭을 이끌었고, 임란 이후 사신으로 일본에 건너가 국교문제와 전쟁포로 귀환까지 처리하며 큰 업적을 세웠다. 이러한 의승군의 활약으로 임란을 극복하게 되었고, 불교도 조선 후기부터 다시금 정착할 수 있게 된다. 그러나 이처럼 호국불교가 나라와 민중을 위한 보살행이었음에도, 출가자 개인에게는 신분을 내려놓고 파계행을 저질렀다는 죄책감을 남기게 되었고 사명을 비롯한 많은 의승군들의 고민이 기록으로 전해진다. 또한 전쟁 이후에 환속을 하는 경우도 적지 않았다고 한다.[46]

---

[46] 이자랑(2015a), pp.229-231.

이밖에도 민중들에게 보다 수월하게 불교를 전하기 위한 노력들이 이어졌다. 특히 원광은 세속오계와 함께 점찰법회를 열어 많은 민중들에게 불교를 전법하였다. 앞선 설명과 같이 『점찰경』은 간자를 통해 점을 보는 내용이지만, 원광은 오히려 그러한 면을 부각시켜 불교를 쉽게 접할 수 있게 하였다. 특히 귀계멸참歸戒滅懺이라는 법을 실현하여 불교에 귀의하여 계를 받고, 그를 통해 불교적 참회를 하여 숙업을 멸하게 하였다.[47] 이는 형식적 수계가 아닌 누구라도 용이하게 수계를 받아 그에 상응하는 일상을 살고 참회를 이루어 보다 나은 삶을 살도록 이끈 방편이다. 이러한 점찰법회는 이후로 진표에게 이어지는데, 부사의암不思議庵에서 14일간의 망신참亡身懺을 통해 지장보살을 친견하여 정계淨戒를 받고, 다시 영산사靈山寺에서 미륵보살을 친견하여 『점찰경』 2권과 증과간자證果簡子 189개를 받는다. 이후 진표는 금산사에서 매해 계단을 열어 수계를 내렸고, 중국에서의 점찰법회와 다른 189개의 간자를 통한 간소화된 법회를 연다. 진표에 의한 점찰법회와 망신참은 강원도를 비롯해 속리산, 팔공산 등으로 퍼져나가 지역민들에게 불교를 전파하는 중요한 역할을 하게 된다.[48]

이처럼 한반도에서의 불교는 중국을 통해 유입되었지만, 각 시대의 민중들이 필요로 했던 부분이나 그들에게 도움이 되는 방향이 있다면 과감히 수용하고 발전을 거듭했다. 또한 불교의 전통 계율에서는 용인될 수 없는 부분까지도 새롭게 제정하여 중생들에게 도움을 주기 위한 방편으로 삼았다. 이러한 노력으로 불교는 고려에 이르러 국교와 같이 여겨지며 한반도를 대표하는 종교와 문화로 자리매김하게 된다.

---

47 이자랑(2015a), p.212.
48 박광연(2013), pp.292-299.

근현대 한국불교와 단일계단

　민중을 보호하고 국가로부터 존중받던 불교는 조선이 되며 숭유억불 정책에 의해 극심한 탄압을 받게 된다. 허웅 보우虛應普雨와 환성 지안 喚醒志安과 같은 승려들이 불교부흥을 위해 노력하였으나 유교의 기세를 견딜 수 없었다. 조선불교의 어려움은 결국 승가의 존폐로 이어져 출가자를 배출하는 계맥까지 위태롭게 된다. 사실상 삼사칠증 계단에 의한 수계는 이미 불가능한 상태에 이른 것이다. 이를 염려한 대은 낭오大隱朗旿는 스승인 금담 보명錦潭普明과 계맥전승의 서원을 세워 칠불암에서 정진에 들어가 7일 만에 호상을 접하고 서상수계를 받게 된다. 앞선 설명과 같이 서상수계는 자서수계로서 보살계 계통에 등장하는 수계이다. 이후 금담은 자신을 낮춰 제자 대은을 전계사로 하여 보살계와 비구계를 받는다. 그리고 이 계맥은 대은-금담-초의 의순草衣意恂-범해 각안梵海覺岸으로 이어지고, 호암 문성虎岩文性이 범해로부터 보살계와 비구계를 받아 1908년 해인사로 와서 금강계단을 설치하고 용성 진종龍城震鐘을 비롯한 많은 이들에게 계맥을 전승한다. 그러나 대은파의 계맥은 보살계와 삼취정계의 일체계를 통한 비구계를 자서수계한 것이다. 그렇기에 현재까지도 정통 계맥전승에 대한 문제점이 제기되고 있고, 당시에도 그러한 논란이 있어 1892년 만하 승림萬下勝林이 청으로 건너가 법원사 계단에서 창도 한파昌濤漢波로부터 정식 수계를 받고 돌아온다. 이후 1897년 통도사에 금강계단을 설치하고 해담 치익海曇致益에게 수계를 내리고 이후 회당 성환晦堂性煥-월하 희중月下喜重-청하 성원淸霞性源에게 계맥을 전승한다. 그리고 만하는 범어사에서 성월 일전惺月一全에게 수계를 주고, 성월은 범어사에 금강계단을 설치하여 수계산림을 봉행한다. 성월로부터 이어지는 범어사 계맥은 일봉 경념一鳳敬念-운봉 성수雲峰性粹-영명永明

—동산 혜일東山慧日—고암 상언古庵祥彦—석암 혜수昔岩慧秀—자운 성우慈雲盛祐로 이어진다.⁴⁹

이처럼 조선시대를 거치며 사실상 끊어진 계맥을 복원하여 불교부흥을 이끈 대은 낭오와 만하 승림은 현재도 대은파와 만하파로 불리며 한국불교의 토대가 되고 있다. 그러나 이러한 노력은 일제강점기를 겪으며 다시 큰 어려움에 처하게 된다. 일본은 식민지정책으로 사찰령을 제정 반포하여 육식대처肉食對處를 승인하고 한국불교의 정체성을 훼손시킨다. 이렇게 훼손된 한국불교와 승가는 해방 이후에도 쉽게 회복하지 못하였고, 결국 출가승려들의 결집을 통해 1954년 1차, 1956년 2차 불교정화운동을 열어 승가의 청정성 회복을 위한 노력을 이어간다. 이에 1962년 통합종단이 출범하며 정화운동이 일단락되었지만, 한국불교만의 계맥과 수계는 회복되지 않았다. 그래서 통합종단에서도 계단법을 제정하고 여러 승려들도 계맥 회복을 위한 노력을 멈추지 않았다.⁵⁰

그러던 중 해인사 자운 성우에 의해 율장에 의거한 수계가 제안되고 각고의 노력 끝에 단일계단單一戒壇이 설립된다. 이는 대은파, 만하파로 이어진 두 계맥과 일제강점기를 거치며 율사들과 사찰에 의해 시행되던 모든 수계를 재정립하고 하나의 기관에서 관장하는 것이다. 현재는 계단위원회가 그 역할을 하고 있다. 마침 이 시기가 1980년에 일어난 10·27법난의 시기였기에 불교교단을 보다 화합시키고 청정성과 정체성을 회복시켜야 했다. 계단위원회에서 발행한 『단일계단 20년』에 의하면, 대한불교조계종에서는 단일계단에 맞게 개정된 종헌 제5장 제16조에 의거하여 1981년 2월 17일 제1회 사미·사미니계 수계산림을 자운율사를 초대

---

49 이자랑(2015b), pp.322-325.
50 이자랑(2015b), pp.327-328.

전계화상으로 통도사에서 거행하여 계단에 의한 최초의 사미·사미니를 수계한다. 그러나 이때는 전계화상만 있었고 갈마·교수·존증 아사리의 삼사칠증이 완전히 갖춰지지 않았었다.

이후 계단을 더욱 정비하여 1981년 11월 6일 조계종 종정이며 해인총림의 방장이었던 고암 상언古庵祥彦을 전계대화상으로 삼사칠증까지 갖춰 제1회 구족계·제2회 사미·사미니계 수계산림을 봉행한다. 그리고 이때 제1회 비구니계의 수계도 함께 이루어져 비구니 습의사로 불필不必, 사미니 습의사로 일진一眞이 참석했다.[51] 그러나 당시의 수계 상황을 전하는 사진 등이 남아있지 않아 명확한 확인이 어렵지만, 비구니수계가 이뤄졌다는 기록이 계단위원회를 통해 남아있기에 실질적인 이부승제의 시점을 이때로 볼 수 있다. 다만 이부승제의 별소계단에 의한 것으로 보기는 어렵기에 완전한 형식의 이부승제라고는 볼 수 없다.

이에 단일계단은 이부승제를 갖추기 위한 노력으로 1982년 10월 19일 범어사에서 자운스님을 전계대화상으로 제2회 구족계·제3회 사미·사미니계 수계산림을 봉행하여 최초의 별소계단을 갖춘 제2회 비구니계 수계를 한다.[52] 이때 비구니계가 아닌 식차마나계를 수계했다는 주장도 있지만, 수계를 주관하는 계단위원회의 기록에 따라 비구니수계로 본다.[53] 그

---

51 계단위원회(2001), p.193.
52 계단위원회(2001), p.109.
53 최법혜(2016), pp.303-308; 계단위원회(2001), p.109.
　최법혜는 제2회 수계산림에서 비구니계가 아닌 식차마나계만 설했다고 주장한다. 그리고 정식으로 비구니계가 설해진 것은 1986년 9월 제7회 단일계단 수계산림부터라고 하지만, 다시 실질적인 이부승제의 시행은 1982년 범어사 제2회 수계산림의 식차마나 수계 때부터라고 설명한다.
　해당 논문에서 주장의 근거로 제시한 1982년 10월 24일자 불교신문의 내용에 의하면 「구족계 제2회 사미(니)계 제3회 수계산림법회(전계대화상 자운스님)가 부산 범어사에서 10월 14일부터 19일까지 5박 6일간 있었다. 비구 64명, 비구니 125명, 사미

리고 1995년 9월 21일 범어사 대성암에서 동곡 일타東谷—陀를 단주檀主로 제25회 단일계단·제1회 식차마나니계 수계산림을 봉행한다. 계단위원회 관계자에 따르면 식차마나니계는 제2회 구족계 수계산림 이후 각 사찰을 중심으로 이루어졌지만 그것을 계단위원회에서 통합하여 수계할 필요가 있다는 의견이 나왔다. 이에 1995년부터 연례적으로 식차마나니계 수계산림이라는 명칭으로 단일계단에서 시행되었다고 한다.

그리고 단일계단에 의한 수계가 성립된 1981년도 이전에 사미(니) 수계만 받은 만 40세 이상의 승려들을 위해 1995년 12월 2일 제27회 단일계단·제1회 특별구족계 수계식을 봉행하여 사미 90명, 사미니 24명이 구족계를 받게 된다. 특별구족계는 다른 수계산림과 같이 연례적으로 행해진 것이 아니라 수계를 통해 조계종 일원으로서 구제해야 할 필요가 발생하였을 때에 한하여 행해지는 수계식이다.

이처럼 근현대의 한국불교는 조선시대의 숭유억불에 의한 황폐화 이후 일제강점기를 거치며 사실상 승가의 계맥전승이 끊어지게 된다. 그러한 현실에 대한 안타까움과 앞으로의 불교에 대한 염려가 출가자들 사이에 발생하였고, 식민지 시절에 훼손된 출가승려의 교단을 복원하

218명, 사미니 207명이 수계를 했다. …중략… 그리고 이번 수계살림에서는 한국불교사상 처음으로 식차마나니계가 설해졌다. 비구니 別所계단 3師구족계 니전계화상 정행스님, 니교수아사리 명성스님, 니갈마아사리 묘엄스님, 7증사 인홍스님 혜연스님 광호스님 수인스님 대영스님 법일스님 윤호스님을 모셨다. …중략… 특히 비구니 별소계단에서 수계 전에 식차마나니계를 갖는 의식을 가졌다. 비구와 비구니수계는 19일 오전에 이뤄졌는데 비구니는 별소계단에서 식차마나니계를 받았다. 1천 6백년 우리나라 불교 사상 처음 실행하는 이 별소계단 식차마나니 수계식은 비구니 3사 7증사로 구성되어 별도 6법을 설했다.」라고 당시의 상황을 전한다. 기사의 내용에 모호한 점이 있어 별소계단에서 식차마나만 수계를 한 것인지, 아니면 기사의 내용대로 이후 19일 오전에 비구니수계까지 별도로 있었는지 정확한 확인이 어렵다. 그러나 계단위원회에서는 이때를 비구니수계로 기록하고 있기에 여기서는 별소계단에 의한 비구니수계가 이루어진 이부승제의 시작으로 본다.

고 수계와 계단을 통해 정화하였다. 그 과정에서 서상수계나 상좌부 수계 등의 여러 문제들도 생겨났지만, 이는 상실된 한국불교를 일으키기 위한 보살행이고 서원이었다. 이러한 노력에 의해 현재는 계단위원회에서 삼사칠증의 단일계단을 통해 연례적으로 출가자를 배출하고 출가교단으로서의 정체성을 확립시켜주고 있다. 단일교단 이외에도 근현대의 한국불교는 격동기의 시기와 함께 시대를 대표하는 수행 결사가 이뤄지고, 그 안에서 청규를 제정하여 출가교단의 모습을 갖추었다. 그리고 대한불교조계종에서는 교단의 질서와 운영을 위해 종헌종법을 제정하였고 현재까지도 개정을 거치며 출가교단의 위의를 유지하기 위한 노력을 이어가고 있다.

현대 사회 속의 불교 규율

[승가와 율장의 역할] 율장은 2,600년 전 부처님께서 승가에서 발생한 문제에 따라 수범수제로 제정하신 조목들이다. 이 안에는 승가의 생활상과 그에 대해 부처님께서 염려하는 모습이 고스란히 담겨져 있다. 그리고 억압과 통제로 승가를 운영한 것이 아니라 같은 문제가 두 번 다시 반복되지 않도록 당시의 문제와 더불어 미래의 상황까지 고려하여 제정하셨다. 그렇기에 2,600년이 넘는 과거의 유산은 현재까지도 승가의 가장 중요한 원칙이 되어 전 세계의 모든 불교교단이 지키고 따르는 것이다.

그러나 모든 것이 급속도로 변화하고 편리해진 현대에 들어서며 불교 내에서는 점차 율장을 경시하는 모습이 생겨나고 있다. 변화와 편리는 우리의 생활을 위한 것이다. 그러나 그 변화와 편리에는 바른 원칙이 자리해야 한다. 그렇지 않으면 그것을 추구하는 사람만의 것이 되고, 다른 이에게 불편함과 어긋남으로밖에 보이지 않게 된다. 율장을 지키고 그에 따라 승가를 운영한다는 것은 어떠한 시대에서도 변화해서는 안 되고 오히려 그러한 물결 속에서 더욱 확고히 방향을 잡는 돛이 되어야 한다.

전 세계에 수많은 교단과 종파, 가르침이 있지만, 불법승 삼보는 불교를 정의하는 단 하나이다. 삼보의 승보는 바로 율장에 의해 운영되는 승가이다. 율장을 가벼이 여기거나 수계를 하지 않는다면 이것은 불교가 아니고, 설령 불교라고 할지라도 그 자체로 파승으로 휩쓸려가는 것이다. 그렇기에 불교에 전환점이 생길 때마다 율장이 문제의 원인으로 거론된 것이다. 편의를 생각한다는 것이 불교를 위한 것인지 그 시대를 사는 일원들만을 위한 것인지 고민해야 한다. 불교를 신앙하고 불교인으로 살기 위해서는 불교가 존재해야 한다. 수행과 신심에 의한 불교도 중요하지만, 불교의 틀이 유지되려면 반드시 승가가 존재해야 하기에 율장의 중요성은 말할 나위가 없는 것이다.

  앞으로의 시대는 더욱 빠르게 변화하고 한 번도 경험해보지 못한 세상이 펼쳐질 것이다. 그러한 세상에서 불교를 전승하고 발전시키기 위해서는 시대를 통해 불교를 변화시키는 것이 아니라 불교를 통해 시대를 접하고 그 안에서 불교적으로 받아들여야 한다. 그리고 그 중심에는 언제나 율장이 기둥이 되어 부처님께서 제정하신 승가의 모습으로 출가자와 재가자가 함께 수행을 하며 불교적 삶을 살아야 한다. 율장은 승가의 토대이며, 승가는 불교의 토대이다. 시대의 흐름에 불교는 크게 변화할 것이지만, 그 안에서 불교를 불교로서 존재하게 해주는 것이 율장의 역할인 것이다.

  [계율을 통한 불교적 삶] 현대에 들어서며 사회를 비롯해 우리의 생활에 많은 부분이 급속도로 변화하고 있다. 이러한 변화의 중심에는 언제나 우리 인간의 편의가 있었지만, 지금의 모습을 보면 과연 모든 인간에 대한 편의가 중심인가에 대해서 의문이 생긴다. 점차 기계와 인공지능이 발달하고 그것들은 인간의 자리를 대신해가고 있다. 편의라고 생각했던 것들이 오히려 인간을 내몰고 있고 그로 인해 인간의 존엄성까지 점차 상실되고 있다. 인간이 기계와 다른 점은 상대를 배려하고 삶을 사유하는 것이다. 그러나 배려와 사유조차 시대에 휩쓸려 옅어지고 있다.

불교는 그 탄생에서부터 사람이 중심이었다. 당시는 베다의 카스트에 의해 사람이 신분에 따라 구분되고 서민들은 업으로 포장된 차별과 억압을 받으며 살았다. 이에 부처님께서 모든 인간의 존엄성을 인정하고 어떠한 차별도 갖지 않는 출가단체를 만드신 것이 바로 불교이며 승가이다. 그렇기에 불교적으로 산다는 것은 자신의 인간다운 삶을 인정하고 다른 이들도 자신과 같이 인정하고 배려하며 사는 것이다. 그리고 삶에 대해 사유하며 보다 나은 하루를 자신답게 살아가게 하는 것이 불교수행이다. 이러한 불교적 삶에는 기준이 있어야 한다. 그렇지 않으면 그저 독선적이고 이기적으로 자신만 추구하는 모습이 되어버린다. 이 기준이 되어주는 것이 바로 계와 율이다. 출가자는 출가자로서 마땅히 불법을 익히고 수행하는 삶을 살고, 재가자는 재가자로서 사회적 삶을 살며 그 안에서 마땅히 계율을 지키며 살아야 한다. 이렇게 각자의 삶에 맞게 살아갈 때 불교가 바르게 전승되고, 나아가 사회도 바르게 운영된다.

　계율을 지킨다는 것은 이처럼 자신의 현재 상태를 바르게 바라보고 마주친 상황을 불교의 가르침에 맞게 대처하여 행동하는 것이다. 그저 임시방편으로 상황을 넘기려고만 한다면 그 상황은 되풀이되어 다시금 자신에게 되돌아온다. 그렇기에 해야 할 일은 바르게 행하고, 해서는 안 되는 일은 하지 않으며, 자신이 자신답게 살 수 있도록 하는 것이 계율의 힘이다. 우리가 살며 행동한 모든 일은 자신이 한 것이다. 그러나 우리는 잘못된 일에 대해서는 남을 탓하기 바쁘다. 불교의 자업자득에서 자신의 업은 절대로 다른 이가 과보를 받을 수 없다. 행동 하나, 말 하나, 생각 하나가 모두 자신의 내일에 반영될 모습이다. 그렇기에 아무리 변화가 빠르고 인터넷과 같은 현실과 다른 세상 속에서 살더라도 결국 그 안에 있는 건 우리 자신이다. 모든 존재가 자신을 가장 사랑하지만 사랑을 받기 위해서는 배려와 사유가 따라야 한다. 계율은 그런 삶에서 해야 할 바와 해서는 안 되는 바를 구별해주고 바른 방향으로 이끌어주는 나침반이다. 많은 변화와 새로운 시대를 맞이하더라도 언제나 자신으로 살 수 있게 바른 계율에 의지하여 자신을 가다듬고 인간다운 삶을 살아야 한다. 규율

| 참고문헌 |

계단위원회(2001), 『단일계단 20년』, 도서출판土房.
_____(2022), 『사분율장』, 도반HC.
김용태(2021), 『토픽 한국 불교사』, 여문책.
대한불교조계종 교육원 불학연구소(2011), 『계율과 불교윤리』, 조계종출판사.
목정배(2001), 『계율학 개론』, 장경각.
박미선(2007), 「『占察經』의 成立과 그 思想」, 『역사와 실학』 32, 역사실학회.
보광연(2013), 「신라 진표(眞表)의 미륵신앙 재고찰」, 『불교학연구』 37, 불교학연구회.
_____(2018), 「관단 사원과 계단(戒壇) -고려전기 금산사의 교단에서의 위상-」, 『한국불교학』 88, 한국불교학회.
법　장(2022a), 『『범망경』 주석사 연구』, 은정불교문화진흥원.
_____(2022b), 「보살계관의 변용에 관한 고찰 -유가계에서 범망계로-」, 『한국불교학』 104, 한국불교학회.
사트 미즈오, 김호성 역(1991), 『초기불교교단과 계율』, 민족사.
사사키 시즈카, 법장 역(2019), 「제2결집기사에 있어서 『마하승기율』의 특수성」, 『불교학리뷰』 25, 금강대학교 불교문화연구소.
이자랑(2015a), 「계율」, 『테마 한국불교 3』, 동국대학교출판부.
_____(2015b), 「조계종단 계단(戒壇)의 역사 및 성격」, 『불교연구』 42, 한국불교연구원.

최법혜(2016), 「慈雲大律師의 和合僧伽와 역경불사의 願行」, 『대각사상』 26, 대각사상연구원.

하카마야 노리아키, 이자랑·양경인 역(2021), 『불교교단사론』, 씨아이알.

平川彰(2000), 『原始仏教の教団組織』 I, 春秋社.

船山徹(1996), 「僞經『梵網經』成立の諸問題」, 『佛敎史學硏究』 39−1, 佛敎史學會.

_____ (2017), 『梵網經』, 臨川書店.

_____ (2023), 『梵網經の敎え』, 臨川書店.

中島志郎(2014), 「菩薩戒經の二系統」, 『花園大學文學部硏究紀要』 46, 花園大學.

水野弘元(2015), 『佛敎要語の基礎知識』, 春秋社.

大正大學佛敎學科(2015), 『お坊さんも学ぶ仏教学の基礎1 −インド編』, 大正大學出版會.

大竹晋(2020), 『セルフ授戒で仏教徒』, 國書刊行會.

齊藤隆信(2016), 『円頓戒講説』, 同朋舍.

교단과 종파

박광연

I. 교단의 개념과 동아시아의 교단
II. 20세기 한국의 불교 교단 연구사
III. 선행 연구에 대한 의문과 새로운 자료
IV. 한국 불교 교단에서 종단의 형성 과정
● 전근대 한국 불교 교단과 종단, 새로운 서술의 방향성

I
교단의 개념과 동아시아의 교단

가설된 '교단'

 모든 의미 있는 언어는 관습적으로 시설된 것으로서 단지 사회적 약정에 의해서만 비로소 의미를 지닐 뿐 언어의 의미가 본래부터 결정되어 있는 것은 아니다. 이처럼 우리가 관행적으로 사용하는 말과 그 지시 대상은 모두 가짜로 시설된 것이라는 관점은 초기불교에서부터 이어지는 불교의 언어관이다.[1]

 무상無常한 붓다의 가르침[佛敎]을 언어로 드러낼 수밖에 없었던 불교도들은 가설假設(prajñapti)된 언어가 사유를 속박하고 집착을 불러일으키는 근원이라는 사실 또한 강조하였다.[2] 아함경阿含經이나 율장律藏에서는 붓다의 가르침을 배우고 실천하는 사람들의 공동체를 saṃgha[僧伽], 또는 catasraḥ parṣadaḥ[四衆]라 표현하고 있는데, 한자문화권의 근대 지식인

---

1 백진순(2013), p.2.
2 백진순(2013), pp.2-4.

들은 이를 교단敎團 또는 부파部派라 번역하였다. 교단, 부파, 그리고 학파學派, 종파宗派는 사료史料에 등장하는 표현이 아니라 근대 지식인들이 합의하여 가설한 것이며,[3] 학술 세계에서 관행적으로 사용하고 있는 용어이다.

불교 교단에 대한 대표적인 연구자인 히라카와 아키라平川彰는 saṃgha는 출가수행자인 비구比丘·비구니比丘尼 공동의 집단을 가리키고, catasraḥ parṣadaḥ란 출가자들에게 생활필수품인 의依·식食·주住·약藥을 공급하여 수행을 돕는 우바새優婆塞·우바이優婆夷를 합하여 부르는 것이라고 하였다. 그리고 사중 또는 사미(비구가 되기 전의 남성 예비 출가승려)·사미니(비구니가 되기 전의 여성 예비 출가승려)·식차마니(사미니에서 비구니가 될 때의 중간 단계)를 포함한 칠중七衆의 구성체를 초기 불교(원시 불교)의 교단이라고 정의하였다.[4] 이렇게 출가 공동체인 승단僧團과 출가자와 재가자를 포괄한 공동체인 교단을 구분하였다.

'교단'과 율장

북인도 카필라왓투 석가족의 왕자로서 석가모니釋迦牟尼(Siddhārtha Gautama)라 불렸던 한 개인의 깨달음에 그치지 않고, 붓다의 가르침이 되어 인류의 유산이 될 수 있었던 것은 그 가르침을 따르는 공동체가 존속

---

3 敎團이라는 표현은 淸代 문헌인 ①『五燈全書』(1693)의「參同尼一揆琛禪師」, ②『參同一揆禪師語錄』, ③『天童弘覺忞禪師語錄』에 보인다. 한국 불교기록문화유산아카이브(https://kabc.dongguk.edu/), 大正新修大藏經(https://21dzk.l.u-tokyo.ac.jp/SAT/) 참조. 박광연(2017), p.8.
4 平川彰(1964), pp.41-52.

하였기 때문이다. 초기 불교 교단의 정체성은 출가出家에 있었다. 붓다를 따르던 이들은 가家의 테두리에서 벗어나 별도의 공간에서 생활하였다. 가家를 세속이라고 한다면, 출가는 탈세속을 지향하였다. 그렇지만 불교에서의 출가는 세속을 등지고 조용한 곳에서 생활하는 은거隱居, 은둔隱遁과는 성격이 달랐다. 출가자들은 가家는 벗어났지만 국國을 등지려는 의지는 없었다. 세속을 벗어났지만 그들의 수행 생활을 도와줄 재가자들을 필요로 하였다. 탈세속을 지향하면서 세속에 발을 딛고 있다는 이중성이 불교 교단의 성격에 대한 해석을 어렵게 한다.

불교 출가자들은 공동체 생활을 유지하기 위한 규칙들을 마련하였다. 이 규칙들을 율律(vinaya)이라 하고, 율들을 경분별經分別(바라제목차에 대한 주석), 건도부犍度部(승가 행사 등에 대한 규정), 부수附隨의 순서로 체계적으로 정리한 것을 율장律藏(Vinayapiṭaka)이라 한다. 율장에서는 승가에서 발생하는 모든 사안을 논의하는 갈마羯磨라는 의식을 중시하고 있다. 동서남북으로 결계結界를 하고 그 안에 속해 있는 출가자들(현전승가) 전원이 출석하여 만장일치로 사안을 결정해야 하였다.[5] 전원 참석, 만장일치라는 조건을 둔 것은 승가의 화합을 위해서였겠지만, 이 조건 때문에 분열이 일어났다. 시간이 흐르면서 율장에 대한 해석이 달라졌다.

현재 남아 있는 율장으로는 분별상좌부의 『팔리율』, 법장부의 『사분율』, 화지부의 『오분율』, 설일체유부의 『십송률』, 근본설일체유부의 『근본유부율』, 대중부의 『마하승기율』이 있다. 서로 다른 율장을 보유한 분별상좌부, 법장부, 화지부, 설일체유부, 근본설일체유부, 대중부 등을 부파

---

5 인도의 교단과 율장에 대해서는 이자랑의 일련의 글들을 참고하여 정리하였다. 본서의 시리즈인 『테마한국불교』 9의 「교단」에서 인도의 교단에 대해 쉽고 상세하게 설명하고 있으므로 참조바란다. 이자랑(2021).

라 명명하였다. 붓다 입멸 후 100여 년경 상좌부上座部(Theravāda)와 대중부大衆部(Mahāsaṃghika)로 분열하였고, 이 두 파가 분열을 거듭하여, 불멸 후 300~400년 후에는 18개 내지 20개의 부파가 생겼다고 한다. 각 부파를 유부교단有部敎團, 법장부교단法藏部敎團 등으로 표현하여 부파를 교단의 일종으로 설명하였다. 그리고 부파의 정체성을 동일한 율장에 의거하여 구족계具足戒를 수지하고 갈마를 거행하는 데에서 찾고 있다.[6]

동아시아의 교단

율장에 의하면, 4인이면 현전승가를 구성할 수 있지만 안거安居가 끝나는 날 자신의 잘못을 참회·고백하는 자자自恣 의식 때는 5인 이상이 있어야 하고, 비구·비구니 자격을 부여하는 구족계 수계 때는 10인 이상이 있어야 하고, 중대한 사안을 결정하는 갈마 때는 20인 이상이 있어야 했다. 중원에서 10인, 20인 이상의 비구·비구니가 모여 율장을 지키며 공동체 생활을 하게 된 것이 언제부터일까.

인도 불교 교단(부파)의 정체성이 율장에 있기 때문에, 최근에는 동아시아 불교 교단의 성립도 수계 및 율장의 수용을 기준으로 설명하고 있다. 3세기 중반경에 담가가라曇柯迦羅가 대중부 계본과 갈마문인 『승기계본僧祇戒本』을, 담제曇諦가 법장부 계본과 갈마문인 『담무덕갈마曇無德羯磨』를 번역하였다. 이때부터 구족계 수계가 이루어졌고 독자적인 승제僧制를 준수하는 도안道安(312~385)의 교단 등이 등장하였지만, 구족계 수계의식 절차가 담긴 광률廣律이 한역되기 시작한 것은 5세기 초라

---

6 이자랑, 김재권 옮김(2016), pp.41-44.

고 한다.[7]

　율장에 주목하기에 앞서 중국의 불교 교단사에서 강조한 것은 역경과 특정 경론을 중시하는 '학파學派'의 형성이었다. 안세고의 『안반수의경安般守意經』 번역을 시작으로 수많은 한역경론이 등장하였다. 이 가운데 특정 경론을 전공(業)으로 하는 이들이 생겼는데, 이들이 학파를 형성하였다고 보았다. 구마라집鳩摩羅什(344~413) 문하에서 『중론』, 『백론』, 『십이문론』, 그리고 『대지도론』을 전문으로 하는 이들을 삼론학파라 하였고, 진제眞諦(499~569)가 번역한 무착의 『섭대승론』, 세친의 『구사론』과 『섭대승론석』 등을 전문으로 하는 이들을 섭론학파, 보리유지菩提流支(5세기말~6세기초)가 번역한 『십지경론十地經論』을 비롯하여 『입능가경入楞伽經』 등을 중시한 이들은 지론학파라 하였다. 학파를 특정 종지宗旨를 공유한다는 의미에서 종파宗派라 부르기도 하는데, 종파sect에는 학파school보다 구성원들이 다른 집단과 구별되는 조사·계보 인식, 의례 등을 공유하는 집단이라는 의미를 추가하였다. 그래서 학파에서 종파로 발전하였다고 설명하기도 하였다. 그리고 인도에 등장한 부파를 교단이라고 설명한 것처럼 학파와 종파도 곧바로 교단이라는 용어로 대치하여 사용하였다. 하지만 동아시아 전근대 사회에서 학파나 종파로 명명한 대상들은 동일한 계본에 의거하여 구족계를 받고 갈마를 거행하는 공동체로서의 부파와는 범주가 다르다. 더욱이 한국에서는 고대 학파나 종파의 실상을 확인할 수 있는 사료가 너무나 부족하다.

　필자는 사료로 설명할 수 있는 한국 불교 공동체의 실상과 변화상을 확인하고 이를 바탕으로 불교 공동체의 사회적 역할을 서술하는 것을 목

7　이자랑(2016), pp.115-140.

표로 연구를 진행하고 있다. 이 글에서는 20세기 이후 한국의 불교 교단을 어떻게 설명해왔는가를 소개하고, 종파 중심으로 교단을 설명해온 선행 연구에 대한 의문을 제기해보도록 하겠다. 그리고 한국 불교 교단에서 종단이 형성되는 배경과 과정에 대해 시론試論해 보고자 한다.

II
20세기 한국의 불교 교단 연구사

이 장에서는 한국학계에서 진행한 한국의 불교 교단에 대한 연구의 흐름을 살펴보겠다. 한국 불교 교단사는 한국 불교 종파사라고 말할 수 있을 정도로 종파를 중심으로 설명해왔는데, 이를 1910~1930년대, 1960~1980년대, 1980~1990년대 세 시기로 구분하여 정리하였다.[8]

1910~1930년대의 연구

한국불교사를 통사적 관점에서 정리한 최초의 책은 권상로權相老(1879~1965)의 『조선불교약사朝鮮佛敎略史』(1917)인데, 이 책에서부터 종파가 등장한다. 〈제종종요諸宗宗要〉에서 중국의 13종(삼론종·성실종·열반종·지론종·선종·섭론종·구사종·천태종·율종·정토종·법상종·화엄종·진언종) 순서에 따라 한국 불교의 종파를 설명하였다. 이능화李能和(1869~1943)의 『조선불교통사朝鮮佛敎通史』(1918)에서도 〈인지연원라려유파印支淵源羅麗流

---

8 박광연(2016a), pp.150-155; 박광연(2016b) 재수록.

派)라는 제목 하에 유파를 구사종·성실종·삼론종·섭론종·열반종·천태종·법상종·지론종·진언종·정토종·율종·화엄종·선종으로 분류하고, 각 종의 인도, 중국의 연원과 소의경전을 밝히고, 개조開祖라 할 수 있는 초창기의 인물을 들고 있다. 그런데 『조선불교통사』 하편 〈양종선교종취화회兩宗禪敎宗趣和會〉에서는 고려초에 승과가 시설되면서 종파의 이름이 성립되었고, 「흥왕사대각국사묘지명」에 나오는 6종 가운데 5종이 교종, 선적종禪寂宗이 선종이라 하였다.

권상로와 이능화의 책은 한국의 불교 종파에 대한 첫 서술들이라는 점에서 의의가 있다. 그런데 이 글에 나오는 13종 분류는 교넨凝然의 『삼국불법전통연기三國佛法傳通緣起』(1311)에 나오는 것이다. 권상로는 이 견해를 그대로 수용하여 한국에 적용한 반면, 이능화는 한국 불교 나름의 종파를 설명하고자 노력하였다.

종파 형성을 본격적으로 논의한 이는 김영수金映遂(1884~1967)이다. 그는 두 편의 논문(1937, 1938)[9]에서 한국 불교의 교단을 '오교구산五敎九山'에 이어 '오교양종五敎兩宗'으로 설명하였다. 오교란 열반, 법성, 계율, 화엄, 법상으로, 신라 무열왕 때부터 차례로 건립되었고, 양종은 신라 흥덕왕(재위 826~836) 이후에 일어난 구산의 조계종과 고려 숙종(재위 1095~1105) 때 의천義天(1055~1101)이 세운 천태종이라고 한다. 그밖에 부전삼종附傳三宗(총지종·신인종·소승종)을 합해 모두 10종 교단이 있었다고 하였다. 김영수는 종파란 전등傳燈을 통해 종맥이 유지되어야 하고, 종파별로 종무를 운행하는 승정기구 및 승적이 있어야 한다고 하여, 종파 형성의 기준으로 전등, 승정기구, 승적을 제시하였다. 그는 금석문을 바탕으로 신라~조선전기를 관통하는 종파 이론을 세움으로써 이후 한국 불

---

9 김영수(1937); 김영수(1938).

교 교단 논의의 기본 틀을 마련하였다. 그의 오교양종설은 최근까지도 역사교과서에서 실릴 만큼 영향력이 컸다.

1960~1980년대의 연구

신라 무열왕(재위 654~661) 이후 5교가 성립되었다는 김영수의 견해는 많은 비판도 받았다. 문제는 신라시대에 독립된 종파가 개종開宗하였다는 관련 기록을 찾을 수 없다는 데 있었다. 에다 토시오江田俊雄는 신라시대 불교를 학해불교學解佛敎라 정의하고, 한국 불교는 조화적이고 통합적인 성격이 특징이라고 보았다. 김동화, 조명기, 우정상, 안계현, 김영태 등의 학자들은 신라시대는 일종일파一宗一派에 국한되지 않은 통불교通佛敎 시대였고 종파가 성립된 것은 고려시대라고 하였다. 이 시기의 논의들은 신라시대 종파 성립설을 비판하는 데 집중하였기 때문에, 고려시대에 종파가 성립되었다는 주장만 할 뿐 별다른 근거는 제시하지 않았다. 수당 시기의 불교에 비견하거나, 사료에 '업'·'종'이라는 표현이 나온다는 것이 근거라면 근거일 것이다.

신라시대에 종파가 성립되었다는 주장을 비판하는 목소리가 커져가고 있던 때에 문명대는 색다른 주장을 하였다. 신라시대에 법상종, 신인종 등이 성립되었다고 주장하였다.[10] 신라 불교가 통불교적이므로 바로 학파불교 즉 종파불교라고 하였다. "모든 불교사상을 하나로 통일하고 체계적으로 이해하며 실천하는 집단을 학파 또는 종파, 학파적 종파라고 한다."라며 마노 쇼준眞野正順의 견해를 인용하여 '통불교=학파불교, 종

---

10 문명대(1974); 문명대(1976).

파불교'라고 말하고 있다. 학파적 종파의 개념을 명확히 하지 않은 채 통불교와 학파적 종파를 일치시키고 신라시대에 종파가 성립하였다고 한 것이다.

이종익, 한기두는 신라 때 종파가 성립되었다는 견해를 지지하였다. 그들이 제기한 종파 성립의 근거는 종조宗祖가 신라인이라는 점, 종지·종조·계승자의 3합슴이 이루어졌고 이론적 근거로서 종요가 제시되었다는 점이었다.

이상의 논의들은 김영수의 '오교양종설'을 비판 또는 지지하면서 신라시대에 '종파가 있었다', '종파가 없는 통불교시대였다', '종파(학파)를 포괄한 통불교시대였다'는 서로 다른 주장을 펼쳤다. 통불교라는 용어까지 개입되면서 논의가 복잡해졌지만, 이 시기의 논의들은 종파 개념이나 성립 근거를 구체적으로 제시하지 않았다는 점에서 다소 한계가 있다.

1980~1990년대의 연구

허흥식은 "불교의 이상은 종파를 극복하는 데 있으나 불교는 실제로 종파에 의하여 유지된다."[11]는 말로 통불교론을 비판하고, 종파 형성을 본격적으로 연구하였다. 그도 종파 형성의 가장 중요한 요인은 승정僧政이라고 판단했다. 그는 신라말 승정의 독자성을 갖춘 지방의 사원들이 학파에서 종파로 전환하거나 새롭게 종파로 등장하였고, 이것이 태조의 정책에 의해 종파불교로 확립되었다고 한다. 즉 신라시대는 학파불교, 고려시대부터 종파불교이며, '승정의 독자성'이 종파 성립의 기본 요건이

---

11 허흥식(1983).

라고 보았다.

반면 채상식은 "제도적 조처는 종파 형성의 외형적 모습이며 국가권력이 특정 불교세력에 작용함을 의미할 뿐 본질적 기준은 되지 못한다."며 허흥식의 견해를 비판하고 새로운 종파 기준을 제시하였다. 그의 고민은 '신라말 선사상의 수용이 고대에서 중세로의 전환 지표라 할 수 있는가?'에서 출발하였다. 그리고 선사상의 대안으로, 종파 성립을 중세의 지표로서 제시하였다. 즉 특정 사상이 교학면, 의식면, 신앙면에서 체계를 갖추고 사원을 중심으로 조직적 체계적으로 행해지는 단계, 이를 전 사회계층이 공유할 수 있는 단계, 왕도 중심에서 지방사회로 확산되어 가는 단계에 종파가 성립되었다고 말할 수 있는데, 이 종파 성립이 중세로의 전환 지표가 될 수 있으며, 그 시점은 불교대중화가 이루어진 7세기 말~8세기 초라고 하였다.[12]

서로 다른 주장을 한 두 논문(허흥식, 채상식)이 발표된 지 벌써 30여 년이 지났음에도 불구하고, 별다른 합의 없이 한국의 '불교 종파' 성립 논의의 양대 산맥을 이루고 있다. 종파 성립 시기에 대한 후속 연구가 없었다.[13] 선종(조계종)사를 서술하면서 종파 문제를 언급하는 경우가 있었지만, 이 또한 크게 두 견해로 나뉜다. 길희성은, 허흥식의 견해를 인정하며, 고려조에 교단적 의미의 종파들이 존재했고 조계종은 대각국사의 천태종 창립을 전후하여 종파로 성립하였다고 보았다.[14] 반면 김상영은, 채

12　채상식(1993); 채상식(2003).
13　김상현은 신라 '법상종法相宗'이라는 용어를 사용하면서, 그 성격은 학파學派라고 하였다. 즉 교학이 크게 융성한 신라 중대에 유식학, 화엄학 같은 학파의 형성이 이루어지는데, "독자적인 승정僧政 운영을 포함하는 종파 개념과는 약간 다르지만 학파적인 경향을 종宗이라고 부르는 경우는 이미 신라시대부터 있었기 때문에 법상종이라 부른다."고 하였다. 김상현(1999a), pp.325-326.
14　길희성(2000), pp.159-193.

상식의 견해를 인정하고, 신라 선승들의 활동이 본격화되는 9세기 중후반에 화엄종, 법상종이 종파로서 체제를 갖추고 있었고, 9세기 후반 종파로서의 선종에 대한 인식이 정착되었다고 보았다.[15]

---

15 김상영(2013), p.461.

III
선행 연구에 대한 의문과 새로운 자료

한국의 불교 교단은 종파를 중심으로 설명해왔다. 종파의 성립 시기에 대해서는 크게 신라 중대 성립설(김영수, 문명대, 이종익, 한기두, 채상식, 김종명 등)과 고려초 성립설(이능화, 김동화, 조명기, 우정상, 안계현, 김영태, 허흥식 등)로 나뉘어 있는데, 이 장에서는 두 견해 모두에 의문을 제기해보겠다. 그리고 고려시대에 창립된 종宗 가운데 하나인 해동종의 창립 시기를 확정할 수 있는 새로운 자료를 소개함으로써 교단 연구의 새로운 가능성을 열어보고자 한다.

신라 중대 종파 성립설에 대한 의문

신라에서는 7세기 중후반~8세기 초에 교학, 의식(의례), 신앙 면에서 체계를 갖추었고 사원을 통해 전 계층에 특정 사상을 공유한 종파가 성립되었다고 보았다. 법상종·화엄종·신인종이 대표적이고, 원광을 개조로 하는 성실종·섭론종, 율을 강조하였던 자장을 개조로 하는 계율종, 신주神呪를 잘하였던 혜통을 개조로 하는 진언종도 있었다고 한다. 그러데 이 시기에 위 조건들을 모두 갖춘 '특정 사상을 공유·추종하는 집단(종)'이 과연 존재하였는가?

위 조건을 갖춘 집단(종)의 존재를 증명할 수 있는 사료는 없다. 역사학에서 '존재하지 않았음'을 논증할 수 있는 방법은 무엇일까. 이 시기 신라에서 활동한 의적義寂의 정체성에 대한 논란으로 설명을 대신해보겠다.

> 의상의 제자는 오진, 지통, 표훈, 진정, 진장, 도융, 양원, 상원, 능인, 의적 등 10대덕을 영수로 하는데 이들은 모두 성인에 버금간다.[16]

『삼국유사』에서는 의적을 의상義相(625~702)의 10대 제자 가운데 한 명이라고 하였다. 그런데 일본 승려 안넨安然(841~884)의 『교시논쟁教時論爭』에서는 그를 장안 유학시 현장玄奘의 문인이었다고 말한다. 의적에 대한 초기 연구에서는 그를 화엄학승이라고 보기도 하였지만, 의적에게는 화엄 관련 저술이 없다는 점을 근거로 의상제자설에 강한 의문을 던졌다.[17] 물론 『법화경론술기』나 『보살계본소』에서 의적의 화엄에 대한 견해를 일부 찾아볼 수 있지만, 이를 근거로 의적이 화엄학승이며 의상 제자라 할 수는 없었다.[18] 일본 승려들의 저술 등 자료의 폭이 넓어지면서 의적의 유식학승으로서의 면모가 부각되었다. 특히 『대각국사문집』에 나오는 '신라대법사고금산사적공新羅大法師故金山寺寂公'이라는 표현을 근거로 그가 해동 법상종에서 주요 인물이었다고 파악하였다.[19]

---

16 『삼국유사』 권4, 의해 5, 의상전교.
17 김상현(1984), pp.54-55.
18 박광연(2008), pp.184-190.
19 최연식(2003).

이렇게 의적이 화엄학승이 아니라 유식학승임을 주장하는 주요 논거는 화엄 관계 저술이 없다는 점, 화엄 관계 문헌에 인용이 안 된다는 점이었다.[20] 그런데 2010년 일본 국제불교학대학원대학國際佛敎學大學院大學이 공개한 미노부문고身延文庫 소장 『무량수경술기無量壽經述記』를[21] 연구한 미나미 히로노부南宏信는 의적이 『화엄경』의 '십十' 개념을 사용하여 의도적으로 열 가지로 설명하고 있는 것을 봤을 때 의상의 제자라고 한 『삼국유사』의 기록이 맞다고 주장하였다.[22] 『무량수경술기』가 의적의 저술이 맞다면 그가 『화엄경』을 중시하고, 의상의 화엄학을 공부한 것은 분명하다.[23] 의적에 대해 고려시대의 균여均如는 그가 법상에서 왔다고 하고 의천은 자기 주장을 고집하지 않고 권종權宗(법상종)에서 회심廻心하였다고 말하였는데, 이를 고려시대 '화엄종의 종파성'이 부여된 표현이라 볼 수도 있지만,[24] 의적이 의상에게서 배웠거나 그의 영향을 받았다는 사실을 완전히 부정할 수는 없다. 그렇다고 『화엄경』 중심주의를 표방했던 의상계의 사상 경향을 볼 때 의적을 곧바로 의상의 제자라고 말하기는 어려운 것 같다.

'의적이 화엄종인가, 법상종인가'라는 질문을 던지기에 앞서 의적의 정체성을 둘러싼 논의들에는 의적이 활동하던 시기에 배타적 성격의 집단으로서의 화엄종과 법상종이 존재했었다는 전제가 깔려 있는 것이 아닌지 의심해봐야 한다. 화엄종, 법상종이 신라 중대에 있었는데, 의적이 두

---

20 최연식(2003), p.43.
21 國際佛敎學大學院大學 日本古寫經硏究所 文科省戰略プロジェクト實行委員會 (2013).
22 南宏信(2017).
23 박광연(2014).
24 최연식(2003), pp.41-44.

종 모두에 소속될 수는 없으므로 화엄종인지 법상종인지를 밝혀내야 한다는 전제 말이다.

    이 전제를 두지 않는다면, 당 유학 기간 동안 유식학을 전공한 의적이 귀국하여 의상을 만나 그에게 화엄학을 배웠고 그 영향을 받았다는 해석이 가능해진다. 7세기 중반에 당에 유학간 많은 학승들이 장안 불교계의 분위기 속에서 신유식학을 수학하였는데, 이들이 '법상종을 전공하였다'고 말할 수는 있지만 '법상종 소속이었다'고 말하는 것은 적절하지 않다. 7세기 중후반~8세기 신라에는 종파의 흔적이 보이지 않는다.

고려초 종파 성립설에 대한 의문

    지금까지 신라시대 종파 성립설에 대한 비판은 있었지만, 고려시대에 종파가 존재하였음을 부정하는 견해는 없었다. '신라 말에 형성되기 시작하여 고려에 들어 확립되었다', '천태종 창립 이후이다' 등 성립 시점에 대해 약간의 견해 차이가 있는데, 이 가운데 고려초에 종파가 확립되었다는 견해에 대해 의문을 제기해보고자 한다.[25]

    고려초 종파 성립의 근거로 제시한 것은, '업', '종' 표현의 사용(김영태), 승과의 시행 및 독자적인 승정 운영(허흥식)이다.[26] 광종대 승과 실시에 앞서 신라 말에 이미 독자적인 승정을 운영하는 불교 공동체들이 형성되었고 태조 때부터 불교계를 종파별로 관리하였다고 한다. 태조 왕건이 개경에 사원을 창건하면서 지방 사원을 중심으로 성립된 종파를 수용함으

---

25 박광연(2016a), pp.157-165 재수록.
26 허흥식(1993), pp.122-123.

로써 난립된 불교계를 통합하고 종파불교의 기반을 마련하였다는 것이다. 보제사, 사나사, 광명사, 일월사, 외제석원, 귀산사, 안화선원 이 7곳은 선종 사원, 왕륜사는 해동종 사원, 개국사는 율종 사원, 현성사는 신인종 사원, 미륵사, 자운사는 유가종 사원, 법왕사, 영통사, 흥국사, 개태사는 화엄종 사원이라고 한다.[27] 이외에도 군소종파의 사원을 개경에 창건하여 모든 종파를 골고루 유지시키도록 배려하였다고 한다.[28] 이렇게 고려시대는 태조 때부터 각 사원이 종파를 표방하였고, 국가가 제도를 통해 종파불교를 유지하였다고 보는 것이 일반적이다.

신라하대부터 불교 공동체를 가리키는 용어로 '업業'이 등장하고 있는데, 이 '업'을 독자적으로 승정僧政을 운영하는 종파로 해석한 것이다. 신라말 이전에는 승정이 일원화되어 있어서 중앙 정부가 승정기구를 통해 도읍과 지방의 사원과 승려들을 관리하였는데, 신라 말에 업을 중심으로 승정의 독자성이 강화되자 중앙 기구가 주도적인 역할을 하지 못하게 되어 업들이 별도로 승적을 관리하고, 수계를 행하고, 법회를 개최하고, 불사를 집행하였다고 보았다. 신라 말의 업은 학파의 성격이었고, 고려 태조 때 종파로 확립되었다는 것이다.

그런데 9세기 후반까지 국가 지정의 특정 사원이 구족계 수계를 전담하고 있었고, 중앙에서 승적僧籍도 관리하였음을 확인할 수 있다. 9세기 후반, 심지어 10세기에 들어서도 중앙의 승정기구가 완전히 해체되지 않았다. 효공왕(재위 897~912) 때 정법전 대덕 여환如奐이 왕의 조서를 봉림사의 진경대사에게 전달한 사례나, 경명왕(재위 917~924)이 봉림사에 흥륜사 상좌 석언림을 보내어 진경대사를 초청하고, 그가 입적하자 소현승

---

27 한기문(1998), pp.43-47.
28 허흥식(1993), p.309.

영회법사를 보내어 조문하였던 사례를 보면 신라 말까지도 승관(僧官)이 활동하고 있었다. 정법전 및 주요 사원의 승직을 맡고 있는 이들을 통해 국왕의 명령을 하달하고 주통, 군통을 파견하는 방식으로 출가 승려들을 관리하였다. 그리고 승관이 사원 전장田莊의 영역 및 소속을 규정하고 전장의 소출을 관리하는 등의 역할도 담당하였다.

진성왕(재위 887~897) 이후 중앙 정부가 통치 능력을 거의 상실하였다는 인식 하에 이 기록들의 실효성을 의심하는 견해도 있다. 전국에 관단官壇을 설치하여 승려들이 출가 시 수계를 받도록 함으로써 승려로의 진출을 엄격히 제한하려 하였으나 실효를 거둔 흔적이 보이지 않는다고도 한다. 하지만 왕실 및 조정은 선종 세력의 경제기반을 흡수하기 위해 노력하였고, 선종 사원들도 이러한 체제에 저항하기보다는 공인과 후원 하에 자율성을 확보해 나갔던 것으로 보아야 할 것이다.

선행 연구에서 말하는 '신라말'이 구체적으로 어느 시기를 가리키는지는 명확하지 않은데, 후삼국이라는 대립각이 성립한 10세기 초를 상정한 것이라면 중앙의 통제 완화를 인정할 수 있다. 이 시기에는 관단도 제 기능을 수행하지 못하였을 수 있다. 그렇다고 하더라도 중앙의 통제 완화, 관리 부재가 곧바로 불교 공동체의 '학파별 독립'으로 이어졌다고 볼 수 있는 근거가 무엇인지 궁금하다.

새로운 자료의 출현

그렇다면 한국의 불교 교단에서 특정 사상을 공유하는 승려들이 배타성을 지닌 종단으로 분화한 시기가 언제일까. 필자는 고려 태조 때부터 존재하였다고 말해온 해동종이 12세기에 창립되었음을 증명할 수 있는

사료를 최근 확인하였기에, 이를 소개하고자 한다.[29]

그동안의 연구에서 해동종의 창립 시기를 설명하는 사료는 다음이었다.

> 지금 도성의 북쪽에 왕륜사王輪寺가 있는데, 이곳은 해동종에서 항상 법륜을 굴리는 대가람이다.[30]

이규보(1168~1241)가 1225년(고종 12)에 쓴 「왕륜사장육금상영험수습기(왕륜사 장육불상의 영험담을 모은 기문)」에 나오는 문장이다. 이인로(1152~1220)의 『파한집』에서 '왕륜광천사王輪光闡師'[31]를 '분황종광천사芬皇宗光闡師'라고도 표현한 것을 보건대 왕륜사는 분황종 곧 해동종 사찰이다. 왕륜사는 919년(태조 2)에 태조의 명으로 개경에 창건되었다. 왕륜사를 근거로, 즉 왕륜사가 919년 창건될 때부터 해동종 사찰이므로, 919년 이전 신라시대부터 원효元曉를 종조宗祖로 하는 해동종이 있었다는 견해가 먼저 있었다. 물론 이규보 당시에 왕륜사가 해동종이라는 것이지 왕륜사가 창건 때부터 해동종 사찰이었다라고는 할 수 없다는 반박이 제기되었지만(고익진의 연구가 대표적임) 논거로 제시할 수 있는 사료가 없었다. 이후로는 해동종을 고려후기의 군소종파라고 할 뿐 언제 창립되었는가는 논의하지 않았다.

그런데 2010년 학계에 공개된 「김구부묘지명金龜符墓誌銘」에 해동종이 등장한다.[32]

---

29 Kwangyoun PARK(2023), pp.130-132 재수록.
30 『東國李相國集』 卷25, 「記」, 王輪寺丈六金像靈驗收拾記.
31 『破閑集』 卷中, 碧蘿老人去非 與僕云.
32 김용선(2010), pp.874-877.

다음 [셋째 아들] 담천은 해동종의 창사인 정림正琳에게 의탁하여 구족계를 받았고 대덕이 되었다.[33]

1145년(인종 23) 12월 형부낭중을 지낸 김구부(1089~1145)가 죽자, 김구부의 아들 김거실(?~1170)의 부탁으로 시병부상서삼사사 김영석(1079~1166)이 1146년에 묘지명을 완성하였다. 김구부는 김상우(?~1112 형부상서~?)의 아들로, 나주 해양海陽 사람이다. 김구부는 재혼한 부인과의 사이에 3남 4녀를 두었는데, 이 가운데 막내이자 셋째 아들인 담천曇闡이 출가하였다. 묘지명에서는 담천에게 구족계를 준 스승이 해동종 창사 정림海東宗創師正琳이라고 한다. 여기서 '창創'은 창립, 창시의 의미로 해석할 수 있다. 의천의 천태종 창립을 『고려사』에서 '시창천태종始創天台宗'이라 표현하고 있다.[34] 그러므로 해동종의 창립자는 정림이고, 그 시기가 12세기 전반임을 알 수 있다. 해동종이 원효가 활동했던 7세기나 왕륜사가 창건되던 10세기 고려초가 아니라 12세기 전반에 창립되었다는 사실은 앞으로 한국 불교 교단사 연구에 많은 시사점을 제공하리라 기대한다. 개별 종단의 성립이 어떤 특정 시기에 동시에 이루어진 것은 아닌 것으로 보인다.

---

33 「金龜符墓誌銘」, "次曇闡, 依海東宗創師正琳, 受具爲大德" 국사편찬위원회 한국사DB에서는 "다음은 담천으로 해동종을 창시한 정림에게 의지하여 수계를 받고 대덕이 되었으니"라고 번역하였다.(http://db.history.go.kr/KOREA/)
34 『高麗史』卷19, 「列傳」3, 宗室, 大覺國師煦.

IV

한국 불교 교단에서 종단의 형성 과정

한국에서 불교 교단과 종단은 동일한 범주가 아니며, 종단마다 창립 시기도 차이가 있다. 교단의 정체성은 율장과 수계에 있고, 종단의 정체성은 조사와 계보 인식에 있다. 한국의 경우 불교 공인 이후 100년이 지난 신라 7세기 전반에 교단이 성립되지만,[35] 종단은 고려 11세기 후반~12세기 전반에 형태를 갖추어 나갔다. 무신집권기를 계기로 관단 수계 질서가 와해되고 종단의 위상이 달라지면서 오교양종五教兩宗이 대두되게 되고, 고려후기 불교계는 오교양종으로 대표되는 종단 중심으로 운영되었다.[36]

불교 수용 후 교단의 성립부터 조선시대 교단의 쇠락까지 그 변화 양상은 다음의 네 시기로 구분할 수 있다. (1) 불교의 수용과 교단 형성 (6~9세기), (2) 업業 중심의 교단 운영(10~11세기), (3) 종단의 창립과 분화 (12~13세기 중반), (4) 오교양종에서 선교양종으로(13세기 중반~16세기). 이

---

35 그구려·백제에도 교단이 형성되었을텐데 구체적으로 설명할 수 있는 자료가 부족하다.
36 박광연(2016c); 박광연(2018a) 참조.

가운데 이 글에서는 종단이 형성되어 가는 과정을 (2)시기에 대한 필자의 연구를 토대로 설명하고자 한다.[37]

신라하대 '업'의 등장

9세기 신라의 전 지역에서 다양한 불사佛事가 진행되었다. 원화 연간(806~820)에 도읍에서 이차돈을 추모하는 예불을 거행하기 위해 향도들을 모아 결사를 만들었다. 남간사승 일념이 결사문을 지었고, 흥륜사 승 영수가 향도를 모았다. 817년(헌덕왕 9) 이차돈의 무덤과 비를 정비하는 데에는 국통國統, 법주法主 직책의 승려들과 당시 파진찬도 참여하였다.[38] 지방 사회에서도 불사를 위한 결사들이 결성되었는데, 몇 사례를 들어보겠다.

「용봉사마애불조상기」(799) 대백사 원조 법사/ 향도 관인 장진 대사

「안양중초사지당간지주명」(826) 절주통 황룡사 항창화상/ 상화상 진행법사/ 정좌 의설법사/ 상좌 연숭법사/ 사사史師 묘범법사, 칙영법사/ 전도유나 창악법사, 법지법사/ 도상徒上 지생법사, 진방법사/ 작상作上 수남법사

---

37 이 절은 박광연(2012); 박광연(2018b); 박광연(2022)의 내용을 시기 별로 재정리한 것이다.
38 『삼국유사』 권3, 흥법3, 原宗興法厭髑滅身.

「청주연지사종명」(833) 성전화상 혜문법사, □혜법사/ 상좌 칙충법사/ 도(유)나 법승법사/ 경촌주 삼장급찬, 주작대내마/ 작한사 보청군사, 용년군사/ 사육□ 삼충사지, 행도사지/ 성박사 안해애대사, 애인대사/ 절주통 황룡사각명화상

불사를 주도한 사찰의 승들과 지방유력자들만 기록한 경우도 있지만(용봉사마애불 등), 도읍의 승려가 절주통 자격으로 함께한 사례도 있었다(중초사당간지주, 연지사종 등).[39] 908년(효공왕 12) 11월 수창군 호국성의 낙성회 때에도 도읍 흥륜사 승이 참여하고 있다.[40] 도읍이나 지방이나 9세기 전반 불사의 기록에서 공통적으로 확인할 수 있는 것은 승려 이름을 적을 때 그들의 담당 역할 또는 직위만을 적고 있다는 사실이다. 특히 중초사지 당간지주명에는 설법을 위주로 하는 법사法師들이 다수 있지만, 그들의 전공이 무엇인지는 밝히고 있지 않다. 승려의 전공(업)을 명시한 금석문은 9세기 후반에 처음 등장한다.

「삼화사철조불좌상조상기」 화엄업결언대대덕華嚴業決言大大德[41]
「숭복사비」 화엄대덕결언華嚴大德決言[42]
「오룡사법경대사비」 화□업대덕□□華□業大德□□[43]

삼화사 철불은 경문왕대(재위 861~875) 혹은 그 이후 시기에 만들었

---

39 윤선태(2005), p.18.
40 『동문선』 권64, 「기」, 新羅壽昌郡護國城八角燈樓記.
41 「三和寺鐵造佛坐像造像記」.
42 「崇福寺碑」.
43 「五龍寺法鏡大師碑」.

고,[44] 「숭복사비」는 896년(진성여왕 10)에 건립하였으며, 법경대사 경유(871~921)의 비는 944년(혜종 1)에 세웠다. 9세기 후반 이후의 금석문에서 '화엄업'을 확인할 수 있다. 「신라수창군호국성팔각등루기」에 나오는 '지념연선대덕持念緣善大德' 사례를 볼 때 신라 말에 화엄업 외에도 승려의 전공을 드러내는 경우가 있었을 텐데, 최치원의 글에서는 지념, 유가, 율, 아비달마 등의 전공을 확인할 수 있다.[45]

한편 일본에서는 환무천황桓武天皇(재위 781~806) 때 연분도자年分度者를 화엄업, 천태업, 율업, 삼론업, 법상업 등으로 분류하였다. 여기서 미루어 생각해보면, 신라에서도 승려의 전공이 유의미해진 것이 관단사원을 통한 구족계 수여와 관련이 있었을 가능성이 있다. 그리고 9세기 후반 화엄업의 등장은 선종 산문의 세력 확대와도 무관하지 않을 것이다.

가지산문을 개창한 체징(804~880)의 비가 「보림사보조선사비」(884년 입비)이고, 염거가 머물렀던 억성사를 중창한 홍각선사(814~880)의 비가 「선림원지홍각선사비」(886년 입비)이다. 체징과 홍각의 문도들은 스승의 탑과 탑비를 세우면서 선종의 정체성·차별성을 드러내고자 하였다. 체징의 경우 말법시대에 상법像法이 분분하여 진종眞宗에 부합하지 못한다고 비판하면서 선종을 높였다. 9세기 후반 각지에 선종 산문이 들어섰고, 이들은 단월의 후원을 받으며 몸집을 키웠다. 이러한 선종의 움직임에 해인사를 이끌던 결언, 현준 등이 적극 맞섰다.[46] 당시 불교계에서 선종에 맞설 수 있는 세력은 의상계뿐이었다.

불교계에서는 화엄업과 선종의 대결 구도가 만들어지긴 하였으나, 통

---

44 김상현(1999b).
45 박광연(2012), p.222.
46 남동신(1993).

치자들은 교·선에 치우치지 않고 인연이 닿는 불교 세력들을 포섭해 나갔다. 태조 왕건(재위 918~933)은 일찍부터 인연 있던 순지나 형미, 경유뿐만 아니라, 지기주제군사상국知基州諸軍事上國 강공훤의 존숭을 받던 여엄, 김해부지군부사金海府知軍府事 소율희의 후원을 받던 이엄, 견훤의 존숭을 받던 경보, 신라 경애왕의 부름을 받았던 긍양 등을 근기 지역으로 초청하였다. 그리고 태조는 해인사의 희랑을 복전으로 모셨다. 「보원사법인국사비」를 보면 태조, 혜종 등 고려초 국왕들의 화엄경 관련 불사를 확인할 수 있다. 그런데 이 비의 주인공인 탄문(900~975)이 76세(975, 광종 26)에 가야사로 내려갔을 때 '교선일천여인教禪一千餘人'이 대사를 맞이하였다고 한다.[47] 교학과 선종을 전공으로 하는 제자들이 섞여 있었다는 것이다. 968년(광종 19) 당시의 국사는 선종의 혜거였고, 왕사는 화엄업의 탄문이었다.

광종~정종대 불교 정책과 교단의 변화

왕조가 흥망하는 격변기에 불교계의 입장에서도 교니 선이니 하는 사상 대립은 무의미하였을 것이다. 그들에겐 생존과 안정이 우선 과제였다. 고려 건국 초기에는 신라 때의 제도가 유지되는 것들이 많았다. 예를 들면 여전히 국가가 지정한 관단사원에서 구족계를 받게 하였다. 태조가 해회海會를 열어 승려들을 선발하고자 하였으나 제도로 만들진 못하였다. 이러한 불교계의 지형도를 일시에 바꾼 이가 광종(재위 949~975)이었다. 광종은 승선(승과)을 실시하고 합격한 이들에게 승계를 부여하였는

---

47 「보원사법인국사비」.

데, 승선이라는 선발 방식이 교학에 밝은 이들에게 유리하였음은 결과를 통해 확인할 수 있다.

표 1 광종~문종 승선 합격자 명단

합격연도	합격자	업(전공)	전거
959 광종 10	지종 930~1018	미상	거돈사원공국사비
991 성종 10	결응 964~1053	화엄	부석사원융국사비
996 성종 15	정현 972~1054	유가	칠장사혜소국사비
1004 목종 7	해린 984~1070	유가	법천사지광국사비
1054 문종 8	창운 1031~1104	화엄	홍호사등관승통창운묘지명
1061 문종 15	소현 1038~1097	유가	금산사혜덕왕사비
1068 문종 22	낙진 1050~1119	화엄	반야사원경왕사비

승선 최초 합격자는 지종智宗으로, 오월로 유학가기 전에 최초로 시행된 승선에서 합격하였다. 지종은 오월에 가서는 영명 연수나 나계 의적의 영향으로 선(법안종)과 천태를 주로 수학하였는데, 유학 떠나기 전의 전공은 알 수 없다. 성종(재위 981~997) 때 합격한 결응은 화엄, 정현은 유가 전공이었고, 목종(재위 997~1009) 때 합격한 해린도 유가 전공이었다. 화엄 전공, 유가 전공 승려들이 출세하고, 주요 사찰의 주지를 맡게 되었다.

표 2 11세기초 화엄업·유가업 사례

연도	원문	전거
1006 목종 9	初校 花嚴業了眞炤世大師曇昱 重校 花嚴業大師緣密	『대보적경』[48]
1024 현종 15	瑜伽業(佛)國寺	불국사무구정광탑중수기

정현이나 해린이 유가 전공이긴 하지만, 그들을 유가업이라고 직접 지칭한 기록은 없다. 목종 때까지는 화엄업 사례만 보이다가 현종(재위 1009~1031) 때 들어 유가업이 처음 확인된다. 사찰이 속한 업을 나란히 명기한 것도 '유가업불국사'가 처음이다(1024, 현종 15). 이후에 차츰 승려를 소개할 때 전공과 소속 사찰을 함께 밝히게 된다. 이러한 변화는 우연이라기보다 현종과 그의 아들 덕종德宗(재위 1031~1034), 정종靖宗(재위 1034~1046)이 불교계를 대상으로 추진한 정책의 결과이다.

현종은 즉위 후 곧바로 성종이 폐지했던 팔관회, 연등회를 부활시킬 만큼 불교에 관심이 많았다. 1010년(현종 2) 개경까지 쳐들어온 거란을 피해 나주까지 피난을 갔다가 다음해에 개경으로 돌아온 현종은 대장경을 만들기 시작하면서 각종 제도의 개혁에도 박차를 가했다.[49] 현화사의 창건(1018, 현종 9)이나 홍경사의 창건(1021, 현종 12)에 정책적 고려가 있었을 것이다.[50] 1036년(정종 2)에 "영통사, 숭법사, 보원사, 동화사 등의 계단에서 전공으로 하는 경전과 율(所業經律)로 시험본다."는 제서制書를 내렸다.[51] 여기에는 첫째 관단사원을 전국적으로 확대하였고, 둘째 구족계를 받을 때 시험 과목을 업별로 세분화함으로써 각자 전공의 경전과 율로 시험을 치루게 되었다는 의미가 담겨 있다.

11세기 전반에 사찰마다 소속 업을 표방하고, 국가에서 주관하는 관단수계나 승선에서 업을 고려하게 됨으로써 같은 업끼리의 결속이 필요

---

48 권희경(2006), p.46.
49 현종은 1012년(현종 3)에 75안무사 제도를 개혁하고, 1018년(현종 9)에 주부군현 편제를 고쳤다. 1024년(현종 15)에 계수관이 주관하는 시선試選, 즉 향시를 처음 시작하였다. 거란 침입으로 파괴된 태묘, 봉은사를 재건하면서 진영 중심의 조상의례를 정비하였다.
50 허흥식(1986), pp.213-214.
51 『고려사』 권6, 세가6, 정종 2년.

하게 되었고, 같은 업의 승려들이 하나의 공동체로서의 소속감을 가지게 되었다. 중앙의 문벌이나 지방의 유력 가문들이 화엄업이나 유가업의 단월임을 자처하고 나섰다. 때로는 단월인 가문의 구성원이 시주하던 사찰의 승려에게 의탁하여 출가하기도 하였는데, 이러한 관계가 이어지면서 개별 업과 특정 가문의 유대가 긴밀해졌다. 11세기 인주 이씨 가문과 유가업의 관계, 왕실과 화엄업의 관계가 대표적이다.

문종~선종대 조사·계보 인식의 형성

문종(재위 1046~1083) 때 유가업의 소현(1038~1096), 화엄업의 의천(1055~1101)이 교단의 변화를 주도하였다. 소현은 이자연(1003~1061)의 아들이고, 의천은 문종의 아들이다. 소현은 1048년(문종 2) 해린에게 출가하고, 의천은 1065년(문종 19) 난원에게 출가하였다. 소현도, 의천도 11세에 출가하였다. 소현은 1061년에 왕륜사 승선에 합격하였고, 의천은 1067년(문종 21)에 출가한 지 2년 만에 우세승통에 임명되었다. 1067년 바로 이 해에 소현의 스승 해린이 법천사에서 입적하여 소현이 해린의 장례를 주관하고 탑비 건립을 추진하였다.

소현은 18년간 준비하여 1085년(선종 2)에 해린의 비「법천사지광국사비」를 세웠다. 비문의 찬술연대는 1079~1080년 무렵으로 추정하는데, 이 비문에서 소현이 구상한 유가업의 모습이 드러나기 시작한다. 명銘에 계현戒賢과 무착無着의 이름이 등장하고, 음기에 문도들을 '22인 수교계업자受敎繼業者', '25인 수직가계자隨職加階者', '1100여인 모덕귀화자慕德歸化者', '52인 선후사이몰세자先後師而沒世者'로 분류하였다. 조사祖師를 통해 정체성을 다잡고, 문도들을 서열화함으로써 유가업 내부의 위계를 세우고자 한 것이다. 소현은 1079년(문종 33) 왕명에 의해 금산사에 내려가 광교원을 설치한 후 조사 인식을 확대하여 현장을 유식 개창의 조, 규기를 수문술작守文述作의 종이라 하고, 원효, 태현을 포함하여 해동 6조를 선양하였다.[52] 현장을 개창조라고 하였지만, 한 명의 종조만을 내세우기보다 복수의 조사를 병렬적으로 나열하는 것이 특징이다. 또한 소현은 유가업의 사찰 네트워크를 확대하였다. 일찍이 해린이 주석했던 현화사, 해안사를 비롯하여 진표계 사찰을 비롯한 지방 사찰들을 유가업으로 흡수하였다.

화엄업에서 소현과 같은 역할을 담당한 이가 의천이었다. 의천은 송의 정원淨源(1011~1088)과 주고받은 편지를 통해 송에서의 화엄 조사·계보 논의에 대해 인지하고 있었다.[53] 정원이 의천에게서 영향을 받은 것인지, 의천이 정원에게서 영향을 받은 것인지 선후 관계는 불분명하지만 의천은 화엄9조(마명·용수·천친·불타·광통·제심·운화·현수·청량)를 설정하였다. 해동의 조사로는 의상·원효를 꼽았다. 화엄9조의 명칭을 확인할 수 있는 자료는 1125년(인종 3)에 비문을 찬술하고, 1133년(인종 11)에 비를 세운 「영통사대각국사비」이지만,[54] 정원과 편지를 주로 받았던 1070~1080년대에 의천은 이미 화엄업의 조사·계보를 구상하고 있었을 것이다.

정리해보면 유가업의 소현이나 화엄업의 의천은 문종 재위(1046~1083) 후반기에 각기 소속 업의 조사와 계보를 지정하고, 소속 승려들의 위계와 규율을 바로잡고, 소속 사찰들을 확대해 나갔다. 그리고 특정 가문 또

---

52 「金山寺慧德王師碑」.
53 『대각국사문집』 권11.
54 「靈通寺大覺國師碑」.

는 왕실의 후원을 독점하였다. 이렇게 다른 업들과 구별되는 '배타적 정체성과 자율적 운영시스템'을 지닌 집단을 불교교단사에서는 종파 또는 종단이라 부르는데, 고려전기에는 종파보다 종단이라는 용어가 보다 타당하다.[55] 불교 교단 내에 여러 종단이 등장하게 된 것이다. 이는 종단 내부의 의지와 노력에 의해 자율성 및 결집력이 증대된 결과라 할 수 있다. 문종 후반기 소현과 의천의 노력으로 정비된 유가업·화엄업의 '업'은, 10세기(나말여초)에 사용된 '업'과는 달리, 이후에 등장하는 천태종·해동종·신인종 등의 '종'과 같은 성격이라 말할 수 있다. 유가업·화엄업이 조직화되었기에 이후에 천태종을 창립하고자 하였고, 이어서 해동종·신인종 등이 등장할 수 있었다.

선종~숙종대 구산문과 천태종

선종(재위 1083~1094)이 즉위한 다음해인 1084년(선종 1)에 불교계에서는 굵직한 사건들이 여럿 있었다.

① 보제사 승 정쌍 등이 아뢰었다. "구산문의 참학승도를 진사의 예에 따라서 3년에 1회 선발하기를 청합니다." 그대로 따랐다.[56]

② 또 그 해(1084)에 왕이 스님에게 현화사에 옮겨 주석하게 하였고,

---

55 중국의 선종이나 일본의 천태종의 경우, 하나의 종 안에 여러 파가 존재하고 파 별로 배타적 정체성을 지니고 있기 때문에 '종파'라 부르지만, 고려전기의 화엄업이나 유가업은 별도의 분파가 확인되지 않는다. 그러므로 종단이라 부르고자 한다.
56 『고려사』 권10, 세가10, 선종 원년(1084) 1월.

이어 개국사, 자운사 두 절의 선장選場에서 다시 도○○이 되게 하였다.[57]

③ 우리 선종 2년, 송 신종 원풍 7년 갑자(1084)에 광명사 선불장에 나아가 우수한 성적으로 합격하였다.[58]

①은 『고려사』 기록으로, 1084년 1월에 보제사 승 정쌍 등이 구산문의 착학승도를 진사의 예에 따라서 3년에 1회 선발해달라고 하였고, 왕이 이를 인가하였다. 선종 구산문에서 다른 종단과 별도로 예비시험을 시행하게 된 것이다. ②는 「금산사혜덕왕사비」로, 1084년 소현이 현화사에 주석한 이후 개국사, 자운사에서 유가업의 예비시험을 맡았다.[59] ③은 「운문사원응국사비」로 학일(1052~1144)이 1084년 광명사 선불장에서 합격하였다.

이처럼 1084년에 구산문의 승선 예비시험이 시행되었고, 광명사에서 승선이 처음 개최되었다. 여기에서 선종 출신의 학일이 승선 합격자가 되었다. 이러한 사실이 의미하는 바가 무엇일까? 문종대 화엄업, 유가업 등의 활발한 움직임이 선종에도 영향을 미쳐 선종 여러 산문들이 스스로 변화를 도모했다는 것을 확인할 수 있다. 선종 승려들이 구산문으로 결집하고, 승선에 참여하는 데에 국왕의 인가(또는 후원)가 있었다.

"천태삼관은 최상의 진승인데 이 땅에 종문이 아직 서지 않아 참으로 안타깝습니다. 신에게 삼가 뜻이 있습니다."라며 의천은 1085년(선종 3)

---

57 「金山寺韶顯王師碑」.
58 「雲門寺圓應國師碑」.
59 박광연(2022), p.98.

4월 송으로 떠나기 전에 이미 천태종을 창립할 의지를 표방하였다고 한다.[60] 의천의 천태종 문도들이 천태종 선양을 위해 세운 「선봉사대각국사비」에 나오는 문장이므로 과장된 표현일 수 있지만, 만약 사실이라면 천태종 창립의 의지를 갖게 된 배경으로 선종 즉위 초 구산문의 동향을 함께 생각해볼 필요가 있다.

1089년(선종 6)에 국청사를 짓기 시작하였지만 어려움을 겪다가, 이자의와 그의 아들, 흥왕사 대사 지소 등을 죽이고 즉위한 숙종(재위 1195~1105)에 의해 국청사 공사가 재개되어 1097년(숙종 2) 2월에 완공하였다. 숙종은 그해 3월 의천을 국청사 주지로 임명하였고, 1101년(숙종 6) 봉은사에서 천태종선을 실시하여 40여 명을 선발하였다. 의천의 몰년이기도 한 1101년 2월에 그는 화엄9조를 모신 홍원사 구조당의 낙성법회를 주관하기도 하였다. 화엄업과 천태종, 두 종단을 이끌던 의천은 그해 8월에 발병하여 10월 5일에 입적하였다.

갑작스런 의천의 죽음에 불교계의 앞날이 불확실해졌다. 화엄업에 의천의 동문 낙진(1089~1114) 및 의천의 제자이자 숙종의 아들 징관(1089~1141)이 있었지만, 난원(992~1066)의 다른 문도들은 그 행방을 알지 못한다. 천태종의 내부 사정은 더욱 복잡하였다. 오문학도와 직투문도가 분열하여 오문학도들은 천태종을 떠나 본래의 사찰로 되돌아갔고, 직투문도들은 칠곡 선봉사로 내려갔다.

예종(재위 1105~1122) 즉위 후 이자겸(?~1126)이 득세하면서 불교계도 인주 이씨 가문이 장악하였다. 화엄업이나 천태종 모두 중앙 불교계에서 밀려났고, 소현 이후 유가업을 이끌던 문종의 아들 도생 승통도 모반 혐의로 유배를 갔다. 1126년(인종 4) 12월 이자겸이 실각할 때까지, 그의 아

---

60 최병헌(2002), p.33.

들 의장이 유가업 수좌가 되어 유가업뿐만 아니라 교단 전체를 좌우하였다. 아이러니하게도 12세기 전반의 혼란 와중에, 또는 그 직후에 해동종, 신인종 같은 새로운 종단들이 생겨난 것으로 보인다.[61]

---

61 Kwangyoun PARK(2023); 박광연(2023).

전근대 한국 불교 교단과 종단, 새로운 서술의 방향성

중국의 선종이나 일본의 천태종의 경우, 하나의 종 안에 여러 파가 존재하고 파 별로 배타성을 지니고 있기 때문에 '종파'라 부르지만, 고려~조선시대의 각종各宗 내에 별도의 분파가 없었다. 그러므로 종단이라는 용어가 적당할 듯하다. 이 글의 제목도 '교단과 종파'보다는 '교단과 종단'이라고 하는 것이 한국 불교의 로컬리티를 드러낼 수 있을 듯하다.

교단은 가설된 학술 용어이며, 그 개념에 대한 정의가 변해왔다. 일찍이 인도의 부파와 동아시아의 학파·종파를 모두 교단이라고 이해하였다. 하지만 부파, 학파, 종파는 개념이 다르고, 동아시아의 학파·종파는 교단과 범주가 구분된다. 교단의 정체성이 수계·율장에 있다면, 종단의 정체성은 조사·계보 인식에 있다고 할 수 있다. 그러므로 한국 불교의 교단과 종단에 대한 설명은 방향이 달라야 한다.

불교 교단은 탈세속을 지향하면서도 세속에 발을 딛고 있으며, 본질적으로 권력층의 외호와 재가자의 도움을 필요로 한다. 그러므로 불교 교단의 역사적 의미는 출가 공동체가 속해 있는 정치·사회의 구조 속에서 설명이 이루어져야 온전해진다. 선행 연구에서 한국 불교 교단사를 종파사 중심으로 써왔기에, 이 글에서는 이에 대한 비판과 새로운 서술 방향을 제시하는 데 그쳤다. 앞으로 한국 불교 교단사의 전체상을 그려내는 연구를 계속 이어가고자 한다.

| 참고문헌 |

권희경(2006), 『고려의 사경』, 글고운.
길희성(2000), 「한국불교 정체성의 탐구: 조계종의 역사와 사상을 중심으로 하여」, 『한국종교연구』 2, 한신대 종교와문화연구소.
김상영(2013), 「전근대 조계종 역사의 전개양상과 그 특성」, 『한국선학』 36, 한국선학회.
김상현(1984), 「신라 화엄학승의 계보와 그 활동」, 『신라문화』 1, 동국대 신라문화연구소.
_____(1999b), 「삼화사철불과 화엄업 결언태대덕」, 『문화사학』 11·12·13, 한국문화사학회.
_____(1999a), 「신라 법상종의 성립과 순경」, 『신라의 사상과 문화』, 일지사.
김영수(1937), 「오교양종에 對하여」, 『진단학보』 8, 진단학회.
_____(1938), 「조계선종에 就하야」, 『진단학보』 9, 진단학회.
김용선(2010), 「새 고려묘지명 7점」, 『사학연구』 100, 한국사학회.
南宏信(2017), 「義寂撰『無量壽經述記』所引經論に見る思想的特色」, 금강대학교 불교문화연구소·동국대학교 불교문화연구소 편, 『잊혀진 한국의 불교사상가』, 동국대학교출판부.
남동신(1993), 「나말여초 화엄종단의 대응과 『(화엄)신중경』의 성립」, 『외대사학』 5, 한국외국어대학교 역사문화연구소.

문명대(1974), 「신라 법상종(유가종)의 성립문제와 그 미술(하)」, 『역사학보』 63, 역사학회.

_____(1976), 「신라 신인종의 연구-신라 밀교와 통일신라사회」, 『진단학보』 41, 진단학회.

박광연(2008), 「신라 의적의 『법화경』 이해-『법화경론술기』 분석을 중심으로」, 『불교학연구』 21, 불교학연구회.

_____(2012), 「高麗前期 佛敎 敎團의 전개 양상-'業'과 '宗'의 용례를 중심으로」, 『한국중세사연구』 34, 한국중세사학회.

_____(2014), 「身延文庫藏 『無量壽經述記』와 義寂의 사상 경향」, 『동국사학』 56, 동국대 동국역사문화연구소.

_____(2016a), 「한국 불교와 '종파'-고려초 業이 '종파'인가」, 『한국중세사연구』 44, 한국중세사학회.

_____(2016b), 「한국의 불교종파 연구 재고」, 『동아시아 종파불교-역사적 현상과 개념적 이해』, 민족사.

_____(2016c), 「고려시대 오교양종(五敎兩宗)의 성격 재검토」, 『한국사상사학』 53, 한국사상사학회.

_____(2017), 「신라의 불교 교단과 '종파'-신라 중대 종파 성립설에 대한 고찰」, 『사학연구』 125, 한국사학회.

_____(2018a), 「고려후기 승정의 변화와 불교 종단」, 『한국중세사연구』 53, 한국중세사학회.

_____(2018b), 「관단 사원과 戒壇: 고려전기 금산사의 교단에서의 위상」, 『한국불교학』 88, 한국불교학회.

_____(2022), 「고려전기 불교 교단과 승과(僧科)」, 『선문화연구』 33, 한국불교선리연구원.

_____(2023), 「고려시대 신인종의 성립시기 재검토」, 『한국중세사연구』 75, 한국중세사학회.

백진순(2013), 「교체론에 나타난 원측과 규기의 언어관」, 『가산학보』 11, 가산불교문화연구원.

윤선태(2005), 「신라 중대말~하대초의 지방사회와 불교신앙결사」, 『신라문화』 26, 동국대 신라문화연구소.

이자랑(2016), 「중국불교에서 수계갈마의 변천-육조시대를 중심으로」, 『불교학연구』 49, 불교학연구회.

_____(2021), 「교단」, 『테마한국불교 9』, 동국대출판부.

이자랑, 김재권 옮김(2016), 「계율과 교단」, 『대승불교의 실천(대승불교시리즈 3)』, 씨아이알.

채상식(1993), 「한국 중세불교의 이해방향」, 『고고역사학지』 9, 동아대 박물관.

_____(2003), 「한국 중세불교의 이해 방향과 인식틀」, 『민족문화논총』 27, 영남대 민족문화연구소.

최병헌(2002), 「대각국사 의천의 천태종 개창과 송의 천태종」, 『인문논총』 47, 서울대 인문학연구소.

최연식(2003), 「의적의 사상경향과 해동법상종에서의 위상」, 『불교학연구』 6, 불교학연구회.

한기문(1998), 『고려 사원의 구조와 기능』, 민족사.

허흥식(1983), 「韓國佛敎의 宗派形成에 대한 시론」, 『김철준박사 화갑기념 사학논총』, 지식산업사.

_____(1993), 『고려불교사연구』, 일조각.

Kwangyoun PARK(2023), Following in the Footsteps of Wŏnhyo: The Foundation and Development of the Haedong School in Koryŏ, *Journal of Korean Religions* Volume 14 Number 2.

平川彰(1964), 『原始佛敎の硏究-敎團組織の原型』, 春秋社.

國際佛敎學大學院大學 日本古寫經硏究所 文科省戰略プロジェクト實行委員會(2013), 『(日本古寫經善本叢刊 第五輯)書陵部藏 玄一撰 無量壽經

記, 身延文庫藏 新羅義寂撰 無量壽經述記』, 國際佛教學大學院大學 日本古寫經硏究所文科省戰略プロジェクト實行委員會.

왕권과 이념

김자현

- Ⅰ. 인도와 동아시아 고대국가의 왕권과 불교
- Ⅱ. 신라와 고려의 왕권과 불교
- Ⅲ. 조선시대 불교에 관한 재조명
- ● 한국 불교, 왕권과의 공존과 예속의 사이

I
인도와 동아시아 고대국가의 왕권과 불교

인도의 불교와 왕권

　불교는 출세간적 진리를 강조하는 종교이지만 실질적으로 발생지인 인도는 물론 이를 수용한 여러 국가에서 국가권력과 밀접한 관계를 맺으며 확산되었다. 본래 불교의 초기 교단에서는 세간의 왕권과 출세간의 교권은 서로의 독립성과 자율성을 인정하는 분위기 속에서 일정한 거리를 유지할 수 있었다. 즉 당시 교단은 국정을 간섭하지 않고 세간적인 이해를 추구하지 않는 대신 왕권으로부터 그들이 추구하는 출세간의 영역을 보장받을 수 있었던 것이다. 하지만 점차 시간이 흐름에 따라 인도의 정치와 불교는 점점 상호 접점을 확대해나갔다. 왕권의 지원과 보호가 존재하면서도 때로는 왕권과 교권 간의 긴장과 대립, 간섭과 통제 등의 갈등적 양상이 나타나며 점차 복잡하게 전개된 것이다.[1]

　인도에서 불교가 정치권력에 깊게 관여되는 현상에서 주목할 만한 인물은 대표적인 '전륜성왕'으로 알려져 있는 마우리아왕조의 제 3대 왕인

1　조준호(2009), p.206.

아쇼카왕(ca. 268~239 BC)이다. 아쇼카왕은 인도 전역을 통합하는 과정에서 정복전쟁으로 인한 수많은 희생에 회한을 느꼈다. 그는 전쟁의 참혹한 현실 앞에서 진정한 정복이란 전쟁으로 얻을 수 있는 것이 아니며, 오로지 다르마Dharma(법)에 의한 통치만이 진정한 정복을 이룰 수 있다는 점을 깨닫고 불교에 귀의하게 된다. 이후 그는 전쟁을 멈추고 강력한 왕권을 바탕으로 법에 의한 통치를 펼쳐나간다. 원래 인도에서 전승되어오던 전륜성왕의 개념은 하늘로부터 받은 윤보輪寶를 굴려 천하를 정복하고, 그 위덕에 의해 히말라야에서 인도양까지의 모든 영토의 왕들이 복종한다는 것이다. 불교도들은 이 개념을 '다르마'라는 이념과 결합시키고, 여기에 전 인도지역을 통일한 아쇼카왕의 정치이념을 반영하여 전륜성왕 이념의 틀을 완성한 것으로 보인다.[2] 사실 아쇼카왕이 내세운 정책의 내용은 주로 부모에 대한 순종이나 모든 종교인에 대한 존경, 불살생, 친족에 대한 공경 등 도덕적이고 윤리적인 가치를 중시하는 것들이기 때문에 특정 종교와의 연관성을 단정할 수 없다. 그러므로 아쇼카왕의 다르마정책이 사실상 불교에 근거한 것인지에 대해서는 학자들 간의 의견이 분분하다. 하지만 그 중 불교와의 관련성이 명확히 인정되는 부분은 '평등사상'이다. 불교는 사성제도를 기반으로 계층 간의 분리가 이루어졌던 인도에서 획기적으로 평등이라는 개념을 설한 종교이다. 아쇼카왕은 이 사상을 처음으로 국가적 정책차원에서 거론하기 시작했다고 여겨지며, 이를 통해 그가 모든 백성들을 평등하게 포용하는 정치이념을 내세웠음을 알 수 있다.[3] 또한 그는 통일전쟁 이후 평등사상을 다양한 민족들을 통합하고 바라문계급의 지위를 상대적으로 약화시키는 논리로 활용

---

2 Pankaj N. Mohan(1994), p.33; 이자랑(2012), p.373 재인용; 조윤경(2018), p.211.
3 山崎元一(1982), pp.184-190; 이자랑(2012), p.369 재인용.

하며 왕권강화를 도모하였다.[4] 이를 종합해보면 아쇼카왕의 정치이념은 불교의 평등사상이라는 이념적 기반 위에 중앙집권적 정치체제 구축이라는 정치적 의도가 절묘하게 결합되어 나타난 결과물이라 할 수 있다.[5] 하지만 인도의 왕들이 자신의 왕권강화를 위해 이처럼 불교의 사상을 차용했고, 교단 또한 국가와의 밀접한 관계를 통해 안위를 얻고자 했더라도 이는 이후 불교를 수용한 동아시아 국가에서의 불교의 전개양상과는 명백한 차이가 있다. 즉 교단은 여전히 세간의 정치권력으로부터 독립적인 출세간의 위상을 유지하였고, 왕 또한 붓다나 교단을 자신의 권력 아래에 두지 않음으로서 불교는 권력과의 적절한 거리를 유지하며 출세간의 영역에 존재할 수 있었다.

중국 및 일본의 불교와 왕권

동아시아에서 불교와 왕권의 관계는 앞서 언급한 인도의 상황과는 달리 교단을 대하는 권력의 태도에 따라서 불교가 정치권력에 종속되거나 예속되는 상황을 피할 수 없었다. 중국의 경우 불교가 수용된 후한後漢시대에 이미 강력한 통치권이 형성되어 있었기 때문에 불교는 점차 국가권력 아래에 예속되어 갔고 권력자의 보호와 통제 아래 발전해갔다. 초기에 불교는 황제黃帝나 노자老子에 결부되고 신선신앙에 습합되어 전파되다가 오호십육국시대에 접어들어 북방유목민족들이 국가를 형성하면서 불교를 통치이념으로 활용하였다.[6] 후조後趙의 석륵石勒과 석호石虎는 불

---

4 이자랑(2012), pp.366-372.
5 조윤경(2018), pp.211-212.

도징佛圖澄(232~348)을 숭배하며 조정에 참여시켰고, 불도징은 전제군주를 교화하고 국가의 힘을 이용하여 불교의 융성을 이끌었다.[7] 남북조시대에는 불교가 통치계급의 대대적인 지지를 받게 되었다. 북조에서는 황제를 여래와 동일시하는 '황제즉여래皇帝卽如來' 관념이 등장하여 강력한 왕권의 근거를 제공하였고, 소위 '국가불교'체제로서 불교교단과 승려들을 국가기구 속으로 편제하여 관리하였다.[8] 불교 역시 자기 강화의 수단으로 정치권력을 활용한 사례도 보인다. 예를 들어 법과法果는 북위北魏의 태조 도무제道武帝(재위 386~409)를 '당금여래當今如來'라 칭송하며 출가자도 세속의 군주에게 예를 표할 것을 주장하였고, 5대 문성제文成帝(재위 452~465) 때는 담요曇曜가 북위의 역대 황제들을 모델로 운강석굴에 5구의 불상을 조성하였다.[9] 이와 같은 행동은 불교가 왕실의 지속적 후원을 이끌어내고, 유교와 도교 같은 타종교 세력으로부터 불교를 보호하기 위한 조치였다고 해석할 수 있다.[10] 하지만 이와 같은 정치와 교단의 긴밀한 관계는 교단을 성장시킴과 동시에 교단이 국가의 관리와 통제 아래 놓이는 구조를 형성하여 불교가 정치권력에 예속되는 결과를 가져왔다. 이러한 상황에서 비대해진 불교세력을 견제하기 위하여 북위 태무제太武帝(재위 423~452)와 북주北周 무제武帝(재위 560~578)가 단행한 폐불廢佛은 불교계에 심각한 타격을 주었으며, 그 결과 국가가 교단에 대한 우위를 각인시키며 국가 우위적 정교통합구조가 구축되었다. 그리고 이러한 북조불교의 국가 우위적 특징은 수·당 시대까지 계승되어 국가에 의한 불

---

6 橫井克信(2010), p.318.
7 박광연(2014), p.154.
8 최연식(2014), p.48.
9 남동신(2005), p.83.
10 최연식(2014), p.48.

교 통제 기조가 형성되었다.[11]

그러나 당시 남조의 교단은 북조의 상황과는 많이 달랐다. 남조의 불교교단은 정치권력과 일정한 거리를 유지하고 있었으며, 혜원慧遠(334~417)은 '출가한 승려는 세속의 왕에게 예경할 필요가 없다'는 주장을 피력한 『사문불경왕자론沙門不敬王者論』을 짓고 정치권력으로부터 자율성을 유지하고 있었다. 그러나 양 무제武帝(재위 502~546)가 집권하며 상황은 달라졌다. 그는 반세기에 가까운 집권기간 동안 끊임없이 정교결합을 시도하였다. 그는 아쇼카왕과 같은 전륜성왕이 되는 것을 목표로 삼다 교권을 포섭한 강력한 왕권을 수립해 나갔다. 그리고 이것을 이뤄가는 과정에서 그는 스스로 보살계를 받아 '보살계제자'임을 자칭하며 계율에 따라 생활하였고, 신하들은 그를 '황제보살'로 칭송하였다.[12] 또한 그는 자신을 사찰의 노비로 희사하는 사신捨身도 여러 차례 행하였다. 그가 표방했던 불교를 신앙하고 계율을 철저히 지키는 '보살계제자'의 모습은 결국 정치와 종교가 모두 그를 중심으로 통합되는 '황제보살'을 위한 것이었지만, 한편으로는 그의 종교적 신앙의 깊은 면모를 엿볼 수 있다. 이처럼 양무제는 불교를 널리 전파하는 전륜성왕의 이미지를 강화하면서도 다른 한편으로는 지속적으로 교단을 간섭하고 통제하여 왕권을 강화시켜나갔는데, 대표적으로 단주육斷酒肉의 시행은 그가 육식을 금지하며 교단에 대한 정책적 개입을 시도한 사례이다. 그리고 그가 펼쳤던 여러 불고정책들은 이후 중국뿐만 아니라 한국과 일본의 정책에도 큰 영향을 미쳤다. 예를 들어 전륜성왕의 이미지가 정치이념으로서 동아시아에 널리 전파되고, 그 과정에서 육식금지 계율의 도입과 같은 문화적 변용이

---

11 조윤경(2018), pp.213-216.
12 소현숙(2009), p.142.

이루어진 것도 모두 그의 영향이라 할 수 있다.¹³

일본의 불교도입 또한 중앙집권적 왕권확립과 밀접한 관련이 있다. 일본에 불교가 전래되던 무렵인 아스카시대의 쇼토쿠聖德(574~622)태자는 독실한 불교신자였지만, 이와는 별도로 그와 긴밀한 관계에 있던 소가씨蘇我氏 일족이 당시 중앙집권체제를 확립하려는 의도를 가지고 불교를 수입하였다.¹⁴ 그러므로 이를 통해 쇼토쿠태자가 불교를 후원한 목적에는 신앙적 측면 이외에도 정치적 요소가 개입되어 있었음을 알 수 있다. 이후 일본 역사에서 왕권과 불교의 관계를 보여주는 대표적 일례로는 헤이안시대의 왕법즉불법王法卽佛法 사상이 있다. 이 사상은 헤이안시대 현교顯敎와 밀교密敎를 결합한 현밀불교체계가 지속되는 과정에서 왕법과 불법을 현·밀 결합이라는 측면과 연결하여 왕법과 불법이 서로 의존하고 있다는 논리로 정착되었다고 설명된다. 하지만 정치사회적인 측면에서 살펴보면, 이 사상은 헤이안 중기에 율령제에 의한 국가 체제가 와해되고 중세 장원제로 이행되는 과정에서 국가의 지원을 받던 대사찰이 자기방어차원에서 제기한 것이다. 이후에도 이 사상은 13세기경에 가마쿠라 신불교의 발흥으로 위협을 느낀 천태종과 밀교가 나라의 6종파와 함께 8종체제의 지배적 입장을 공고하게하기 위하여 주창하였고, 에도말기에는 반외세, 반기독교적 입장에서 양이攘夷운동의 성격을 띠고 왕법불법일치론으로 다시 등장하였다.¹⁵

지금까지 살펴본 바와 같이 불교는 왕권과 교권 간의 독립성과 자율성을 인정했던 초기 교단을 제외하고 아쇼카왕의 치세시기부터 중국, 일

---

13 조윤경(2018), pp.218-221, p.243.
14 원영상(2014), pp.230-231.
15 원익선(2006); 이수미(2017), pp.208-209 재인용.

본에 이르기까지 정치권력과의 밀접한 관계를 유지하며 전파되었다. 대체적으로 권력은 불교를 자신들의 통치력 강화를 위한 정치이데올로기로 활용하였고, 교단은 정치권력의 성향에 따라 권력에 의해 존숭되기도 하고, 반대로 교단이 생존을 위해 권력에 적극적으로 협조하는 양상이 혼재되어 나타났다. 이러한 경향은 한반도에서도 불교가 수용되었던 삼국부터 고려, 조선에 이르기까지 일관되게 나타나며 이에 관한 연구 또한 다방면에서 활발하게 이루어져 왔다. 그러므로 지금부터는 선행연구에 기반하여 불교가 한반도에 유입되어 정착하고 전개되는 과정을 왕권과의 관계에 초점을 맞추어 순차적으로 정리해보고자 한다. 이와 더불어 한국불교의 왕권과 이념에 관한 최근의 연구 동향을 중심으로 그간 이루어졌던 연구에 대한 비판적 성찰과 함께 새로운 성과 등을 살펴보겠다.

II

신라와 고려의 왕권과 불교

천강관념과 불교의 수용

고대사회는 제정일치, 또는 신정일치의 양상에서 차츰 종교와 정치권력이 분화되는 방향으로 전개되었다. 동서양을 막론하고 고대사회의 지배세력들은 대부분 초자연적인 존재와의 밀접한 관계 속에서 그들의 지배력을 정당화했다. 한국의 고대국가에서 최고 통치자들은 '하늘(天)' 혹은 '신神'과의 혈연관계를 근거로 그 권위를 인정받았다.[16] 그리고 이렇게 하늘에 근원을 두고 권력을 정당화한 천강왕 또는 그 후손들은 자연스럽게 정치와 종교를 모두 관장하며 제정일치적인 왕권을 확립해나갔다. 이러한 현상은 고대 한국사회에서 일반적으로 확인되며, 특히 신라의 경우 왕들이 지속적으로 사제적 통치자로서의 모습으로 집권했던 사례가 명확히 드러난다. 예를 들어 『삼국유사』에 신라의 시조왕 박혁거세朴赫居世는 하늘로부터 내려온 천자天子로 묘사되며[17], 그의 아들 남해왕南海王은

---

16 고익진(1989), p.18.
17 『삼국유사』권1, 「紀異」제1, 新羅始祖 赫居世王.

무당을 의미하는 차차웅次次雄이라는 왕호를 사용하여 남해차차웅이라 불린다. 이를 통해 고대의 최고 지배자가 무적巫的 성격을 지닌 사제왕司祭王이었음을 짐작할 수 있다.[18]

한국 고대 토착신앙의 특징은 천신과 더불어 시조왕에 대한 숭배가 지속되었다는 점이다. 시조왕은 천신과 교류가 가능한 존재였고 때로는 천신의 혈통을 이어받은 존재였다. 때문에 후대왕들은 시조왕들과의 관계를 통해 건국의 정당성과 권위를 인정받을 수 있기 때문에 시조왕에 대한 숭배를 중시하였고, 더불어 그들 또한 하늘의 자손이거나 그 후손임을 자처하며 자신들의 입지를 확고히 했다. 시조왕에게 정기적으로 제사하는 관습은 삼국에 모두 있었으며, 신라의 경우 1년에 4번 시조묘에 대한 정기적인 제사와 새로운 왕의 즉위식 성격을 띤 시조신에 대한 대대적인 제사가 거행되었다. 특히 새로운 왕이 즉위하며 거행되는 제사에서는 박혁거세의 신화가 재현됨으로써 신라인들은 천신이자 농업신적 성격을 지닌 시조왕을 찬양하고, 새로운 왕 또한 그러한 성격을 가진 왕이었음을 공감하며 그의 집권을 인정하였다. 또한 신라에서는 춘정월이나 2월에 열리는 시조신의 제사와 함께 정치적 논의가 이루어지고 관리의 임명이나 하령下令 같은 정치적 결정이 공시되기도 했다.[19] 신라에서 제정일치가 언제까지 이어졌는지에 대해서는 아직 의견이 분분하지만, 엄밀한 의미에서의 제정일치는 이미 불교의 공식적인 수용 이전에 끝난 것으로 판단된다. 하지만 천강 혹은 천손관념이 시조묘제사를 통해 후대에도 지속되었다는 점을 감안한다면, 제사와 정치를 주관하는 왕의 권위는 상당기간 유지되었던 것으로 보인다.[20]

---

18 이자랑(2013), pp.139-140.
19 나희라(1995), pp.383-391.

삼국의 불교수용과 공인은 모두 왕실을 중심으로 이루어졌지만 고구려나 백제는 전래 당시 이미 고대국가로 성장하고 있었기 때문에 불교를 왕권강화나 국가발전에 직접적으로 이용하지는 않았던 듯하다. 이 두 국가의 불교수용은 당시의 국제정치적 역학관계의 맥락에서 이해할 수 있다. 즉 372년 고구려의 불교수용은 당시 전진前秦과 동진東晋이 대치하고 있던 국제정세 속에서 전진으로부터 불교를 수용하며 북중국의 패자였던 전진과의 관계를 다지고, 이 과정에서 중국 내 정세를 파악하기 위한 의미를 내포하고 있었다. 백제 또한 비수淝水 전투에서 동진이 승리하자, 침류왕枕流王(재위 384~385) 원년 동진에 사신을 보냈고, 동진에서 이에 대한 답례로 마라난타가 백제로 들어오면서 불교가 전파되었다. 그러므로 백제 또한 동진과 외교를 맺는 과정에서 양국의 결속을 다지는 의미로 불교를 수용했던 것이다.[21]

반면 신라는 왕실에서 불교를 적극 수용하여 국가체제의 정비와 왕권강화를 모색하였다. 신라에는 5세기 초부터 고구려를 통해 불교가 전해진 것으로 보이지만, 불교의 공인은 527년(법흥왕 4)이었고, 법흥왕 시기부터 왕이 적극적으로 불교를 활용하는 모습이 나타난다. 법흥왕은 토착신앙에 기반하여 권위를 내세우던 육부六部를 누를 수 있는 방안으로 불교를 선택하였다. 기존의 족적族的 기반에서 운용되던 토착신앙에 비해 불교는 보편성을 강조하는 초부족적인 이념체계였다.[22] 불교가 토착신앙을 능가할 수 있는 사상적 근거로서 가장 주목되는 것은 모든 것이 윤회하는 존재임을 깨달은 자, 즉 붓다를 신앙의 중심에 두고 있는 점이

---

20 이자랑(2013), pp.142-144.
21 조경철(2014), pp.35-36; 조윤경(2018), p.222.
22 정병삼(2020), p.55.

다. 즉 토착신앙의 정점에 있는 천신은 불교의 관점에서 역시 윤회의 굴레를 벗어나지 못하는 불완전한 존재임에 비해 부처는 진리를 깨달아 윤회를 벗어난 자이므로 모든 존재를 능가한다. 그러므로 이와 같은 불교의 교리는 천강이라는 신성성으로 권력의 정당성을 인정받고자 했던 귀족들의 권위를 약화시키기에 적합하였을 것이다.[23] 또한 당시 신라왕실은 중앙집권적 정치체제 확립의 수단으로서 불법에 의거하여 분열된 나라를 통일하고 정법으로 세상을 다스린다는 전륜성왕의 이념을 수용하였다. 신라에서는 진흥왕이 처음으로 전륜성왕의 이념을 내세웠는데 그는 전륜성왕이 영토를 정복하는 방법에 따라 금륜金輪·은륜銀輪·동륜銅輪·철륜鐵輪의 4종으로 분류된다는 개념을 활용하여 아들들의 이름을 동륜과 사륜으로 지을 정도로 전륜성왕설에 심취하였다. 또 진흥왕이 황룡사의 장육존상을 아쇼카왕이 불상조성을 위해 모아두었던 황철과 황동으로 만들었다는 전설[24]이나 자신이 정복한 영토에 도덕에 기반을 둔 차별없는 통치를 행하겠다는 명문을 남긴 순수비를 세운 행위 또한 그가 전륜성왕설을 알고 실천했음을 보여주는 대표적인 사례들로 거론된다.[25]

진평왕대에 이르면 불교를 통한 보다 강력한 왕권강화 정책으로 진종설眞種說과 왕즉불王卽佛 사상이 확립된다. 진종설이란 '신라 왕족이 자신들을 석가족과 같은 진종眞種, 즉 찰제리종刹帝利種이라고 의식하는 것'을 가리키는 말로서, 학계에서는 신라 중고기 시대에 불교가 수용되며 나타났던 하나의 특징으로 거론된다. 학자들이 왜 이를 진종설이라

---

23 서영대(1998), pp.29-30.
24 『삼국유사』 권3, 「塔像」4, 皇龍寺丈六.
25 이자랑(2013), p.144.

고 부르는지는 명확하지 않지만, 『불설보요경』 등의 경전에 60가지의 덕을 갖춘 석가종족과 석가보살의 부모에 관한 기술을 통해 볼 때,[26] 신라 왕들이 석가족을 진종, 즉 참된 종족으로 인식하고 있었을 가능성을 생각해 볼 수 있다.[27] 그리고 그들은 이러한 석가족의 고귀한 혈통과 자신들의 혈통을 동일시하여 스스로를 특별한 존재로 부각시키려 했던 것으로 보인다. 이를 반영하듯 신라 중고기의 왕실에서는 진흥왕·진지왕·진평왕·진덕여왕에 이르기까지 왕명에 '진眞' 이라는 글자를 붙인 왕호를 빈번하게 사용하였을 뿐만 아니라 진평왕은 자신의 가족에게 석가왕족의 이름을 부여했다. 즉 자신은 석가의 아버지 정반왕의 이름인 백정白淨, 왕비는 석가의 어머니의 이름인 마야부인摩耶夫人, 자신의 동생들도 정반왕의 아우인 백반伯飯과 국반國飯을 사용하였다.[28] 국왕을 부처와 동일시하는 '왕즉불사상'이 확립된 것도 진평왕대로 보인다. 이 사상은 진흥왕대에 이미 도입된 것으로 보이지만, 진종설을 통해 극히 한정된 신라왕실의 일원만이 부처와 연결되어 있다는 권위를 보증받았을 때, 비로소 왕이 부처라는 공식이 무리없이 성립할 수 있을 것이기 때문이다.[29] 그리고 진평왕이 자신을 석가의 아버지로 인식했다는 것은 자신의 뒤를 이을 국왕이 곧 부처임을 예고한 것이라 할 수 있으며, 진평왕에 이어 공주 덕만德曼이 선덕여왕으로 즉위한다. 덕만은 『열반경』에 나오는 중생을 구제하기 위하여 일부러 여자의 몸으로 태어났다는 '덕만우바이'에서, 시호인 선덕은 『대방등무상경』에서 부처가 전륜성왕이 될 것이라 예언한 '선덕바라문'에서 따온 것이다. 이는 당시 왕실에서 이름을

---

26 『불설보요경』(K9, pp.642b-643a).
27 이자랑(2013), p.150.
28 『삼국사기』 권4, 「신라본기」4, 진평왕.
29 이자랑(2013), pp.151-152.

통해 여왕의 등장을 정당화하고 나아가 이 인물이 전륜성왕이 될 것임을 드러내고자 했던 의도로 해석할 수 있다. 선덕여왕은 왕족인 자장慈藏(590~658)을 국통國統에 임명하여 불교계를 정비함과 동시에 불교세력이 국정운영에 참여하도록 하였다. 자장은 계율과 수계의식을 정비했을 뿐만 아니라 승단운영의 제도적 기초도 닦았다. 신라에서 국가와 교단이 밀접한 관계를 가지며 체제지향적 성격을 띠게 된 것은 자장이 그 단초를 열었다고 할 수 있다.[30]

한편 삼국통일을 이룬 신라왕실은 당唐문화의 적극적인 수용과 함께 정치이념으로는 유교를 내세우며 국가체제를 확대 정비하였다. 국왕의 권위도 불교가 아닌 도덕적 자질이나 군주의 능력과 같은 유교이념에서 찾으려했고, 왕명도 유교적인 중국식 시호諡號를 사용하였다. 이와 같은 변화는 통일 이후 더욱 정교한 정치적 운영능력과 통치체제의 확립기 요구되며 필요에 의해 실행된 것이지만 그렇다고 이 시기에 실질적인 유교정치가 실현되었다고 보기는 어렵다. 하지만 이 시기 불교는 국왕이 불교계의 팽창을 견제하면서 정치에 미치는 영향력이 축소되었고, 통일된 신라의 사회통합을 도모하고 만인의 행복을 기원하는 종교적 기능에 더욱 충실해야 했다. 그리고 이전까지 자율적 운영을 원칙으로 하던 불교교단도 점차 국가권력에 예속되는 정도가 심해졌다. 신라중대의 왕실은 특정 사찰들을 집중적으로 후원하며 이 사찰들을 통해 불교를 효율적으로 통제하였다. 또한 사천왕사, 봉성사, 감은사, 봉덕사, 봉은사, 영묘사, 영흥사 등 7개의 주요 사찰에는 국가에서 관리하는 성전盛典이 설치되어 호국을 기원하는 국가사찰로 기능하였다. 더 나아가 8세기 후반에 이르면 사찰건립과 교단운영을 나라에서 주관하는 정법전政

---

30 김용태(2021b), pp.36-38; 박광연(2014), pp.163-164.

法典이 만들어지고 승관僧官이 임명되어 교단이 국가의 관리 아래에 놓이게 되었다.[31]

불교와 토착신앙의 융합

한반도에 수용된 불교는 점차 토착신앙의 신격을 수용해서 이를 신앙의 대상으로 포섭하는 한편, 주술이나 제천의식과 같이 무교가 담당하던 기능을 일부 대체해가며 토착신앙의 종교적 기능을 상당부분 흡수하였다. 초기의 불교사찰들이 토착신앙의 성지에 창건되면서 마찰이 빚어지기도 했지만, 일반적인 흐름은 불교가 우위에서 토착신앙을 받아들이고 포용하는 형태로 전개되었다. 진평왕대에 '안흥사의 비구니 지혜智惠가 절을 짓고자 하자 선도산의 신인 성모聖母가 꿈에 나타나 재원을 마련해주며 주존과 53불, 6류성중 이외에 여러 천신과 오악五岳의 신군神君을 그려놓고 해마다 봄가을에 열흘 동안 중생들을 위한 점찰법회를 베풀라고 했다'는 선도성모수희불사仙桃聖母隨喜佛事의 내용은 토착신앙과 불교가 갈등없이 융화되었음을 보여준다.[32] 즉 새롭게 유입된 불교가 국가의 후원 속에 우월한 지위를 차지하게 되자 전통적으로 신앙되었던 천신과 산신들이 새로운 신앙을 따르며 후원하는 것으로 명맥을 유지하게 된 것이다.[33] 또한 신라에서는 전통신앙에서 중요한 장소들이 오랜 옛날부터 불교와 인연이 깊은 땅이었다는 불연국토설佛緣國土說에 의해 토착신앙

---

31 김용태(2021b), pp.40-41; 조윤경(2018), p.225.
32 『삼국유사』권6, 「感通」4, 仙桃聖母隨喜佛事.
33 국사편찬위원회(2007), p.46.

에서 신성하게 여겼던 지역들도 점차 불교의 성지로 바뀌게 되었다.[34]

불교와 토착신앙은 공존의 과정에서 서로 영향을 미쳐 불교에 토착신앙의 요소가 유입되고 토착신앙에도 불교적 요소가 혼합되는 결과로 이어진다. 토착신앙이 불교에 미친 영향으로는 먼저 토착신앙의 신격들이 사찰 안에 예배대상으로 유입되었다는 것이다. 이러한 신격으로는 산신이 대표적이다. 한국 토착신앙의 대표적인 신으로 일정 지역을 수호하는 역할을 하는 산신은 불교에 수용되어 불교와 사찰을 수호하는 역할을 맡게 된다. 앞서 언급한 선도성모가 사찰의 창건을 도왔다는 설화나 통일신라 때 심지心地라는 승려에게 산신이 계를 받고 동화사 자리를 점지해 주었다는 설화 등은 산신들이 불교를 수호한다는 대표적인 사례이다. 한국의 산신은 원래 여성이었는데 후대로 오면서 남성으로 변했다고 하며, 기록에 등장하는 최초의 남성산신은 7세기 무렵 경주 토함산의 산신으로 모셔진 석탈해라고 한다. 그러므로 앞서 언급한 진평왕대의 선도산 성모신의 기록이나 현재 하동 쌍계사나 공주 동화사 등과 같은 사찰에 모셔져 있는 여성 산신의 사례는 산신신앙이 불교에 수용된 시기가 7세기 이전, 즉 삼국시대로까지 거슬러 올라갈 수 있음을 방증한다.[35] 반대로 불교의 신이 토착신앙의 역할을 대체하며 확대된 사례로는 제석천帝釋天이 있다. 불교의 우주론에 의하면 제석은 욕계 2천인 도리천忉利天에 머물고 있는데, 도리천은 이 세계의 중심인 수미산 정상에 위치하며 모두 33천으로 구성되어 있다. 제석은 33천의 중앙에 있는 선견성에서 33천을 다스리기 때문에 '제천諸天의 임금'이라 불리고 토착신앙의 천신과 상통한다. 신라에서는 천신을 대신하여 제석천이 점차 왕의 권위를 뒷받침해

34　박광연(2015), p.175.
35　최병헌 외(2013), pp.195-196.

주는 존재로 등장한다. 진평왕 즉위 때 하늘에서 상제上帝가 옥대玉帶를 내렸고 왕은 교묘郊廟와 대사大祀에 항상 이 옥대를 찼다[36]고 하는 기록에서 상제란 제석을 가리키는 것이다.[37] 이는 진평왕이 제석으로부터 절대적 권위를 부여받았음을 보여주며 시조묘제사와 신궁제사를 가리키는 교묘대사에 이 옥대를 착용했다는 것은 제석이 왕권의 신성성을 보증하는 토착신앙의 천신역할을 대신했음을 의미한다.

고려의 숭불정책과 의례

일반적으로 고려는 불교국가로 알려져 있지만, 고려는 불교를 국교로 선포하지 않았고, 무엇보다 정치적으로는 유교이념에 의해 운영되었다. 또한 고려인들은 불교뿐만 아니라 무속에도 크게 의지했고, 풍수지리와 도교도 사회에 널리 퍼져 있었다. 그러므로 고려는 다양한 종교와 신앙이 각각의 역할을 수행한 다원적 사회였다고 할 수 있지만, 그 중 불교가 차지한 비중이 상당했음은 부정할 수 없다. 특히 종교영역에서의 불교의 영향력은 매우 컸고, 불교는 왕실과 귀족부터 일반인에 이르기까지 모든 계층에서 신앙되었다.[38]

고려의 태조太祖(재위 918~943)는 새로운 국가를 건설하며 불교가 고려의 안정과 번영에 중요한 역할을 할 수 있으리라 기대하였다. 특히 그는 오랜 전란에 시달린 민심을 수습하기 위해 여러 숭불정책을 펼치고 다양

---

36 『삼국유사』 권1, 「紀異」1, 天賜玉帶.
37 이자랑(2013), pp.154-155.
38 김용태(2021b), p.110.

한 불교의례를 정책화하여 장려하였다. 태조는 「훈요 10조」에서 국가의 대업이 부처의 가피에 의지하고 있다고 하면서 연등회燃燈會와 팔관회八關會를 준수하라는 내용을 남겼다. 또한 태조가 개태사의 낙성법회를 위해 찬술한 〈화엄법회소華嚴法會疏〉에서 스스로를 '보살계제자'임을 자처한 이래, 덕종부터 공민왕까지 총 26명의 국왕 중 17명이 보살계를 수계한 사실은 당시 고려왕실의 불교에 대한 태도를 보여준다.[39]

  태조의 유훈대로 연등회와 팔관회는 국왕이 주관하는 국가의례로 매년 성대하게 치러졌다. 연등회는 음력 1월 15일이나 2월 15일에 개경과 지방의 중심지에서 이틀간 치러지는 성대한 행사로, 불교행사인 동시에 고려의 태조를 기리는 국가의례였고 고려 국왕 및 왕실의 권위와 정통성을 확인하고 과시하는 자리였다. 연등회는 궁궐의 강안전康安殿과 봉은사奉恩寺에서 순차적으로 진행되었다. 먼저 왕이 왕족, 귀족들과 함께 궁궐에서 열리는 음악과 가무행사에 참여한 뒤 태조의 진전眞殿사원인 봉은사에 행차하여 태조의 영정에 절하고 그의 위업을 기리며 제사를 지냈다. 진전에서의 행향이 끝나면 저녁에는 궁중에서 왕과 신하들이 참석하는 등석연이 펼쳐졌으며, 이 날은 백성들 또한 관등놀이를 즐기며 밤새도록 축제가 이어졌다. 원래 불교에서는 연등공양을 중요한 공양법이자 복을 쌓는 공덕의 하나로 인식하였는데, 고려의 연등회는 여기에 왕이 고려의 태조에게 친히 제사를 올리는 의식을 포함시켰고, 이와 함께 연회를 베풀어 계층 간의 결속과 군신 간의 관계를 다지는 축제와 같은 행사도 발전시켰다.[40] 또한 이처럼 연등회에 태조에 관한 신앙을 접목시킨 것은 불교의례의 권위에 힘입어 중앙 정치권력을 강화하고자 하는 의도

---

39 김형우(1992), pp.148−149; 박광연(2014), p.172.
40 국사편찬위원회(2007), p.199.

를 엿볼 수 있다.

　연등회가 부처를 섬기는 순수한 불교적 성격이 강하였다면, 팔관회는 하늘의 신령, 오악, 명산, 대천, 용신을 함께 섬기는 전통신앙의 모습이 두드러졌다. 팔관회는 전통적인 명산대천과 용신 등에 대한 제사, 제천의식과 불교의례가 접목된 행사로, 승려들에게 공양하는 반승의식과 고대의 추수감사절이라 할 수 있는 수확제, 토착신앙이 모두 결합된 종합축제의 성격을 띠었다. 또한 팔관회는 국왕의 권위와 고려의 위상을 만천하에 과시하고 군신 간의 위계를 확인하는 의식이 포함되어 있었기 때문에 국가적 위기 상황을 제외하고는 반드시 설행일자를 준수했을 정도로 고려의 국가의례 중에서도 비중이 큰 행사였다. 팔관회는 11월 15일에 열렸는데, 연등회 때와는 달리 왕만 의봉루儀鳳樓에서 태조의 영전에 작헌례酌獻禮를 올리는 의식으로 행사의 시작을 알렸다. 이어 궁궐에서 신하들이 국왕의 장수를 기원하고 왕은 신하들에게 음식과 술을 하사하며 연회를 베풀었고, 연회가 끝나면 왕은 법왕사로 행차하여 고승을 초빙하여 법회를 열어 민심이 편안하고 대외관계가 안정되기를 기원하였다. 이 때 팔관회에서 신하들이 국왕의 장수를 기원하며 올리는 하표賀表는 국왕과 왕실의 권위를 확인하며 국가의 위상을 만천하에 과시한다는 의미를 가지고 있었으며, 이러한 의식은 하표를 가지고 의식에 참여한 신하들의 복종심을 강화시키는 계기도 되었다.[41] 다음날에는 국왕이 의봉루에서 작헌례를 행하고 외국에서 온 상인과 사절단이 고려의 국왕에게 축하의 글과 예물을 바치고 왕이 그들에게 하사품을 내리는 의식이 치러졌다. 이는 천자국인 고려의 황제가 집전하는 의례로서 대외관계에서 고려의 위치를 드러내고 과시하는 자리였기 때문에 매우 중요한 의식

41　안지원(2005), pp.207-208.

으로 여겨졌다.[42]

　불사리공양 또한 고려의 왕들이 통치에 불교를 이용한 사례이다. 부처의 사리를 통치에 이용한 대표적인 사례로는 근본팔탑의 사리로 팔만 사천탑을 건립하는 행위를 통해 전륜성왕의 명성을 얻은 아쇼카왕이 있다. 이후 불사리공양을 통치에 활용한 정황은 중국의 진陳 무제武帝(재위 557~559), 수隋 문제文帝(재위 581~604), 당唐의 무측천武則天을 통해서도 확인된다. 이들은 사리를 소지하게 된 것은 붓다의 뜻이며 이는 통치자로서의 자격을 부여받은 것임을 널리 선전하여 그들의 권위를 확보하였다.[43] 고려에서는 정종定宗(재위 946~949)이 이를 적극적으로 활용하였다. 그는 즉위하던 해에 의장을 갖추고 불사리를 받들고 10리를 걸어가서 개국사開國寺에 안치하였는데[44], 이와 같은 행위는 왕이 신이한 능력을 지닌 부처의 사리를 지니고 있음을 대대적으로 알려 자신의 정치적 입지를 강화하고자 한 의도로 해석된다. 정종 이후로도 고려의 현종顯宗(재위 1009~1031), 예종睿宗(재위 1106~1122), 명종明宗(재위 1170~1197), 공민왕恭愍王(재위 1351~1374)도 불사리를 통치에 이용하였다.[45]

　이처럼 고려의 국왕들은 보살계를 수지하고, 국가적 불교의례를 정기적으로 개최했으며, 불사리를 공양함으로써 백성들에게 불교를 믿는 국왕이 통치하는 고려에 부처의 가피가 있을 것이라는 믿음을 심어주었다. 또한 왕실은 왕과 왕비의 영정을 모시고 제사를 지내는 진전을 주요 사찰에 설치하여 불교식 제사를 거행하였고, 왕실과 귀족들이 수많은 원찰들을 세우고 의천과 같은 왕족과 귀족 가운데 많은 출가자가 나왔다는

42　국사편찬위원회(2007), p.202; 김용태(2021b), pp.114-115.
43　주경미(2003), pp.365-377.
44　『고려사』 권2, 「世家」2, 定宗 元年.
45　조경시(2007), p.183; 박광연(2014), pp.174-175.

점도 당시 지배층들의 불교에 대한 호의와 승려들의 높은 위상을 짐작하게 한다. 더불어 고려에서 불교의 위상을 잘 나타내주는 대표적인 사례로 국사國師와 왕사王師제도를 들 수 있다. 국사와 왕사는 국왕의 스승이자 국가의 정신적 지도자로서 존숭되었고, 명목상으로는 국왕보다 상위에 있는 존재였다. 그들은 일반적인 승려들과 달리 국왕에게 자신을 '신臣 아무개'라고 부르지 않아도 되었다.[46] 하지만 실상은 왕사와 국사의 최종임명권이 국왕에게 있었기 때문에 고려에서도 불교교단이 세속의 권력 아래로 편입되어 있는 것이 현실이었다. 이는 교단의 관리와 운영체제를 통해서도 확인할 수 있다. 고려의 교단은 과거제와 마찬가지로 승과를 실시하여 이를 통과한 승려에게 승계와 승직을 수여하는 방식으로 승려들을 관리하였다. 또한 승록사僧錄司를 통해 수도와 지방의 사원들을 관리했으며, 왕명에 따라 고승탑비의 건립이나 승려나 사찰에 관한 승정업무 등을 처리하였다.[47] 이와 같이 고려에서는 왕실과 귀족들이 불교에 매우 호의적이었고, 표면적으로는 국사와 왕사제도를 통해 불교가 국가권력의 우위를 점하는 것처럼 보이기도 했다. 하지만 실상은 불교교단과 승려들이 국가의 조직 안에 완전히 편입되어 불교계의 자율성이 약화되는 결과를 초래하였다.

46　강호선(2015), pp.53-54.
47　조윤경(2018), p.228; 김용태(2021b), pp.115-116.

조선시대 불교에 관한 재조명

유불교체와 조선왕실의 불교신앙

조선은 성리학을 기반으로 하는 유교국가를 지향했기 때문에 불교가 주류질서에서 배제되고 이전 시기에 비해 억압을 받았던 것은 부정할 수 없는 사실이다. 하지만 이는 어디까지나 불교가 중앙정치가 주관하는 주류질서의 관리와 지원에서 벗어났음을 의미하는 것일 뿐, 기존의 통념과 같이 불교가 전시기에 걸쳐 억불과 훼불에 의한 쇠퇴일변도의 흐름 속에 있었던 것은 아니었다.[48] 특히 조선의 왕실은 개국 초기부터 불교가 왕실을 외호하고 국가의 번영에 기여한다는 이전 시기의 전통을 존속하며 숭불과 불교후원을 지속하였다. 왕실은 유교국가를 지향하는 유신들의 강력한 억불의지에도 불구하고, '불교의 재의는 선대부터 내려오던 관습이며, 불사는 조상들의 추선追善을 위한 발원'이라는 입장을 고수하며 여인들을 중심으로 숭불행위를 지속해 나갔다. 국왕도 태종 등 일부를 제외하고는 왕실과 유신儒臣 사이에서 왕실의 불

---

48 이에 관한 자세한 내용은 손성필(2019) 참조.

교신앙과 관련한 갈등을 무마하는 중재자 역할을 하였다.[49] 태조太祖(재위 1392~1398)는 새로운 국가이념으로 숭유억불정책을 내세웠지만 암묵적으로 불사활동을 지속하였으며 고려의 불교정책을 그대로 답습하였다. 불교를 신앙하는 가문에서 자란 그는 태고 보우太古普愚, 나옹 혜근懶翁惠勤과 같은 고려말 고승들의 재가문도在家門徒로서 일찍부터 불교와 인연이 깊었고, 왕위에서 물러난 뒤에도 지속적인 불사와 염불삼매로 만년을 보낼 정도로 신앙이 깊은 인물이었다.[50] 그는 궁궐 안에 내불당을 존속시켰고 고려의 왕사와 국사제도를 받아들여 조계종의 무학 자초無學自超(1327~1405)를 왕사로, 천태종의 조구祖丘(미상~1395)를 국사로 임명했다. 이와 반대로 태종太宗(재위 1400~1418)은 1405년 국가지정사원을 제외한 나머지 사찰에 속해있는 전답과 노비를 국가로 귀속시키는 대대적인 불교개혁을 단행하는 등 강력한 억불정책을 시행하였다. 하지만 이러한 태종도 왕실의 여인들이 아들의 장수를 바라는 의미에서 그들의 사재로써 예참 및 수륙재를 행하는 것은 차마 금지할 수 없다며 왕실에서 행해지던 불교재의까지는 정비하지 못했다.[51]

즉위 초 불교계를 선교양종으로 통폐합하는 등의 강경한 배불정책을 폈던 세종世宗(재위 1418~1450)도 만년에는 불교를 신앙하는 쪽으로 입장을 선회하였다. 그가 적극적으로 불교를 신앙하고 지원한 것은 광평廣平·평원平原대군의 연이은 죽음(1444~1445)과 소헌왕후昭憲王后의 서거(1446) 이후인 듯하다. 『실록』에는 이 시기부터 불사를 적극적으로 지원하고자 하는 세종과 대신들의 대립이 잦은 빈도로 기록되어 있으며, 그

---

49 김용태(2021b), pp.190.
50 이봉춘(2005), p.382.
51 『태종실록』 권1, 太宗 元年 1월 17일.

가 한글을 창제하고 최초로 만든 불전이 소헌왕후의 추천追薦 의식인 전경轉經 법회를 위해 간행한『석보상절釋譜詳節』이라는 점도 주목된다. 이처럼 세종은 집권후반기에 들어 비로소 불교를 신앙하게 되었지만, 사실 세종 당시의 왕실은 그가 강력한 배불정책을 펼치던 시기부터도 숭불의 분위기가 압도적이었다. 대표적으로 세종의 모후 원경왕후元敬王后와 부인 소헌왕후의 돈독한 신앙심은 익히 알려져 있으며, 태종의 후궁 의빈懿嬪 권씨는 후에 비구니가 되었고, 세종의 형인 효령대군孝寧大君은 왕실의 종친 중 가장 강력한 호불자로 수많은 불사를 주도했던 인물이다. 그는 태종-성종대까지 왕실의 지원을 받아 수많은 사찰을 중수 또는 중창하였다. 또한 강력한 억불정책을 추진할 당시의 세종도 유신들의 반대 상소에도 불구하고 형인 효령대군이 주도한 각종 법회와 불교의식은 금지시키지 못하였다. 뿐만 아니라 수양대군首陽大君, 안평대군安平大君을 비롯한 왕자, 공주들과 그 가족들까지 이 시기 왕실의 가족 구성원 대부분은 불교를 돈독하게 신앙하였다. 그리고 이러한 왕실의 분위기가 배불정책을 펼치던 세종이 만년에 숭불주로 입장을 선회함에도 적지 않은 영향을 주었으리라는 것을 짐작할 수 있다.[52]

이러한 조선왕실의 숭불적 경향은 세조대에 이르러 정점에 이른다. 세조(재위 1455~1468)는 대군시절부터 불교를 깊게 신앙했으며, 특히 조카인 단종으로부터 왕위를 찬탈한 후에는 그에 대한 참회와 함께 반정을 통해 찬탈한 왕권의 정당성을 확보하기 위한 수단으로써 불교적 상서를 적극적으로 이용하였다.[53] 예를 들어 상원사上院寺「관음현상기觀音現相記」는 세조가 미지산 상원사에 행차했을 때 백의관음의 출현을 목격하였던

---

52 김자현(2021), pp.187-188.
53 박세연(2011), pp.25-66.

일을 왕명에 의해 문신이자 대학자인 최항崔恒(1409~1474)이 작성한 찬문이다. 세조가 상원사에 행차한 날은 1462년 10월 29일로, 『실록』에서도 이 날에 대한 기록을 확인할 수 있다.[54] 찬문의 주요 내용은 '세조가 세자와 더불어 사냥을 나갔다가 상원사에 행차하였을 때 담화전曇華殿 위로 백의관음보살이 화현하였고, 오색의 광명이 천지를 밝히는 광경을 목도하였다. 세조는 이와 같은 상서를 기뻐하며 상원사에 공양물을 하사하고 교지를 내려 수많은 죄수들을 사면하였고, 친견한 관음의 모습을 그림으로 그려 나라 안에 반포하게 하였다.'로 요약된다.[55] 그리고 이 찬문과 함께 그 내용을 판화로 제작한 〈관음현상도〉는 단순한 역사적 사실에 관한 기록이 아닌 세조가 자신을 불보살과 직접 통하는 절대적 존재로 이미지화하여 정치적 권위를 확보하고자 하는 의도를 가지고 제작된 그림으로 이해할 수 있다. 실제로 세조가 자신을 '부처를 좋아하는 세상의 주인'이라고 언급하거나 '자신이 세상을 널리 내다보며 마땅히 무량한 공덕을 이루려고 한다.'고 발언한 것을 미루어보면 그가 스스로를 전륜성왕의 이미지에 투영하고자 했음을 추측할 수 있다.[56]

또한 세조는 재위기간 동안 수많은 불사를 진행하였는데 그 중 가장 두드러진 활동은 단연 불전의 간행이다. 그는 강력한 왕권을 바탕으로 불전언해와 간행사업을 수행할 간경도감刊經都監을 설치하여 대대적인 불전간행을 시행했다. 간경도감은 1461년부터 불과 10여년이라는 짧은 기간 동안 37종의 한문본, 9종의 언해본 경전을 간행했다. 또한 당시 간경도감은 불전의 간행 이외에도 수륙재 주관, 원각사, 봉선사, 유점사,

---

54 『세조실록』, 世祖 8년(1462) 10월 29일.
55 찬문내용과 이에 대한 해설은 김자현(2017), pp.138-141.
56 『세조실록』 世祖 5년(1459) 2월 8일; 世祖 9년(1463) 9월 27일.

낙산사의 창건과 중수 및 불상, 범종, 불탑의 조성 등에 관여하고, 중국으로부터 불전을 포함한 다양한 서적들을 수입하는 업무까지 담당했음이 『실록』을 통해 확인된다.[57] 그러므로 이를 통해 세조는 간경도감을 단순한 불전간행기관이 아닌 당시 불교와 관련된 업무들을 총괄하는 기관으로 활용하였음을 알 수 있다.

한편 세조가 간경도감에서 간행한 불전들은 성격과 그 목적에서도 기존의 왕실에서 발원되었던 불전들과 성격을 달리한다는 점이 주목된다. 왕실의 일원들에 의해 개인적으로 간행된 불전들은 대부분 왕실의 안녕과 선조 또는 가족들의 추선과 극락왕생을 발원하기 위한 개인적인 목적에서 간행되었다. 하지만 이 시기 세조가 김수온, 한계희와 같은 집현전 학자들과 신미信眉(1405~1480)와 같은 당시의 고승들을 동원하여 간행한 간경도감의 언해본 불전들은 간경도감 설립 이전에 간행된 『석보상절』·『월인석보』에 비해 원문의 직역이 강화되고 경전의 주석까지 모두 번역되었다. 또한 이 불전들이 대부분 승려로서 읽어야 할 불교입문서라는 점도 이 불전들이 경전과 주석에 대한 정확한 이해를 필요로 하는 승려들에게 보급할 목적으로 간행되었음을 짐작하게 한다. 특히 9종의 언해 불서 중 『반야심경』, 『금강경』, 『능엄경』은 간경도감이 설치되기 3개월 전에 제정되었던 도승법의 송경과목과 일치한다는 점에 주목할 필요가 있다. 즉 간경도감에서 간행된 불전들은 당시 승려들에게 불교의 기초교리와 지식을 보급하려는 의도 아래 간행되었으며, 이 작업은 당시의 불교정책인 '도승법'과도 연관되어 진행된 것으로 보인다.[58] 이와 같은 상황으로 미루어 보았을 때 세조는 불교를 자신의 왕권확보의 정당성을 위

---

57 김기종(2015), pp.212-213.
58 김기종(2018), pp.297-299.

한 도구로 활용했을 뿐만 아니라 깊은 신앙심을 바탕으로 국가차원에서 주류의 지원으로부터 멀어져가던 불교계를 실질적으로 후원하는 정책을 실행한 조선의 대표적인 호불주였다.

조선후기의 왕 중에는 정조正祖(재위 1776~1800)에게서 불교에 대한 호의적인 면모를 찾아볼 수 있다. 그는 즉위초에는 원당의 건립을 금하고 불교가 정도를 어지럽히는 것이라고 비판하였지만, 후에 사실 이것은 원당이 승려들에게 과도하게 부과했던 관역官役으로부터 사찰을 보존하기 위한 계책이었음을 인정하고 지방 관청의 사원침탈을 엄금하도록 했다. 또한 1779년에는 전국 사찰의 현황과 연혁들을 조사하여 『범우고梵宇攷』를 편찬하면서 이 책의 서문에서 승도들이 옛 절을 지켜 보존하는데 힘써왔다고 언급하며 제한적으로나마 그 존재를 인정하였다.[59] 특히 그는 집권 후반기에 더욱 불교에 대한 적극적인 태도를 보이는데 이는 선암사 등 각지의 사찰에서 후손 탄생 백일기도를 올린 후 순조가 탄생하자, 원자의 탄생을 부처의 은덕이라 여겼기 때문이었다. 또한 그는 부친 사도세자의 명복을 빌기 위해 국가적인 모금을 통해 용주사龍珠寺를 창건하였다. 그 때 지은 「봉불기복게奉佛祈福偈」에서 그는 『부모은중경』이 깨우침이 절실하고 간절하여 중생을 극락에 오르게 하고, 조상의 은혜를 갚으며 인류를 돈독하게 하는 유교의 취지와 잘 들어맞는다고 하였고, 『부모은중경』을 간행하여 널리 보급하기도 하였다. 또한 그는 전국에 있는 사찰 중 왕실과 관련 있는 사찰 대부분을 수리 또는 중수하게 하고, 역대 제왕 및 국가와 관련 있는 승려가 주석했던 사찰에 글을 내리기도 했다. 그가 1791년에 하사한 안변 석왕사釋王寺 비문의 "불교는 삼교三敎 중에 가장 뒤에 나왔으나 그 영험함이 가장 두드러진다. 유자는 이를 믿지 않으나 또한 간혹 믿지 않을

---

59 정병삼(2020), p.535.

수 없다."⁶⁰라는 구절은 그가 불교의 영험함을 믿고 있었다는 사실을 단편적으로 보여준다.⁶¹ 이와 같이 정조의 불교에 대한 인식은 적극적으로 숭불을 행했던 세조와는 비교할 수 없다. 하지만 앞서 언급한 사례들과 함께 불교와 도교를 이단으로 규정하면서도 유교를 비롯한 삼교가 풍속을 교화하여 세상을 힘쓰게 한다고 한 그의 발언에서 그가 불교신앙의 일정한 역할을 인정하고 호의적 태도를 지녔음을 알 수 있다.

의승군의 활약과 호국불교에 대한 담론

조선시대 불교와 국가의 관계를 논함에 있어 의승군은 빠질 수 없는 주제다. 임진왜란과 병자호란에서 나라를 지키기 위해 동참한 의승군들의 활약은 유교국가인 조선에서 불교가 국가체제 내에서 일정한 위상을 확보하게 되는 계기가 되었다. 의승군은 주요 전투에 참여했을 뿐만 아니라 산성 축조, 군량 보급 등을 담당하였고, 『조선왕조실록』과 같은 주요 기록물 및 문화유산 수호에 앞장서는 등 후방에서도 적지 않은 역할을 담당하였다. 하지만 무엇보다도 국가의 위기에 출세간의 승려들이 승단의 계율과 세속의 윤리가 충돌하는 가운데 충의를 선택하여 적극적으로 나라를 위해 활동하였다는 사실은 당시 불교에 대한 사회적 인식을 제고시키고 향후 불교가 존립해나갈 수 있는 중요한 계기를 만들어 주었다. 조선의 유학자들은 불교는 인도에서 전래된 오랑캐의 종교이며, 속세를 등지고 출가한 승려들은 효와 충을 저버린 부류라며 강하게 비판하

---

60 『홍제전서』 권15, 碑, 安邊雪峯山釋王寺碑.
61 박광연(2014), p.178; 국사편찬위원회(2007), pp.262-263.

였다. 그러므로 의승군 활동은 불교에 대한 이러한 관념적, 윤리적 비판을 일거에 불식시킬 수 있는 절호의 기회였고, 유생들이 주도한 의병과 견주어도 결코 손색이 없는 뛰어난 성과를 보여준 의승군의 활약은 불교에 대한 사회적 인식을 완전히 바꾸었다.[62] 하지만 호국을 호법보다 우위에 두고 계율을 저버리면서까지 호국을 하고자 한 것을 과연 긍정적으로만 평가할 수 있을지, 또한 이와 같은 의승군의 활동 등을 주요한 근거로 하여 근대기 학자들에 의해 특징지어진 한국불교의 특징, 즉 호국불교에 관하여 좀 더 면밀한 검토가 필요하다.

오랜 시간 동안 한국 불교의 특징으로 거론되어 왔던 '호국불교'라는 개념이 등장한 것은 식민지시기인 1930년대이다. 이 시기 일본의 불교학자들은 '호국'이란 통치세력을 무조건 수호하는 것이라 보고 '호국불교'의 이름으로 한국불교의 '만들어진 전통'을 부각시켜 일제에 대한 한국인의 충성을 강요했으며, 한국인들을 전쟁에 동원하고자 했다. 에다 토시오江田俊雄는 1935년에 발표한 한국의 호국사상에 관한 논문에서 원광의 세속오계나 원효의 저술에 나타난 호국정신 등을 사례로 들며 한국불교사의 기본 성격을 호국불교로 정의하였다. 또한 야오타니 타카야스八百谷孝保도 신라승려들은 정신적인 지도자로서 국가를 이끌고 문화의 지평을 확대하였다는 주장을 펼치며 '호국호법일치'의 논리로 신라불교를 설명하였다.[63] 이러한 인식은 해방 후에도 무비판적으로 계승되었고, 이것이 민족주의 사상과 결합하여 한민족의 주체성을 찾는 개념으로 차용되었다.[64] 그리고 1970년대에 반공민족주의와 경제근대화론이 강하게 결

---

62 김용태(2021a), pp.332-338.
63 최병헌 외(2013), pp.520-521.
64 이수미(2017), p.198.

합된 국가주의의 분위기 속에서 호국불교는 더욱 각광을 받았다. 이러한 분위기는 당시 불교학계에도 강하게 반영되어 안계현의 『한국불교사연구』(1982)나 가마다 시게오鎌田茂雄의 『조선불교사』(1987)에서도 호국불교를 한국불교의 특징으로 기술하였다.

하지만 호국불교를 한국불교의 특성으로 인식해왔던 통념은 2000년대에 들어서면서부터 비판적 성찰이 제기되기 시작했다. 먼저 호국불교라는 개념의 탄생부터 살펴볼 필요가 있다. 메이지유신 직후 일본에서 신도와 불교가 분리되고 폐불훼석廢佛毁釋이 단행되자 불교계는 이에 대한 자구책으로 천황제 이데올로기의 확립과 군국주의 강화에 협력하게 되는데, 호국불교라는 개념과 인식은 이 때 불교가 국가권력에 종속되는 과정에서 생성된 것이다. 그런데 『인왕경』이나 『금광명경』 같은 주요 호국경전에는 타국에 대한 배타적 의식으로 자국이나 국왕을 수호해야 한다는 개념은 찾아볼 수 없으며, 호국을 오직 왕권의 타락을 막고 민생의 안정과 평화를 추구하는 의미로 설명하고 있다. 즉 경전에서 설해지는 호국의 본질은 결국 반야를 실천하는 것으로, 깨달음을 추구하는 호교護敎의 실현을 위한 방편으로 호국을 이해한 것이다.[65] 그러므로 불교가 국가권력에 종속되는 과정에서 만들어진 이 '호국'이라는 개념이 과연 불교에서 말하는 호국과 동일한 의미로 사용될 수 있는지에 대한 재고가 필요하다. 이와 더불어 전 근대기에 지칭된 호국의 '국'은 근대적 의미의 국가나 민족을 지칭하는 것이 아니고 국왕 또는 국체에 해당하므로 이 또한 지금 사용되고 있는 호국의 개념과는 부합하지 않는다.[66]

다음으로 과연 호국불교를 한국적 특성으로 정의할 수 있는가의 문제

---

65 조준호(2012), pp.13-47; 김용태(2021a), p.345.
66 김용태(2021a), p.346.

이다. 불교가 국가를 보호한다는 호국의 관념은 한국뿐 아니라 동아시아 전체에서 통용될 수 있는 것으로, 동아시아에서는 지역과 시대에 따라 차이가 있기는 하지만 기본적으로는 국가와 불교가 매우 밀접한 관계를 유지하였다. 동아시아에서는 서구의 역사와 달리 정치와 종교 간의 치열한 대립관계를 경험해 본 적이 없으며, 불교 또한 왕법과 불법의 상호보완과 공존이 끊임없이 추구되었다. 사실 근대기부터 한국 호국불교의 대표적 사례로 지적되었던 조선의 의승군이 동아시아에서는 보기 드문 독특한 양상이라는 것을 부정할 수 없다. 하지만 이 또한 불교교단이 국가권력의 영향력 아래에 놓였던 상황에서 일어난 현상의 일환으로 이해할 수 있다. 즉 앞서도 언급한 바와 같이 불교교단이 유교국가였던 조선의 현실에서 불살생의 계율을 어기고 충의를 선택한 것은 당시 효와 충을 져버린 부류로 비판받아왔던 불교계에 대한 인식을 불식시키고 존립하기 위한 현실적인 선택으로 볼 수 있는 것이다. 결과적으로 의승군의 활약은 국가적 위기에 큰 도움이 되었고, 그 결과 불교에 대한 사회적 인식에 대대적인 변화가 일어나 이후 불교계의 입지가 달라지긴 했다. 하지만 이로 인해 불교계에서는 전쟁으로 인한 인적, 물적 자산의 손상은 물론, 수행의 기풍이 퇴조하거나 많은 승려들이 환속하는 등의 적지 않은 부작용이 양산되었고, 과연 승려들이 계율을 어겨가면서까지 호국을 호법 위에 두는 것을 선택한 행위가 올바른 것이었는지에 대한 의견 또한 여전히 분분하다.[67]

---

67 김용태(2021a), pp.337-345.

조선시대 불교연구의 신경향

근대의 불교학은 전통적 불교세계의 밖에 위치한 서구에서 정립되어 일본을 통해 20세기에 한국에 전래됐다. 서구 근대 불교학은 오랜 문헌학적 전통과 실증주의 학문을 토대로 텍스트를 통해 인간 붓다와 그 사상, 그리고 이후의 역사에 대한 객관적인 접근에 초점을 두고 진행되었다.[68] 일본은 일찍이 19세기 후반부터 유학생들을 통해 서구 근대불교학을 수용하였고, 이들도 서구 학자들의 연구법을 그대로 받아들여 원전 텍스트를 토대로 부처의 가르침과 초기불교의 본질, 그리고 불교의 역사적 전개과정을 객관적으로 규명하고자 했다. 이같은 실증적 연구법은 초기불교와 부파불교, 대승불교의 역사적 전개 등을 규명하는 성과를 가져왔다. 하지만 한편으로 이러한 연구방법론은 그 시작점 자체가 근대의 시각에서 서구의 눈으로 정립된 대상화된 불교를 바라보는 방식이었기 때문에 일본불교 전통의 연장선상에서 자기화된 불교를 이해하는 데에는 한계가 있었다. 그 결과 일본불교의 가장 가까운 전통인 근세불교는 타성에 젖어 마비가 된 형식화된 불교, 세속화에 물든 불교로 낙인찍혔고,[69] 불교와 신도의 신불습합과 사원에서의 기복적 신앙형태는 주술적, 미신적 전통으로 치부되었다.[70]

그리고 이와 같은 접근법은 이후 한국의 불교연구에도 그대로 적용되어 한국의 근세인 조선시대의 불교는 타파되고 부정되어야 하는 전형적인 대상으로 여겨지게 된다. 일본학계에서 한국불교사 연구가 시작된 계

---

68 김용태(2021a), p.15.
69 末木文美士(1992), pp.170-177.
70 日本佛教研究會(2000), pp.47-61; 김용태(2021a), pp.20-23.

기는 식민지시기의 일본 종교세력의 조선포교와 총독부가 학술·종교사업으로 펼친 자료의 조사와 집대성이었다. 이 시기 시작된 한국불교사 연구에서 조선시대 불교는 국가의 압박에 의해 쇠퇴하는 한편 부녀자나 서민들 사이에서 신앙이 유지되었다는 견해가 제시되었고, 이는 이후 조선시대 불교사 서술의 방향을 규정하게 되었다.[71] 한편 1910년대부터 일본 근대불교학의 연구들과 방법론이 한국에 소개되었고, 이에 힘입어 권상로, 이능화와 같은 한국 학자들에 의해 『조선불교약사』(1917)와 『조선불교통사』(1918) 같은 한국불교관련 개설서가 출간되었다. 그리고 이후 자료와 연구가 축적되면서 일본인학자들의 한국불교연구서 또한 간행되었다. 그 중 다카하시 도루高橋亨의 『이조불교』(1929)는 방대한 자료를 섭렵하여 조선시대 불교의 흐름을 계통별로 분류하고 체계적으로 서술하였다는 점에서 평가할 수 있다. 하지만 그는 식민지 관변학자의 입장에서 한국불교를 타율성과 정체성이라는 부정적인 시각으로 중국불교의 아류에 지나지 않는다고 평가하였고, 조선시대를 억압과 쇠퇴로 인해 발전이 멈춘 시기로 규정하면서 여성과 서민신앙을 제외하면 독자적 특성이 전혀 없다고 폄하하였다. 『조선선교사』(1930)를 지은 조동종曹洞宗 승려출신 누카리야 카이텐忽骨谷快天 또한 꼼꼼한 사료비판과 해석 등을 통해 한국불교의 선과 교학사상 전체를 정리한 학문적 성과는 인정된다. 하지만 그 또한 원효나 지눌 등 일부를 제외하면 한국 불교는 중국과 다른 독창성을 찾기 힘들다고 평가했다. 특히 조선시대를 현세이익적 기복신앙이 중심이 된 선과 교의 쇠퇴기로 규정하는 한편, 임제종과 간화선 위주의 한국 선종 전통에 대해서도 매우 비판적이었다. 이렇듯 대부분의 학자들이 조선시대를 부정적으로 평가하고 있지만, 문헌서지학 분야에서

---

71 최병헌 외(2013), pp.455-456.

는 이를 부정하는 주목할만한 성과도 나왔다. 경성제대 교수였던 구로다 료黑口亮는 『조선구서고朝鮮舊書考』(1940)에서 조선시대 불전의 간행빈도와 양·질적 수준이 고려에 비해 결코 떨어지지 않으며, 조선은 교학연구와 대중교화의 측면에서도 모두 활성화된 시기였다며 높이 평가하였다. 또한 해방 이후 한국학자들의 본격적인 연구들이 발표되는 가운데 간행된 가마다 시게오鎌田茂雄의 『조선불교사』(1987)는 식민시기 일본인학자들의 부정적 시각과는 차별되는 각도에서 한국불교를 조망하였다. 그는 서문에서 한국불교를 경시해온 일본학계를 바로 잡기 위해 이 책을 집필하였다는 간행 의도를 밝혔고, 한국불교를 중국과 일본과는 다른 한국인의 주체성에 의한 독자적 불교라고 평가하였다. 또한 한국불교의 특성으로 호국불교를, 교리적으로는 종합불교를 내세웠으며, 무속신앙과의 결합에서 한국불교의 복합성을 찾을 수 있고, 고려시대를 독자적 불교의 창조기로 그 가치를 인정하였다.[72]

한편 조선의 불교는 억불정책에 의해 쇠퇴하였고, 독자적 특성 없이 서민들의 기복신앙으로 전락하였다는 부정적 인식은 한국의 학자들에게도 영향을 미쳤고, 그 여파는 오랫동안 지속되었다. 물론 이러한 인식에 대해 한국의 모든 학자들이 동의한 것은 아니었다. 이능화는 『조선불교통사』(1918)에서 조선시대를 한국불교의 정체성이 형성된 중요한 시기로 평가했다. 그 또한 조선시대에 불교가 이전보다 쇠퇴했음은 인정했지만, 선과 교가 통일되고 법맥의 전수와 신앙활동을 통해 유지된 점을 높이 샀다. 또한 김영수는 『조선불교사고朝鮮佛敎史稿』(1939)를 통해 조선은 배불의 시대였지만 일부를 제외하면 국왕들은 대개 숭불행위를 용인하고 친불교적 정서를 가졌다고 평가했고, 임제태고법통의 계승이나 불전

---

72 김용태(2021a), p.30, pp.65-66; 김용태(2021b), pp.324-326.

의 대량 간행, 정토신앙의 성행 등 조선후기 불교의 다양한 양상에 주목하기도 했다. 하지만 해방 이후에도 조선시대 불교는 역사학이나 불교학계의 주된 관심사가 아니었기 때문에 조선시대 불교연구가 식민지시기에 형성된 부정적 인식으로부터 벗어나는 데는 오랜 시간이 걸렸다.[73]

본격적인 조선시대 불교연구는 1970년대부터 진행되었고, 이후 1990년대까지 다양한 연구가 축적되어 복합적 연구의 기반을 형성하였다. 그리고 2000년부터 최근까지 다양한 주제 및 자료의 발굴과 새로운 시각의 도입으로 지평이 확대되어 도약기를 맞이하였다. 그 중에서 불교와 왕실 관련 연구를 살펴보면, 구체적인 자료를 토대로 조선의 왕실이 국가의 통치이념과는 별도로 숭불행위를 지속해왔던 사례들을 규명하는 연구들이 활발하게 진행되었다. 불교학에서는 왕실 불교신앙의 중추적 기능을 담당했던 원당願堂에 관한 연구[74]나 조선시대 고승 및 왕실관련 비구니들에 대한 연구서[75]가 출간되어 조선시대 왕실불교의 실상 파악에 한걸음 더 접근하였다. 미술사분야에서는 왕실과 그 인척들의 발원으로 탄생한 불상, 불화, 탑, 종, 불전 등에 관한 구체적인 연구가 진행되어 조선왕실의 숭불경향과 목적 또는 불사의 규모 등이 상당부분 규명되었다. 예를 들어 왕실주도의 불사에는 국가의 화원이나 장인들이 동원되어 수준 높은 작품이 제작되었고, 15세기 왕실의 일원들에 의해 간행된 불전들이 16세기 왕실의 원당을 중심으로 사찰로 전파되어 16세기부터 간행되는 사찰판 불전에 적지 않은 영향을 주었다는 사실이 밝혀졌다.[76] 또한 왕실의 불교신앙이 원당을 중심으로 조선시대 전반에 걸쳐 지속적으로 이

---

73 김용태(2021a), p.33, p.39, pp.76-77.
74 탁효정(2012).
75 황인규(2011).
76 김자현(2017).

루어져왔던 정황들이 점차 드러나고 있다. 왕족뿐만 아니라 김장생, 이황, 이이와 같은 명문사족들의 집안에서도 사찰에 선조의 진영을 봉안하는 영당影堂이나 선조의 무덤 근처에 이를 수호하는 임무를 맡긴 암자, 즉 분암墳庵을 통해 불교와 관계를 맺고 있었다는 점이 밝혀진 것[77]도 그간의 조선시대 불교에 관한 고정관념을 불식시켰다. 조선시대의 불교정책과 관련해서는 조선초 태종대와 세종대에 242사와 36사의 지정사찰이 혁거革去되었다는 기록은 사찰의 철훼나 망폐가 아닌 승정체제로부터의 지정해제였다는 연구결과도 발표되었다.[78] 즉 당시 승정체제의 통합은 사찰과 승도를 지원하고 관리, 통제하는 국가 시스템의 축소, 재편의 성격이었을 뿐, 사찰들의 철폐조치가 아니라는 것이다. 실제로 선교양종과 사원전이 혁파되어 강력한 억불정책이 행해졌다고 여겨졌던 16세기에 조선시대를 통틀어 사찰판 불전이 가장 활발하게 간행되었다는 연구결과[79]를 통해서도 확인되듯이 왕실의 억불정책은 사실상 불교를 국가의 공식적인 지원체계에서 배제한 것일 뿐, 이것이 훼불을 의미하는 것은 아니었다. 그러므로 이러한 연구 결과 또한 오랫동안 침체기로 규정되어왔던 조선불교에 대한 새로운 시각을 제공해 주었다.

---

77 정병삼(2020), pp.504-510.
78 손성필(2019).
79 손성필(2013).

한국 불교, 왕권과의 공존과 예속의 사이

　불교의 발상지인 인도의 초기교단에서 왕권과 출세간의 교권은 서로의 독립성과 자율성을 인정하는 분위기 속에서 일정한 거리를 유지할 수 있었다. 점차 시간이 흘러 아쇼카왕의 사례와 같이 인도의 왕들이 자신의 왕권강화를 위해 불교의 이념을 활용하거나, 교단 또한 국가와의 밀접한 관계 속에서 자신들의 안위를 보장받았다 하더라도 인도에서 불교와 권력은 적절한 거리를 유지하며 서로의 영역을 침범하지 않았다.
　하지만 동아시아로 전파된 불교는 국가권력의 태도에 따라 정치권력에 종속되거나 예속되는 상황을 피할 수 없었다. 중국에서 불교는 초기부터 국가의 통치이념으로 활용하기 위해 수용된 경향이 강하였기 때문에 왕권 또는 지배세력에 종속되거나 그들과 결탁할 수밖에 없었다. 예를 들어 북조의 황제를 여래와 동일시하는 '황제즉여래' 관념은 권력과 교단의 관계를 압축적으로 보여주며, 이 시기 국가는 불교교단과 승려들을 국가기구 속으로 편제하여 관리함으로서 교단이 국가의 관리와 통제 아래 놓이는 구조를 형성하였다. 그리고 이러한 국가 우위적 구조는 수·당 시대까지 계승되어 오랜 시간 동안 중국에서 국가에 의한 불교 통제 기조가 유지되었다. 일본의 불교 도입 또한 아스카시대 쇼토쿠태자와 긴밀한 관계에 있던 소가씨 일족이 당시 중앙집권체제를 확립하려는 의도 아래 이루어졌다. 이후 헤이안시대의 '왕법즉불법' 사상은 왕법과 불법이 서로 의존하고 있다는 논리로 정착되었다고 설명되어 일견 불법이 왕권과 동등한 위상으로 존숭된 것으로 인식될 수도 있다. 하지만 이 사상이 국가의 지원을 받던 대사찰이 국가체제가 와해되는 상황에 자기방어차원에서 제기한 것임을 감안한다면, 이는 오히려 불교가 위태로워진 자신들의 존립보장을 위해 왕권에 의탁하고자 만들어낸 논리임을 알 수 있다.

한국의 경우도 불교의 수용에는 정치적 요인이 크게 작용했다. 불교 수용이전 고대국가로의 이행이 진행되고 있었던 고구려나 백제는 당시의 국제정치적 역학관계의 맥락에서 외교관계형성의 도구로서 불교를 수용했다. 반면 신라는 불교공인을 통해 토착신앙과 천강관념에 기반한 귀족들을 약화시키고 중앙집권적 통치체제를 모색하였다. 당시 신라왕실은 중앙집권적 정치체제 확립의 수단으로서 전륜성왕 이념에 이어 진종설과 왕즉불 사상과 같은 구체적인 왕권강화이론을 구축하여 강력한 왕권을 형성해나갔다. 교단의 입장에서도 이와 같은 논리를 주장하는 왕권과 긴밀한 관계를 유지하면서 점차 토착신앙의 신격이나 성지를 불교의 신앙대상으로 포섭하거나 무교가 담당하던 종교적 기능을 불교의례로 대체해가며 그들의 영역을 넓혀갔다. 통일신라의 불교는 국왕이 불교계의 팽창을 견제하면서 통치이념보다는 사회통합과 신앙차원에서의 역할이 강조되었고, 정법전이 만들어지고 승관이 임명되면서 불교교단은 국가에 의해 관리되기 시작하였다.

그려는 다양한 종교와 신앙이 각각의 역할을 수행한 다원적 사회였지만, 그 중 불교가 차지한 비중이 상당했음은 부정할 수 없다. 특히 불교는 개국초부터 태조 왕건의 여러 숭불정책에 의해 그 입지를 공고히 하였고, 역대 왕실도 태조의 숭불을 계승하여 대대로 불교에 귀의하였다. 고려의 국왕들은 보살계를 수지하고, 연등회, 팔관회와 같은 국가적 불교의례를 정기적으로 개최하였다. 또한 왕실의 제사를 지내는 진전을 주요 사찰에 설치하여 불교식 제사를 거행하였고, 의천과 같은 왕족 출신과 귀족 가운데 많은 출가자가 나왔다는 점도 당시 지배층들의 불교에 대한 호의를 짐작하게 한다.

한편 고려에서 불교의 높은 위상을 보여주는 대표적 사례로 국왕의 스승이자 국가의 정신적 지도자로서 존숭되었던 국사와 왕사제도를 든다. 하지만 실제로 이들의 최종임명권이 국왕에게 있었다는 사실은 이처럼 숭불경향이 강했던 고려에서도 교단이 왕권 아래로 편입되어 있었음을 역설적으로 보여준다. 이는 교단의 관리와 운영체제를 통해서도 확인할 수 있는데, 고려는 불교교단을 관료체제와 같이 국가가 편제하여 관리하였고, 왕명에 따라 승려나 사찰에 관한 승정업무 등을 처리하였다. 이처럼 고려에서는 표면적으로는 국사와 왕사제도 등을 통해 불교가 왕권의 우위를 점하는 것처럼 보이기도 했지만, 실상은 교단이 국가의 조직 안에 완전히 편입되어 있었다.

조선은 성리학을 통치이념으로 삼아 건국된 국가로, 불교가 주류질서에서 배제되고 이전 시기에 비해 억압을 받았던 것은 사실이다. 그럼에도 불구하고 조선의 왕실은 개국초기부터 이전 시기의 전통을 존속하며 숭불과 불교후원을 지속하였고, 특히 세조와 같은 호불주의 시대에는 수많은 불사와 불전간행이 이루어졌다. 한편 임진왜란과 병자호란에 동참한 의승군들의 활약은 조선에서 불교가 다시 국가체제 내에서 일정한 위상을 확보하는 계기가 되었다. 하지만 이와 같은 의승군의 활동을 대표적 사례로 지적하며 한국불교의 특징을 호국불교로 규정한 관점은 재고의 여지가 있다. 불교가 국가를 보호한다는 호국의 관념은 한국뿐 아니라 동아시아 전체에서 통용될 수 있는 것으로, 동아시아에서는 지역과

시대에 따라 차이가 있기는 하지만 기본적으로는 국가와 불교가 매우 밀접한 관계를 유지하였다. 조선의 의승군이 동아시아에서 보기 드문 독특한 양상이기는 하지만, 이 또한 불교교단이 국가권력의 영향력 아래에 놓였던 상황에서 일어난 현상으로 이해된다. 즉 교단이 유교국가였던 조선에서 불살생의 계율을 어기고 충의를 선택한 것은 당시 효와 충을 져 버린 부류로 비판받아왔던 불교계에 대한 인식을 불식시키고 존립하기 위한 현실적인 선택이었을 것이다.

마지막으로 일본인 학자들이 서구에서 정립된 근대적 연구방법론에 의해 진행한 한국불교연구가 한국의 불교와 사상, 문화 등을 체계적으로 연구하고 규명하는데 크게 기여한 것은 사실이다. 또한 구로다 료나가마다 시게오처럼 오랫동안 조선불교를 억불정책에 의해 쇠퇴하고, 서민들의 기복신앙으로 전락하였다고 평가절하한 일본인 학자들의 견해를 바로 잡으려는 시도들도 있었다. 이러한 부정적 인식은 이능화와 김영수 등과 같은 일부 한국연구자들을 통해서도 적극적으로 반박되었지만, 조선시대 불교는 역사학이나 불교학계의 주된 관심사가 아니었기 때문에 이 인식으로부터 벗어나는 데는 오랜 시간이 걸렸다. 조선시대 불교연구는 1970년대에 이르러서야 본격적으로 진행되었고 2000년대 이후부터 현재까지 왕실과 관련된 연구를 비롯하여 다양한 분야에서 새로운 연구 성과들이 도출되고 있다. 최근의 연구에서는 그간 축적되어온 방대한 자료들을 바탕으로 오랜 시간동안 답습되어왔던 고정관념과 통설에 대한 재고와 새로운 시도가 실증적인 연구방법으로 시도되고 있으며, 앞으로도 이러한 연구 성과들이 더 많이 축적되어 조선시대 불교에 대한 실체 규명에 한걸음 더 나아갈 수 있기를 기대한다.

역사적 관점에서 보았을 때 해탈을 궁극적 목표로 삼은 불교가 세속의 권력과 긴밀한 관계를 유지하고, 때로는 통치이념으로 활용되기도 했다는 사실은 모순적이라 느껴질 수 있다. 하지만 어떠한 사상이나 종교도 당시 그것이 속한 사회를 떠나 독립적으로 존립할 수 없다. 때문에 지금까지 살펴본 바와 같이 불교는 필연적으로 발생지인 인도에서부터 이를 수용한 많은 국가들의 정치적 상황에 따라 왕권과 관계를 맺으며 다양한 양상으로 전개되었다. 특히 동아시아의 국가에서 불교는 수용단계부터 정치와의 밀접한 관련이 있었기 때문에 권력의 태도에 따라 종속되거나 예속되는 상황을 피할 수 없었다. 한국의 역사에서 불교교단과 왕권은 시대상황에 따른 다양하고 복잡한 역학 관계 속에서 공생적 관계를 맺어 왔지만, 단 한 번도 교권이 왕권의 우위를 차지한 적은 없었다. 즉 신라시대 자장이 국통이 되어 승단운영의 기초를 세운 이래로 조선에 이르기까지 불교교단은 시대별로 정도의 차이는 있지만 줄곧 나라의 관리 아래 놓여 있었다. 숭불의 경향이 매우 강했던 고려에서도 불교교단과 승려들은 국가의 조직 속에 완전히 편입되어 관리되었고, 조선에서는 국가의 주류질서에서 배제되었던 불교가 국가적 위기 상황에서 의승군의 활약을 통해 스스로 다시 국가의 시스템 속으로 편제되며 존립의 계기를 마련했다. 이러한 불교와 왕권의 복잡하면서도 다양한 역학관계는 한반도에 수용된 이래 왕권과의 공존과 예속의 사이에서 자신들의 입지를 구축하고자 했던 불교의 고민을 보여준다.

| 참고문헌 |

『高麗史』
『佛說普曜經』
『三國史記』
『三國遺事』
『朝鮮王朝實錄』

강호선(2015), 「고려시대 국가의례로서의 불교의례 설행과 그 정치적 의미」, 『동국사학』 59, 동국역사문화연구소.
고익진(1989), 『한국고대불교사상사』, 동국대출판부.
국사편찬위원회(2007), 『신앙과 사상으로 본 불교전통의 흐름』, 두산동아.
김기종(2015), 「간경도감의 언해불전」, 『불교와 한글: 글로컬리티의 문화사』, 동국대출판부.
_____(2018), 「언해불전」, 『테마 한국불교』 6, 동국대출판부.
김용태(2021a), 『조선불교사상사』, 성균관대출판부.
_____(2021b), 『토픽한국불교사』, 여문책.
김자현(2017), 「朝鮮前期 佛敎變相版畵 硏究」, 동국대 박사학위논문.
_____(2021), 「15세기 朝鮮王室의 崇佛과 廣平大君一家의 佛典刊行」, 『보조사상』 59, 보조사상연구원.
김형우(1992), 「高麗時代 國家的 佛敎行事에 관한 硏究」, 동국대 박사학위논문.

나희라(1995), 「고대사의 발전과 국가권력−고대국가의 지배이데올로기」, 『역사비평』 32, 역사비평사.

남동신(2005), 「나말려초 국왕과 불교의 관계」, 『역사와 현실』 56, 한국역사연구회.

박광연(2014), 「왕즉불」, 『테마 한국불교』 2, 동국대출판부.

＿＿＿(2015), 「불국토」, 『테마 한국불교』 3, 동국대출판부.

박세연(2011), 「조선초기 세조대 불교적 상서의 정치적 의미」, 『사총』 74, 고려대사학회.

서영대(1998), 「신라의 불교수용과 천신 관념」, 『한국사상사학』 10, 한국사상사학회.

소현숙(2009), 「梁 武帝의 佛敎政策」, 『한국고대사탐구』 2, 한국고대사탐구학회.

손성필(2013), 「16·17세기 불교정책과 불교계의 동향」, 동국대 박사학위논문.

＿＿＿(2019), 「寺刹의 혁거, 철훼, 망폐: 조선 태종·세종대 승정체제 개혁에 대한 오해」, 『진단학보』 132, 진단학회.

안지원(2005), 『고려의 국가 불교 의례와 문화』, 서울대학교 출판부.

원영상(2014), 「일본불교와 국가」, 『한국 호국불교의 재조명』 3, 대한불교조계종 불교사회연구소.

원익선(2006), 「천황제 국가의 형성과 근대불교의 파행」, 『불교평론』 28, 만해사상실천선양회.

이봉춘(2005), 『조선시대 불교사연구』, 민족사.

이수미(2017), 「호국·호법」, 『테마 한국불교』 5, 동국대출판부.

이자랑(2012), 「제정일치적 天降관념의 신라적 변용−인도 아쇼까왕과의 비교를 중심으로」, 『불교학연구』 32, 불교학연구회.

이자랑(2013), 「제정일치」, 『테마 한국불교』 1, 동국대출판부.

정병삼(2020), 『한국불교사』, 푸른 역사.

조경시(2007), 「고려 현종의 불교신앙과 정책」, 『한국사상사학』 29, 한국사상사학회.

조경철(2014), 「고대 삼국의 불교와 정치」, 『백제문화』 51, 공주대학교 백제문화연구소.

조윤경(2018), 「정교」, 『테마 한국불교』 6, 동국대출판부.

조준호(2009), 「초기불교에 있어 국가권력(왕권)과 교권: 세간과 출세간에서의 정교분리를 중심으로」, 『인도연구』 14-2, 한국인도학회.

_____(2012), 「경전 상에 나타난 호국불교의 검토」, 『한국 호국불교의 재조명』, 대한불교조계종 불교사회연구소.

주경미(2003), 「中國 古代 皇室發願 佛舍利莊嚴의 정치적 성격 - 易姓革命의 선전물로서의 眞身舍利供養」, 『東洋學』 33, 단국대 동양학연구소.

최병헌 외(2013), 『한국불교사 연구 입문』 상·하, 지식산업사.

최연식(2014), 「동아시아의 불교와 정치」, 『불교평론』 58, 불교평론사.

탁효정(2012), 「조선시대 王室願堂 연구」, 한국학중앙연구원 박사학위논문.

Pankaj N. Mohan(1994), 「신라중고기의 전륜성왕이념 - 인도 Asoka왕과 신라 진흥왕의 정치이념 비교」, 서울대학교 석사학위논문, 1994.

황인규(2011), 『조선시대 불교계 고승과 비구니』, 혜안.

日本佛敎硏究會(2000), 『日本仏教の研究法-歴史と展望』, 法藏館.

末木文美士(1992), 『日本仏教史―思想史としてのアプローチ』, 新潮文庫.

山崎元一(1982), 『アショーカ王とその時代』, 春秋社.

横井克信(2010), 「王法と佛法」, 『仏教の東伝と受容』, 佼成出版社.

의례를 통해서 보는 신앙과 기원祈願

김성순

Ⅰ. 신앙과 기원의 종교학적 개념 탐색
Ⅱ. 한국불교사에 나타나는 기원의 의례적 양태
Ⅲ. 한국불교 사찰 절일과 기원의례
● 한국불교의 기원의례와 관련된 물질物質의 사례

I
신앙과 기원의 종교학적 개념 탐색

신앙에 근거한 기원Pray행위의 범주와 정의

　기원祈願의 어의가 '바라는 일이 이루어지기를 (간절히) 비는 것'이라고 한다면 '기도祈禱'나 '기구祈求', '간구懇求'의 개념과도 유사한 것으로 생각된다. 이 글에서는 신앙에 토대를 둔 종교적 실천으로서의 기원이 의례적 양태로 표현되는 것을 주로 다루고자 한다. '신앙과 기원'이라는 주제와 직접적으로 연관되는 선행연구는 먼저 종교와 신앙, 의례의 개념에 관한 서구 학자들의 견해를 꼼꼼하게 정리한 바탕 위에 자신의 견해를 정립한 송현주를 대표적으로 들 수 있을 것이다. 개별 종교 분야에서는 가톨릭 신앙의 기도의례에서 사용되는 성물에 대해 다룬 윤용복, 민족종교 의례에서 기도 절차라고 할 수 있는 축식祝式에 대해 연구한 최종성의 연구가 있으며, 유교문헌에 나타나는 기도에 대한 연구로는 박성규의 사례를 찾을 수 있다.
　종교적인 시각에서 보면, 인간은 의례를 통해 과거의 성스러운 사건들을 재현하려는 시도를 지속해왔다. 이는 크게 교단조직과 교의, 의례의 세 가지 얼개로 구성되는 종교의 형성조건과도 관련이 있다. 그중 의례는 교조와 깨달음의 체험을 묘사한 도상을 직접 보고, 성물(法具)을 사용하며, 성스러운 진리의 언어를 직접 외고 발화함으로써 과거의 죄를 정화하고 궁극적인 상태로 나아가고자 하는 실천들로 이루어진다.

이처럼 종교의 실천적 차원에서 신앙과 기원을 표현하는 행위가 바로 의례라고 할 수 있을 것이다. 본래 의례ritual라는 말은 라틴어 'ritus'에서 온 것으로, '성스러운 관습'을 의미한다. 넓은 의미에서는 '전통을 통해서 그 성격이 고착된 행위의 형식 일체'를 가리키지만, 종교 연구에서 사용될 때는 전통적인 종교 행위를 가리킨다. 보통 제의cultus나 예배 worship 등과 비슷한 의미로 사용되기도 한다. 종교에서 의례로 부르는 것들에는 예배worship, 기도prayer, 순례pilgrimage, 희생제의sacrifice, 단식, 통과의례rites of passage 등이 있는데, 이 글에서 주제로 다루고자 하는 '기원' 역시 종교적 의례의 형식을 통해 내재화되고, 표현된다고 볼 수 있을 것이다.

불교 외의 종교 중에서 먼저 유교의 '기도'개념에 대해 살펴볼 필요가 있을 것이다. 유교를 두고 종교냐, 철학이냐 하는 논쟁이 무색할 정도로 유교 문헌 속에서 '기도'라는 용어가 자주 등장하는 것을 볼 수 있다. 공자는 "내 기도는 이미 오래 되었다."는 발언에서부터 "하늘에 죄를 지으면 빌 곳이 없다."라고도 했다. 그런 공자에게 있어서 기도는 "천지신명에 부끄럽지 않으려고, 스스로 자기 내면의 참된 목소리(양심)를 속이지 않고, 자신의 도리를 다하여, 천지신명의 뜻을 살펴 따르는" 일이다. 즉 "임시방편적 기도행위는 무용하고 오직 회과천선만 의미가 있다. 일이 닥쳐서야 비로소 반성하는 그런 태도는 결코 군자답지 못하니, 사람은 늘 천지신명 앞에 자신의 사명을 다짐하고 자신을 추슬러 새롭게 다잡는 회과천선의 순간이어야 한다."는 말이다. 그러므로 회과천선의 시간은 곧 천지신명과 대화하는 시간이고, 천지신명과의 대화는 "일반의지"

를 성찰함을 의미하니, 이러한 대화와 성찰의 모든 행위 자체가 곧 기도인 것이다.

일반적으로 통용되고 있는 의례 성립의 두 조건은 '반복성反復性'과 '정형성定型性'이다. 종교학자 니니안 스마트N. Smart도 의례를 '언어의 수행적 사용[축복, 찬양, 저주, 봉헌, 정화 등]과 그와 함께 행동의 정형화된 패턴이 수반되는 행위'라고 정의하고 있다. 의례는 계속 반복하여 행함으로써 퇴락해가는 성스러움을 갱신하려는 노력이다. 의례가 반복되어야 한다는 것은 이 성스러운 힘의 회복이 단 일회성으로 끝나는 것이 아니라 지속적으로 실행되어야 함을 의미한다. 믿음의 완성을 위해 정기적으로 예배나 기도, 수행이 필요한 것은 그 이유에서이다.

엘리아데의 표현을 빌리면, 의례는 우리 인간의 "(순수한) 존재를 위한 갈망"일 뿐만 아니라 "정기적으로 성스럽고 파괴 불가능한 시간에 침잠해야 하는 필요성"을 드러내 보인다. 의례를 통해 인간은 '참으로 인간이 되는 길'을 만나게 되는 것이다. 따라서 모든 진실한 종교의례는 하나의 '구원의 사건'이라고도 할 수 있다. 왜냐하면 의례는 사물들을 새롭게 하고, 치유하고, 온전하게 하기 때문이다. 이렇게 온전하고도 참된 인간이 되는 길의 구체적 안내자로서 의례는 중요한 역할을 한다. 불교의 일상 예불과 선정 수행, 유대교의 일주일 주기로 지켜지는 안식일 예배(Shabbat), 이슬람에서 매일 행하는 다섯 번의 기도 등은 다 이러한 종교의례의 좋은 예가 될 것이다.

정리하면, 종교적 토대에서의 기원행위는 진리·구원·완전한 인간성을 지향하는 반복적이고, 정기적인 의례적 실천이라고 정의할 수 있을 것이다.

불교신앙과 기원행위의 교의적 구조

불교의례 중에서도 '기도祈禱'라고 부를 수 있는 의례에는 각종 진언수행이나, 아침저녁으로 행하는 예불 등도 포괄된다. 현재 예불에 대한 연구는 다량 축적되어 있는데, 현대 한국불교 예불에 대해서는 송현주와 김종명이 대표적인 연구성과를 내놓고 있다. 이성운의 경우, 불교예불의 의미와 행법에 대해 다뤘으며, 한보광·곽만연은 정토예불문을 주제로 연구한 논문을 내놓았다. 또한 김용표의 경우는 대중불교의 염불신앙에서 불보살의 가피력에 의지하는 타력신앙에 대해 다루고 있다.

예불을 포함한 수행형 의례는 심신을 청정하게 가다듬고, 출가수행자로서의 자신의 본분을 확인하는 의미를 가지고 있다. 이러한 자기수행적(自行形) 기도의례 외에 출가 수행자들이 재가신도들의 의뢰를 받아서 행하는 각종 기원의례와 회향의례 역시 '기도'라는 이름으로 불린다. 이러한 타행형他行形 의례는 출가자 자신의 내적 수행보다는 재가자의 문제를 해결해주기 위한 이른바, 하화중생下化衆生의 의례로 볼 수 있다.

이 타행형 의례는 불보살 앞에 육법공양을 하고 기원하는 불공佛供, 또는 각종 재齋가 끝난 뒤나 불탄일 등의 법회에 선망부모나 그 밖의 무주고혼을 위해 음식을 공양하고 경전을 읽는 시식施食과 같은 것이 대표적이다. 이런 의례를 통해 쌓인 공덕은 재자齋者, 즉 의례를 의뢰한 재가신도들에게 회향하는 형식을 취하므로 회향의례回向儀禮라고 말하기도 한다.

그렇다면 이러한 자행형과 타행형의 기도의례를 행하는 교의적·신앙적 근거는 어떤 것일까? 대승불교에서는 중생구제의 서원을 세우고 성불한 불보살의 본원력에 대한 절대적 귀의를 그 근거로 내세우고 있다. 나카무라 하지메中村元의 『광설불교어대사전廣說佛敎語大辭典』에 따르면, '願力'은 '本願力' 또는 '宿願力'의 약칭으로서 범어 'praṇidhāna-bala', 'adhiṣṭhāna', 'āvedha-vaśa' 등을 번역한 것이다. 이는 정토문헌에서 제시하는 보살의 과거생에서의 서원, 곧 본원本願 또는 숙원宿願(pūrva-praṇidhāna)과 통한다고 볼 수 있다. 또한 이러한 원력은 여러 대승불교 문헌에서 공통된 서원(總願)과 각각의 정토를 장엄하여 중생들의 고통을 덜어주겠다고 하는 개별적인 서원(別願)으로 대별할 수 있을 것이다.

'원력'에 대응하는 범어 중에 'adhiṣṭhāna'는 힘, 은총, 권위 등을 함축하고 있다. 특히 'adhiṣṭhāna'의 경우, 불보살의 은혜의 힘, 즉 위신력에 의지하는 신앙 양태를 가리키므로, 이는 중생이 절대적으로 의지하게 되는 원력의 타력他力적 측면을 가리킨다고 할 수 있다. 중생이 불보살에게 간절하게 발원하면, 불보살은 중생을 두루 구제하겠다는 서원으로 인해 쌓인 원력의 힘을 중생에게 회향廻向(pariṇāmanā)하는 구조인 것이다.

대승불교에서는 불보살의 가치와 회향의 교의적 구조를 국가와 같은 공동체의 수호에 적용하는 사례들도 자주 나타난다. 『삼국유사』나 각종 불보살 영험담 관련 기록과 문헌에서는 관세음보살, 미륵보살 등을 친견하거나, 고승들의 법력을 빌어 국난을 극복하고, 왕실의 재난을 해결하는 각종 신이神異가 풍부하게 실려 있다.

교학이 아닌 불교신앙의 차원에서는 불보살에 대한 공양의식이나, 불탑·불사의 건설, 불화의 조성, 승려에 대한 공양, 불교경전의 서사와 배포 등도 불력의 위호를 얻기 위한 공덕을 축적하는 의미를 가지고 있었다. 이러한 공덕행과 기도, 발원과 축원의 행위들은 반복적이고 정기적인 실천을 통해 불교의례로 자리를 잡게 된다. 이러한 불교신앙의례의 범주는 시간이 지날수록 다양하게 확장되었으며, 새로운 문헌과 의궤의 도입에 따라 더 정교한 교의와 절차를 갖추게 된다.

이러한 불교의례의 범주는 시간이 지날수록, 사회의 구조가 복잡해질

수록 더 다양해지고 넓어지리라는 점을 쉽게 짐작할 수 있을 것이다. 하지만 아무리 사회상이 복잡해진다 해도 개인의 내면에서 신앙의 구조는 절대적 구제자에 대한 절대적인 의존이라는 기본 토대만큼은 변함이 없을 것이다. 신앙 안에서 발원과 원력의 감응感應이 이루어지기 위한 실천적 조건, 그것을 우리는 기원祈願이라는 이름으로 이해할 수 있지 않을까.

정리하면, 신앙과 기원은 의례의 실천을 통해 표현될 수 있는데, 불보살의 가호를 빌기 위해 명호를 입으로 외는 간단한 행위도 의례의 범주에 속한다는 것이다. 결국 중생이 불보살의 원력, 즉 가지를 얻기 위해서는 절대적인 신앙에 근거한 발원이 전제되어야 하고, 그 발원을 몸짓으로 표현하는 것이 곧 의례라는 점을 확인할 수 있다. 다시 말해, 신앙과 기원은 의례라는 메신저를 통해 긴밀하게 연결되어 있는 것이다.

불보살의 본원력에 의지하는 왕생의 기원

정토왕생신앙에서의 본원本願(pūrva-praṇidhāna)이란 보살이 성불하기 전에 세운 자비의 서원을 말한다. 대승불교의 정토신앙이나 관음신앙 등의 타력신앙은 불보살의 가피력에 의지하여 구제를 얻고자 하는 염불과 기도가 주된 실천을 구성한다.

믿음을 표현하는 행위, 즉 불보살의 본원력에 대한 절대적인 믿음과 귀의를 주제로 한 연구는 고승학의 연구가 대표적이다. 고승학은 신라 불교사에 나타난 원력의 의미를 초기불교에까지 소급하여 추적하고 있다. 서철원은 신라 불교문학에서 기원과 회향回向의 문제를 통해 관음보살의 가피력에 관해 논구했으며, 황상준은 재가불자의 염불기도에 감응하는 관음의 가피력을 주제로 사례 연구를 내놓았다. 한보광은 정토사상을 주제로 하는 수 편의 논문에서 아미타불의 구제력에 대해 다루었으며, 김성순의 경우는 염불결사의 수행법에 대한 연구, 그리고 정광균은 정토왕생을 위한 염불수행의 주제에 대해 천착하는 논문들을 주로 내놓고 있다.

중생의 사후구제를 약속하는 불보살의 본원력本願力, 그리고 현실의 고난을 제거해주는 가피력加被力에 대한 믿음을 표현하는 염불신앙은 불보살의 명호를 외는 염불 외에 다양한 방식의 신행으로 확장된다. 불보살을 향한 자신의 절대적인 귀의를 문자 형태의 다라니로 기록하거나 새기기도 하고, 절절한 사후왕생의 기원을 담은 발원문을 불상 안에 봉안하기도 했다. 불타의 말씀으로 받들어지는 경전을 베끼는 사경이나, 경전을 배포하는 것도 사후왕생과 현세복락을 위한 공덕을 짓는 수행의 차원에서 행해졌다.

이러한 발원문과 다라니, 사경 등 역시 사후왕생을 위한 기도의 행위로 수렴될 수 있으며, 이에 대한 선행연구가 비교적 다수 축적되어 있다. 관련 연구자로는 고려시대의 사경원문을 주제로 하는 신은제, 물질연구를 불복장연구에 적용하는 김연미, 불복장의식을 주로 연구해 온 이선용, 밀교의식과 불복장의 관련성에 대해 집중적으로 연구하는 강대현 등이 있으며, 이선이의 경우에는 불복장의식의 소의문헌인 『조상경造像經』에 대한 서지학적 연구를 내놓기도 했다. 왕생발원 의식에 사용되는 다라니 연구로는 가장 먼저 본격적인 수구다라니隨求陀羅尼 연구를 시작한 옥나영, 묘장墓葬 다라니 개념을 제시한 이승혜 등이 있으며, 그 외 남권희, 김보민, 엄기표, 장익, 허일범 등의 다라니 연구가 참고된다. 진언기도에 대한 연구로는 관음 42수주手呪와 『오대진언』을 주제로 하는 문상련의 논문이 있으며, 김정희는 천수관음신앙과 도상에 대한 연구를 내놓았다.

　고려시대 사람들은 불상을 조성하거나, 불화를 제작하거나, 불경을 인경 혹은 사경하는 공덕행이 종료되면 자신의 발원을 담는 글인 발원문을 남기곤 했다. 고려시대의 불교도들이 망자의 정토왕생을 기원하기 위해 활용했던 다라니와 진언들은 망자의 죄업소멸과 사후 구제를 명시하고 있는 것이 대부분임을 볼 수 있었다. 원 간섭기 고려불교에서는 다라니신앙과 정토신앙이 결합하는 현상이 나타나는데, 이 시기에 이러한 다라니들이 다양하게 활용되었으며, 불복장의 물목으로도 많이 봉안되었다. 불복장 발원문에 드러나는 정토신앙과 함께 고려후기의 묘비명과 기문에도 사후 아미타정도 왕생을 기원하는 진언과 다라니가 새겨지는 현상도 나타났다. 또한 불복장이나 묘지명 외에도 다라니를 묘지 내부 혹은 관속에 직접 봉안하기도 했다.

　불복장 의식을 통해 봉안된 다양한 복장물 중에는 다라니나 진언 외에도 발원문이 포함되어 있다. 원문의 재료로는 종이뿐만 아니라, 의복이나 비단 등의 직물을 사용하는 사례들도 발견된다.

　불복장 발원문에 드러나는 정토신앙 외에도 고려 후기의 묘비명과 기문에는 사후 아미타정토왕생을 기원하는 목적으로 상품상생진언, 육자대명왕진언, 보루각진언, 결왕정생정토주 등의 진언들을 범자로 새기기도 했다. 또한 불복장물에 다라니와 함께 정토왕생신앙이 드러나는 발원문을 봉안했던 현상은 고려에 이어 조선시대 후기까지도 지속되었던 것을 볼 수 있다.

　윤회사상에 입각하여 지옥도와 아귀도를 언급하는 여러 불교문헌의 교설로 인해 동아시아의 불교도들은 늘 사후의 윤회에 대해 두려움을 안고 있던 것으로 보인다. 따라서 이러한 불교도들에게는 지옥, 아귀, 축생의 삼악도에 떨어지지 않기 위해서 사후 시왕의 심판을 대비하는 신행이 중요한 의미를 가지고 있었으리라 생각된다. 지옥도와 아귀도 윤회에 대한 두려움은 신앙을 키우고, 신앙은 자연스럽게 신행으로 드러나게 마련인데, 그 신행이 물질로 표출된 것 중의 하나가 다라니와 발원문이었던 것이다. 이러한 다라니, 부적, 의복을 활용하여 왕생을 발원하는 기도의 물질적 매개로 삼는 현상을 분석하는 연구는 문상련과 김연미의 경우가 대표적이며, 직물을 전문적으로 연구하는 송미경과 박상국, 그리고 엄기표 등도 묘지에서 출토된 복식과 다라니를 주제로 하는 논문을 내놓았다.

II
한국불교사에 나타나는 기원의 의례적 양태

일상수행으로서의 발원과 축원

여기서 말하는 일상수행은 일상의례의 형식으로 매일 반복되며, 그 형식과 내용에 수행의 의미를 담지하고 있는 것을 말한다. 일상의례로서 행해지는 절차 안에 성불을 위한 발원과 보살도적 축원을 함축하고 있는 의식으로 조·석예불과 사시마지巳時摩旨, 그리고 예불 절차 중에서도 행선축원行禪祝願을 꼽을 수 있을 것이다. 이처럼 사찰 안에서 행해지는 일상의례로서의 기도의식에 대한 연구로는 사시불공巳時佛供에서 활용되는 준제진언과 공양을 주제로 하는 진광희의 논문이 있으며, 사시불공의 신도 동참에 대한 문제의식과 대안을 제시한 박대용의 연구가 있다. 백도수는 사찰에서 일상적으로 행해지는 의례를 자행과 타행으로 구분하고, 인도불교에서 한국불교에 이르기까지 그 변용 양상을 다루기도 했다. 자현은 사찰기도의 다양한 방법에 대해 대중서의 형태로 제시했으며, 구미래는 사찰의 발우공양이나 후원의례 등 일상에서 절차상 빠지지 않고 행해지는 기도와 발원에 대한 연구를 내놓았다.

예불은 아침저녁 불전에서 오체투지로 경의를 표하는 오분향례 내지

사성례四聖禮 또는 칠정례七頂禮를 가리킨다. 예불은 불보살뿐만 아니라 상주삼보 조사, 종사, 신중에까지 그 범위를 확장하고 있다. 조석예불朝夕禮佛은 하루를 시작하고 마감하는 새벽과 저녁에 대중이 모여 부처님께 올리는 예배이다. 사시마지는 석가모니 붓다가 하루에 한 번 오전에만 식사를 하였던 것에 준하여 사시에 공양을 올리는 사시예불을 말한다. 새벽예불·사시예불·저녁예불을 '삼시예불三時禮佛'이라 하는데, 이때마다 신중단의례를 빠짐없이 행하고 있다.

새벽예불은 대개 다게茶偈 – 칠정례七頂禮 – 행선축원行禪祝願 – 반야심경般若心經 – 송주誦呪 등으로 구성된다. 다게로 인사를 드린 다음 본격적인 예경의례로 칠정례를 올리고, 중생의 평안을 기원하며 자타성불을 다짐하는 행선축원을 행한다. 이어 신중단을 향해 『반야심경』 등으로 중단기도를 올린 다음, 『천수경』을 염송하며 업장을 참회하고 발원을 한다. 사시예불은 정성껏 지은 마지를 법당마다 올리며 상단예불을 마치고, 신중단으로 마지를 퇴공退供하고, 『반야심경』 등으로 중단기도를 올린다.

사시예불에는 일반적으로 신도들도 많이 참석하는데, 이는 예불 시간이 오전 10시 전후이기 때문에 참여하기 적합한데다가, 부처님께 공양을 올리는 공덕을 짓는 신도들의 발원과 승려의 축원이 따르기 때문이다. 저녁예불은 대개 상단을 향한 오분향례五分香禮와 예경, 중단을 향한 『반야심경』 등으로 간략히 마친다. 공양의 대상이 되는 불보살은 물론 불법을 수호하는 신중에게도 중단기도의 형식으로 기도를 올리게 된다. 이처럼 삼시예불은 어느 사찰에서나 일상적으로 행하는 예배공양과 수행, 그리고 기도와 발원의식의 의미를 함께 가지고 있는 의례라고 할 수 있다.

불교의례는 스스로의 성불을 위한 자행自行과 타인의 구제를 돕는 타행他行으로 분류하는데, 이 자행의례에 일상 예경의례, 즉 예불과 예참의례를 들고 있다. '예참'은 예불과 참의懺儀·참법懺法과 같은 참회의식의 성격을 함께 가지고 있는 일상의례로 볼 수 있다. 예참의 순서는 사원별 행법에 따라 조금씩 차이를 보이지만 대체적인 절차는 수행자와 도량을 깨끗이 정화하고, 향화香花를 공양하고, 부처님을 청해 예경을 하고 '참회'를 하고 권청勸請-수희隨喜-회향迴向-발원發願을 하는 순서로 진행된다.

다음으로 불교의례 가운데 중요한 부분을 차지하는 것이 축원祝願절차이다. 축원문은 통상 노전승이나 주지승이 맡아서 독송하게 된다. 축원을 예배의 대상별로 구분하면 불전에 하는 상단축원上壇祝願, 신중단에 하는 중단축원中壇祝願으로 나눌 수 있다. 아침예불에서 행하는 행선축원行禪祝願은 국가와 세계, 시주자, 일반 대중, 미물중생 등을 위한 축원이다. 현재 한국불교사원에서 널리 활용되는「행선축원문行禪祝願文」은 고려말 나옹 혜근懶翁惠勤(1320~1376) 화상이 지은 것으로 전해지며,「나옹화상발원문」으로도 불린다. 최근에는 나옹선사의 한문 행선축원문을 현대적으로 번역한 우리말 행선축원문을 예불에서 사용하기도 한다.

이 행선축원은 모든 사찰에서 아침예불을 할 때 예경 후에 바로 상단에서 하는 축원문이다. 간절히 부처님께 기도 발원하는 축원문의 내용을 보면 가장 먼저 국가와 천하의 안녕을 빌고 있는 점이 눈에 띈다. 수행자의 불퇴전의 원력과 석가모니불의 용맹한 지혜와 비로자나불의 깨달음을 기원한 후 문수보살의 지혜, 보현보살의 행원, 지장보살의 변화신, 관음보살의 응신 등 4대 보살의 행을 실천하고자 발원한다. 이어서 중생들이 자신의 이름만 듣고도 삼악도를 벗어나게 하고, 자신의 모습만 보아도 해탈을 성취하도록 발원한다. 마지막으로 호법신중들의 위호를 간청하고 있으며, 미물까지도 성불할 수 있도록 서원을 발하고 있다.

새벽예불에서「행선축원문」이 아닌「이산연선사발원문怡山然禪師發願文」을 독송하는 사찰도 있다.「이산연선사발원문」은 크게 네 단락으로 구분되는데, 첫째 단락은 삼보전三寶前에 귀의한다는 도입부이고, 둘째 단락은 지금까지 지은 업보를 참회한다는 내용이다. 셋째 단락은 열반涅槃에 도달하기 위한 구도의 내용이고, 마지막 단락은 지옥중생에서부터 축생에 이르기까지 모든 중생이 성불하기를 발원하는 내용이다.

정리하면, 이러한 예불의식은 일상의례로 행해지는 절차에도 자타의 수행의 완성은 물론 공동체의 안녕까지 기도하고 축원하는 모습을 보여 준다고 하겠다.

재난의 소거를 위한 기원과 재일齋日

사람들이 생애 중에 맞닥뜨리게 되는 재난을 없애고 예방하기 위한 기도는 일상적으로 행해지거나, 특정 기일, 즉 재일齋日을 정해 기도 법회를 하는 형식으로 진행된다. 이 재일 중에서 한국불교 사찰마다 빼놓지 않고 기도정근하는 것이 24일 관음재일과 18일 지장보살재일이다. 또한 매달 초하루부터 3일간 신중기도神衆祈禱를 열어 초이튿날에는 철야정진을 하고 있다.

이 외에 주간행사로는 일요일마다 일요법회를 열고 있다. 재가신도들이 특정 일자에 출가자처럼 재식齋食과 기도수행을 하는 육재일六齋日은 매월 음력 3일, 14일, 15일, 23일, 29일, 30일에 해당된다. 이 육재일이 대승불교권에서 십재일十齋日로 확장되면서 매월 음력 육재일에다 1일, 18일, 24일, 28일을 더하고, 각 재일마다 특정 불보살을 향한 기도의 의미를 부여했다. 이를테면 1일은 정광불, 8일 약사불, 14일 보현보살, 15일 아미타불, 18일 지장보살, 23일 대세지보살, 24일 관세음보살, 28일 비로자나불, 29일 약왕보살, 30일 석가모니불 기도의 형식을 취하는 것이다.

이처럼 동아시아불교의 불교도들이 일상의 고난을 없애고, 예방하기 위한 기도의 대상이 된 불보살 중에서도 아미타불, 관세음보살, 미륵보살, 약사여래 등이 가장 폭넓게 신도들을 확보하고 있다. 그중에서도 가장 대표적인 것은 '관세음보살觀世音菩薩'신앙으로, 아미타신앙과 같이 보살의 대자비심에서 나온 본원에 대한 믿음과 귀의의 대상이 되고 있다. 관음신앙과 관련된 기도를 다루는 연구로는 김호성의 『천수경과 관음신앙』을 대표적으로 들 수 있으며, 의궤문헌으로서의 『천수경』의 성격을 분석하는 이성운의 연구도 눈에 띈다.

한국불교에서의 관음신앙은 천수다라니로 집약되는데, 671년 당에서 귀국한 의상대사에 의해 658년경 가범달마가 한역한 『천수천안관세음보살광대원만무애대비심다라니경』(약칭 『천수경』)이 처음으로 도입되었다. 통일신라시대에는 일상 속에서 『천수경』을 읽고 예참하는 전통이 널리 펴져 있었던 것으로 보고 있다. 고려시대에는 예참禮懺과 다라니 염송이라는 두 가지 측면에서 천수관음신앙이 전개되었다.

고려 말기 공민왕이 노국대장공주의 천도를 발원하기 위해 천수관음도량을 개설(1370)했던 기록에서 볼 수 있듯이, 왕실과 민간에서 망자의 극락왕생을 위해 또는 개인적인 신앙행위로서 『천수경』과 천수다라니를 독송하는 전통이 있었으며, 사찰의 전각 내에 천수관음상이 봉안되기도 했다. 『천수천안관자재보살광대원만무애대비심다라니경千手千眼觀自在菩薩廣大圓滿無礙大悲心陀羅尼經』의 중심을 이루는 천수다라니는 관세음보살과 삼보에 귀의한 뒤 속히 악업을 그치게 하고 탐욕과 진에瞋恚, 우치愚痴를 움직이는 독을 소멸하게 하여 깨달음을 이루게 해줄 것을 기원하는 것을 골격으로 하고 있다.

이처럼 고대 시기부터 관음신앙이 활발했던 한국불교에서 천수다라니를 중심으로 여러 다라니와 현교적 시송詩頌들을 재편하여 새로운 의궤 형태로 편찬한 것이 현행 의식용『천수경』이다. 현행 의식용『천수경』의 성립시기는 명확하지 않으나, 1969년 통도사에서 간행된『행자수지』에서 현행『천수경』의 완결된 형태가 처음으로 나타난다.

현대 한국불교의례의 차원에서 보면, 신앙의 대상이 되는 여러 불보살들을 의례의 장에 강림해주기를 청하는 청문請文은 많지만, 망자亡者(靈駕)에게 시식을 베푸는 의문儀文에 불보살 명호가 들어간 것은 관음시식觀音施食이 유일하다. 이처럼 관세음보살은 도량에서 행하는 모든 불사에 가장 가까이에서 옹호해주는 것으로 인식되어왔기 때문에 특별히 관세음보살에게 별도의 공양을 드리는 절차가 배정되고 있는 것이다.

한국불교의 기일期日 기도: 백일기도에서 만일기도까지

한국불교에서는 사찰마다 조금씩 다르기는 하지만 수십 일이 넘는 장기간의 기일을 정해두고 기도법회를 진행하는 모습이 눈에 띈다. 먼저 매년 정기적으로 행해지는 승려들의 안거수행인 동안거·하안거의 결제結制와 해제解制 또한 100일 기도와 연결 지어서 사찰의 중요한 수행문화로 정착한 것을 볼 수 있다. 이에 따라, 새해의 정초 기도가 지난해 음력 10월 15일부터 다음 해 음력 1월 15일까지 행해지는 동안거 100일 기도의 기간이 맞물리게 된다. 동안거 기도의 형식은 자비도량참법, 위빠사나수행, 명상수행, 경전 독송, 칭명염불기도 등의 다양한 형식으로 이루어진다.

세 차례 계속되는 '정초 저녁기도'는 각기 석가모니와 문수보살·보현보살의 가피를 비는 기도 시리즈로 구성되어 있다. 1월 5일부터 32일 동안 '여래와 금강경 32일기도'를 행하며, 이어서 2월 18일부터 33일간 '문수보살 33일기도'와 4월 4일부터 30일간 '보현보살 30일기도'를 하고 있다. 이 외에 매년 음력 1월말 무렵부터 열흘간에 걸쳐 자비도량참법기도 慈悲道場懺法祈禱를 열고 있다. 이는 참회기도 가운데 가장 널리 행하는 수행법의 하나로, 마지막 회향일이 출가재일 전날이 되도록 함으로써 정초를 맞아 자신을 돌아보면서 부처님의 출가를 되새기는 의미를 담고 있다.

또한 111일 간에 걸쳐 올리는 화엄성중기도를 7월과 11월에 행하고 있는데, 여러 신중神衆들에게 중생을 수호하고, 원을 들어달라고 정성을 들이는 기도이다. 여름에 시작된 기도가 끝나면 바로 11월에 겨울기도가 시작되는데, 이를 대입수능자녀를 위한 소원성취기도로 부르기도 한다. 대입자녀를 둔 부모들이 입시를 앞두고 행해온 입시동참불공을 재편하여, 111일간에 걸쳐 기도하는 화엄성중기도華嚴聖衆祈禱를 두고 있는 것이다. 종래에는 백일기도가 일반적이었으나, 숫자 1이 세 번 거듭되는 의미를 담아 '1등 자녀, 1등 부모, 1등 기도도량'이라는 뜻에서 111일간 불공을 올리는 것이다.

수능기도는 수능을 앞두고 100일 혹은 특정 기일을 정해 기도를 드리는 것을 말한다. 일반적으로 신도 자신이 다니는 재적 사찰에서 진행하지만, 강화 보문사, 서울 도선사, 안성 칠장사, 대구 팔공산 갓바위 등 유명한 기도처에서 특별히 기도를 드리기도 한다. 특히 안성 칠장사는 어사 박문사가 이 절의 나한전에 기도를 드리고 장원급제했다는 전승을 활용하여 수능기도 명당으로 자리잡은 사찰이다. 조계사의 경우, 100일 기도 마지막 날인 수능 전날에는 철야 기도회를 열기도 한다. 일반적으로 수능시험 100일 전에 사찰 단위로 '대입수학능력시험 백일기도 입재식'을 봉행한 후, 수능 당일까지 매일 진행하게 된다. 기도법은 불경독송과 108

배 등의 간단한 절차로 이루어지며, 자녀의 사진을 방석 위에 두고 기도를 하기도 한다.

다음으로, 일천 일 동안 염불기도를 행하는 천일기도나, 일만 일에 걸치는 만일기도는 한국불교 정토신앙의 한 특징을 보여준다. 염불은 불타, 특히 아미타정토의 교주인 아미타불에 대한 귀의의 약속이자, 극락왕생을 발원하는 기도라고 할 수 있다. 만일萬日기도는 말 그대로 일만 일에 걸쳐서 염불기도를 행하는 '만일염불회'의 염불신앙을 실천하는 것이다. 일만 일은 햇수로 27년 5개월에 해당하며, 1년 단위로 매 연차가 끝날 때 회향하고, 다시 새로운 연차의 입재를 봉행하는 형식으로 진행된다. 연차를 마치는 날에는 철야정진기도를 하면서 새로운 연차를 맞이하게 된다. 염불기도는 북과 징, 목탁, 요령의 사물에 맞추어 나무아미타불 칭명 고성염불高聲念佛을 하는 형식으로 진행한다.

한국불교사에서 만일 염불기도의 가장 대표적인 사례로는 19세기에 행해졌던 고성 건봉사乾鳳寺의 만일회를 들 수 있다. 당시 유행했던 만일염불결사가 금강산 신계사에서도 행해졌는데, 1867년 이석신李奭信이 쓴「신계사보광암만일회서사神溪寺普光庵萬日會叙事」라는 글에는 당시 십여 명의 스님들이 북을 치면서 염불을 했다는 기록이 나온다. 처음에는 2차에 걸친 화엄경 강의가 이루어졌으며, 만일회에서는 매일 6회에 걸쳐서 아미타불을 일천 념念씩 하였다고 한다. 이는 하루 시간을 여섯 번으로 나누어 염불을 행하는 육시六時염불과 고성염불을 행했던 것을 보여준다. 육시염불은 하루를 6등분하여 새벽(晨朝), 정오(日中), 해질녘(日沒), 초저녁(人定), 자정(夜半) 자정 이후(鷄鳴時)에 염불을 실천했던 방식이다. 또한 1858년 영허 의현靈虛義玄(1816~1874)에 의해 주도된 미황사 만일염불결사에서는 하루 네 번에 걸쳐 고성염불을 하는 사분정근법四分精勤法을 수행했다고 한다. 사분염불은 아침예불 후 2시간, 아침공양 후 두 시간, 점심공양 후 두 시간, 저녁예불 후 두 시간 등 하루 네 차례에 걸쳐 염불정근을 하는 방식이다.

　이러한 기일을 정해두고 실천하는 기일염불이나, 백일 혹은 천일기도 등의 기일기도 방식은 중국불교에서 1일에 천 념, 만 념을 실천하는 형식의 수량염불과는 분명히 다른 양태를 보여준다. 수량을 중시하는 기도방식이 좀 더 개인적인 수행 일과日課의 형식이라면, 기일기도는 사찰과의 연계를 좀 더 강화하는 형식인 것으로 생각해 볼 수도 있을 것이다. 다시 말해 수량염불은 재가자들이 집에서 혼자 진행할 수 있는 방식인데 비해, 기일기도는 주기적으로 사찰에 모여서 공동체적 수행을 하는 방식이라고 정리할 수 있다.

Ⅲ 한국불교 사찰 절일과 기원의례

초하루불공과 신중신앙

　신중神衆은 불법을 수호하는 호법신護法神들로서, 모든 법회를 개설할 때는 도량을 위호해 줄 신중을 청해 의례를 행하는데 이를 신중작법神衆作法이라 한다. 한국불교의 신중은 불교 안에 편입된 인도의 베다종교의 신들 외에 한국 재래의 신들까지 수용하게 된다. 화엄신중華嚴神衆이 39위位인데 비해, 조선시대의 신중도는 104위까지 늘어난 신중들이 그려진 것을 볼 수 있다. 신중으로 불리는 존재에는 팔대 금강신장, 제석천, 사왕천, 대범천 등의 천상 성중聖衆과 팔부 신중인 천, 용, 야차, 건달바, 아수라, 가루라, 긴나라, 마후라가 등의 39위 신중 외에 한국 민간신앙의 신을 수용한 각종 신들, 예를 들어 뜰신(庭神), 우물신(井神), 변소신(厠神) 등도 포함된 것을 볼 수 있다. 신중의 역할이 도량과 불법, 사부대중을 위호하는 것이기 때문에 자연스럽게 불교도들의 길흉화복을 주관하는 존재로 믿어져서 기도의 대상이 된 것이다. 특히 한국은 다른 불교국가들에 비해 신중의례神衆儀禮가 보다 체계화되어 있는 점을 볼 수 있다. 이는 신중이 상단·중단·하단의 삼단 중에서 중단을 차지하고 있는 한국

불교의 의례구조에 기인한 것으로 생각된다.

이러한 한국불교의 신중신앙에 대한 연구는 세시의례를 통해서 신중신앙을 분석한 구미래의 논문이 있으며, 조범환과 김현중은 한국불교에서 독특하게 등장하는 화엄신중신앙에 대해 다루고 있다. 조범환은 장보고 해상세력과의 연관성을 중심으로 하는 역사학적 분석을 위주로 하고 있으며, 김현중은 화엄교학을 배경으로 하는 도상 제작과 계파의 성격을 연관 지어 설명하고 있다.

불보살보다는 하위의 위격인 신중에 대한 기도는 일반적으로 사업, 치병, 시험합격, 재앙소멸 등의 현세이익을 목적으로 하는 경우가 많다. 사찰에 따라서 1월 3일부터 정초 기도를 시작하는 곳도 있고, 1월 5일부터 하는 곳도 있다. 기간은 대략 7일 정도이며, 사찰에 따라서 정월 대보름까지 진행하기도 한다. 하지만 새해 시작 시기에 삿된 기운을 몰아내는 벽사의 기도는 대부분 대보름을 넘기지는 않는다.

역사적으로 보면 신중신앙이 한국불교에 수용된 것은 삼국시대부터이지만 신중을 대상으로 본격적인 의례를 행한 것은 화엄신중도량이 성행한 고려시대에 이르러서이다. 특히 고종 재위기간(1213~1259)에 신중도량神衆道場·신중법석神衆法席이라는 이름으로 37회의 신중의례가 집중 설행되었던 것을 볼 수 있다. 신중신앙과 관련된 이들 의례는 대부분 거란과 몽고의 침입과 관련해 신중의 위력으로 적을 물리치고 나라를 지킬 수 있도록 기원하는 호국법회였다.

고려시대의 화엄신중도량은 오늘날 신중단 의례의 기반을 이루고 있으며, 많은 사찰에서 조석예불이나, 도량석 등의 절차에서 「화엄경약찬게華嚴經略纂偈」를 독송하고 있다. 「화엄경약찬게」에 등장하는 화엄신중은 39위位로 고대 인도의 베다종교의 신들이 불교적으로 변용된 존재들이지만, 점차 중국을 비롯한 동아시아와 한국의 토속신들이 추가되어 조선시대에 이르면 '104위 신중'이 정립되기에 이른다. 이들 신중은 각자 위격에 따라 분화되기도 하고, 그 중 민간에서 인기 있는 신격은 독립된 신앙으로 발전하기도 하였다. 한국사찰에서 산신각과 칠성각에 모셔지는 산신과 칠성신 역시 104위 신중에 속한 토속신을 별개의 신앙으로 독립한 사례라고 할 수 있다.

이러한 신중신앙은 한국불교 대부분의 사찰에서 행해지는 초하루불공(초하루법회)과 밀접한 관련이 있다. 초하루법회를 신중기도에 중점을 두고 행하는 경우가 많기 때문이다. 초하루불공은 음력 초하루부터 초삼일까지 3일간에 거쳐 행해지는 기도이다. 대표적인 전통산사의 사례로써 살펴보면, 통도사에서는 보름법회가 없는 대신 매달 초하루부터 3일간에 설쳐 신중기도를 올리고 있다. 마곡사에서도 매달 초에 3일간 신중기도를 올리되, 초하루에는 사시마지 불공에 이어 법문을 듣는 데 중점을 두고 초이틀과 초삼일은 화엄성중華嚴聖衆을 대상으로 한 기도에 집중한다.

법주사·부석사·봉정사 등에서도 신중기도에 비중을 두고 설행하는 초하루법회가 한 달 중의 가장 핵심적인 의례로 자리하고 있다. 따라서 초하루법회에서는 상단의 마지를 내려 중단권공을 할 때, 신중을 향한 예경의례에 이어 화엄성중 정근을 행한다. 이처럼 신중께 공양을 올리는 공덕으로 온갖 재앙과 어려움이 사라지고 복과 영화를 누리도록 동참신도에 대한 신중축원이 따르게 된다.

매일의 삼시예불에서 행하는 신중의례가 신중에 대한 일상의례의 성격을 지닌다면, 매달 초하루에 행하는 신중기도는 더 특별한 의미를 갖는다. 바로 새 달이 시작되는 첫날과 신중기도의 위신력이 중요하게 연결되어 있기 때문이다. 이는 각종 불교의식에서 먼저 신중을 청해 도량을 옹호해줄 것을 발원하는, 이른바 신중작법을 마치고 본 의식에 들어가는 것과 같은 맥락이라 할 수 있다.

또한 한국의 재가불자들이 신중기도를 특히 중요하게 생각하는 것은 각자의 발원과 소망을 집중적으로 기도할 수 있다는 데 있다. 초하루 법회의식을 주관하는 스님은 불공을 올리는 신도들 한 명 한 명의 기도에 대한 성취의 축원을 해주고, 법회에 동참한 신도들은 절을 올리거나 경전을 독송한다. 불교도로서 성불이라는 무거운 명제보다는 일상의 어려움을 해결하고, 원하는 바를 가감 없이 털어놓고 빌 수 있는 신중기도를 행할 수 있는 신앙의 장이 바로 초하루불공인 것이다.

세시의례와 특별기도

세시歲時란 자연의 순환에 따라 연례적으로(歲) 맞는 특정한 때(時)를 말한다. 불교에서도 민간의 세시풍습을 절일節日로 수용하거나, 불보살과 관련된 기념일을 명절처럼 의식과 기도를 하며 지내는 것을 볼 수 있다. 전통 민간세시인 설, 입춘, 대보름, 단오, 칠석, 백중, 한가위, 중양절, 동지 등의 절일에 기도법회를 중심으로 전통풍습과 관련된 다채로운 행사를 치르고 있다. 불교의 세시는 불탄절·출가절·성도절·열반절의 4대 명절(4명일), 7월 보름의 우란분절, 윤달 풍습을 중심으로 활성화되어 있다. 이러한 세시 절일과 관련된 민속학적 연구로는 김용덕, 편무영, 박종암, 안길모, 김명자, 구미래 등의 논문이 나와 있다.

정초인 대보름이나 3월 삼짇날 무렵에는 죽음에 처한 생명을 풀어줌으로써 선업을 짓는 방생법회가 활성화되어 있다. 정초에 많은 사찰에서 여러 방식의 방생법회를 열고 있으며, 지역적 특성에 따라 강이나 바다, 못이나 우물 등에서 용왕기도를 올리기도 한다. 시기적으로 만월의 정기가 가득한 대보름이나 봄의 양기가 충만한 삼짇날에 행하는 공덕이

양적으로 더 큰 복이 된다고 믿는 것이다. 또한 민간에서는 용의 권속인 물고기를 놓아주는 방생이 용에 대한 공양의식으로 해석되기도 하여 방생법회를 용왕제라 부르기도 한다. 정초에 거행하는 어촌의 용왕제를 사찰에서 주관하거나 동참하는 사례도 있는데, 이러한 경우에는 먼저 방생放生과 관련한 용왕기도를 진행하는 것을 볼 수 있다. 실제 물고기나 새 등을 놓아주는 방생이 아니라 자신의 아상我想(ego)을 놓아주고 불성을 찾아 회복하자는 의미의 기도법회나, 성지순례로 방생법회를 대신하는 사찰도 있다. 사찰에 따라 가을 방생법회와 기도를 하는 곳도 있는데, 일반적으로 농사를 마친 후인 양력 10월에서 11월 사이에 진행하게 된다.

새해 첫 번째 절기인 입춘立春에는 입춘기도를 한다. 이 입춘기도는 개인의 띠를 기준으로 12년 중 3년간 운세가 약한 시기를 대비하여 이른바, 삼재풀이 기도를 하는 기간과 맞물리게 된다. 정월 3일부터 7일간의 정초기도와 3일간의 입춘불공은 부처님의 가피로 평안한 새해를 맞이하기 위해 많은 신도들이 참여하는 대표적인 새해맞이 불교의식이다. 설과 입춘은 비슷한 시기에 들게 되는데, 불자들은 정초불공보다 입춘불공을 더 중요하게 여기며 많이 참여하고 있다. 설날은 가족과 함께 치르는 혈연 중심의 명절이라는 점과 더불어 입춘은 한 해의 무사평안을 빌고 삼재풀이를 하는 날이기 때문이다.

또한 7일 간의 정초 기도가 끝나는 정월 9일부터 14일에 걸쳐 조상천도재를 올리게 된다. 대보름이자 동안거 해제일에는 불공을 올릴 뿐만 아니라, 다시 대보름부터 3일간에 걸친 1차·2차·3차의 삼재소멸기도로 이어진다. 인생 주기와 관련된 삼재三災는 12지지가 순환하는 기간 동안 3년에 걸쳐 맞이하게 되는데, 전통적으로 삼재와 관련된 한국사회의 속신俗信을 사찰에서 수용하여 '삼재풀이'의 형태로 기도의식을 행하는 것이다.

　한국불교의 특성으로도 얘기되는 산신각·칠성각의 사례에서도 보듯이, 한국불교도들에게 있어서 산신과 칠성신은 기원의 대상이 되는 중요한 신격으로 수용되고 있다. 특히 칠성각은 우리나라 사찰에서만 볼 수 있는 특유의 전각으로 조선 중기부터 나타나기 시작하였다. 19세기 이후 염불계 형식의 신앙결사들은 현세적 발원을 위한 별도의 신앙 공간의 건축을 후원했으며, 이로 인해 각 사찰의 경내에 산신각이나, 칠성각 등이 세워지기도 했다. 사찰의 칠성각에는 단순히 도교의 북두칠성을 모신 것이 아니라, 칠성신을 불교적으로 수용한 칠여래가 함께 봉안되어 있다. 도교의 성수신앙에서 북극성을 자미대제紫微大帝로 신앙하는데 비해, 불교에서는 북극성을 상징하는 치성광여래熾盛光如來를 모신다. 치성광여래의 좌우 보처에는 일광보살과 월광보살이 협시로서 자리하고, 북두칠성 일곱 개의 별이 칠성여래로 화현하여 불교도들의 기도에 답하게 되는 구도인 것이다.

　특히 칠성신은 인간의 수명과 자녀생산을 관장하는 신으로 믿었기 때문에 예로부터 장수와 자식의 발복을 기원하는 대상이 되어왔다. 또한 한국의 전통장례의식에서 볼 수 있듯이 시신 아래에 두는 칠성판은 칠성이 망자의 세계를 관장하는 역할도 했다. 이에 따라, 한국불교에서는 칠성 역시 신중으로 받아들여서 인간의 수복을 비는 칠성기도를 하게 된 것이다. 칠성신에 대한 기원은 일상적으로 이루어지지만, 특별히 7월 7일 칠석七夕날에 집중적으로 칠성기도를 올리게 된다. 칠성기도는 대부분 자식의 수명장수와 부귀영화를 비는 축원기도의 형식으로 국수나, 실타래, 소창 등 장수와 관련된 공양물을 칠성단에 공양한다. 예전에는 칠성기도를 며칠에 걸쳐 올렸지만, 7월 보름의 백중기도를 칠칠재로 올리기 시작하면서 날짜가 겹치지 않도록 대개 당일에 마친다. 아울러 현대에 들어서는 자식의 수명과 재복뿐만 아니라, 칠석날이 견우·직녀가 만나는 날이라는 점에 착안하여 미혼남녀의 인연을 맺어주는 기도까지 겸하고 있어서 칠성신앙이 확장되고 변용되어가는 모습을 볼 수 있다.

특별히 칠성각이나 칠성신앙과 관련된 연구로는 정진희와 김일권의 논문들을 들 수 있으며, 김용태와 이종수의 경우, 조선 후기 불교와 민간신앙이 공존하는 양상으로서의 칠성신앙에 대해 다루기도 했다. 또한 최종석은 칠성신앙과 산신신앙, 용왕신앙을 통해 한국불교와 도교의 교섭 양상을 확인하는 주제의 논문을 내놓기도 했다.

음력 동짓날 11월 22일을 중심으로 7일간 진행하는 동지기도는 정초기도와 마찬가지로 신년맞이 기도의 특성을 가지고 있다. 이는 동지를 작은 설로 여겼던 풍습과도 관련이 있는 것으로 생각된다. 특히 동지에는 민간 세시풍속의 영향을 받아서 사찰마다 벽사의 의미를 가지고 있는 동지팥죽을 쒀서 신도들과 나눠 먹는 모습을 볼 수 있다. 또한 음력 12월 8일은 성도재일이라 해서 붓다가 새벽시간에 깨달음을 얻었던 것을 기려 철야기도를 하게 된다. 밤새워 기도하는 동안 빈속을 달래기 위해 수자타가 붓다에게 공양한 우유죽과 유사한 의미의 영양죽을 서로 나눠 먹으며 정진한다.

일반적으로 불교 세시절일은 음력을 적용하고 있지만, 연말에 행해지는 기도법회는 현대의 생활패턴에 맞추어 양력개념을 수용하고 있다. 전통적으로 음력 12월 말에 제야도량除夜道場을 열었으나, 지금은 양력 12월 22일부터 3일간의 동지기도와 31일의 송구영신법회送舊迎新法會로써 한해를 마감하는 기도법회를 진행하고 있는 것이다.

백중과 윤달의 천도기도

우란분盂蘭盆은 음력 7월 15일, 즉 백중에 치러지는 조상천도의식을 말한다. 우란분절盂蘭盆節은 초기불교 승가에서 하안거 해제일에 승려를 공양했던 습속이 불교의 전래와 함께 중국에 전해지게 된 명절이다. 중국의 중원절 전통에서는 도교의 시아귀절施餓鬼節과 융합하여, 부모와 7세 조상의 천도에 무주고혼의 구제에까지 범위가 확대되었다. 문화혁명 이후 불교적 성격이 퇴색되자 지금은 조상에 대한 참배와 공양, 고혼을 위한 시식 등의 천도遷度 전통과 더불어 만찬과 놀이를 즐기는 축제적 성격이 짙다. 한국의 민속에서는 음력 7월 15일을 백종일百種日, 백중절百中節, 백중百衆, 백종白踵 또는 중원中元이라는 다양한 명칭으로 부른다.

한국의 경우에는 고려시대 이전의 우란분재에 관한 기록은 찾아 볼 수가 없지만, 신라시대에 이미 백고좌회百高座會와 같은 각종 법회가 열렸던 사실로 미루어, 특별한 명칭을 붙이지 않은 재齋·회會의 형식으로 설행되었을 가능성이 있으리라 생각된다. 일본의 기록을 보면 스이코推古 천황 14년, 세이메이齊천황 3년에 우란분재를 설행했다는 기록이 등장한다. 이 시기를 한국과 대조해 보면, 전자의 경우는 606년(진평왕 28), 후자는 656년(무열왕 3)에 해당된다. 중국에서 한국을 거쳐 일본으로 전해졌던 당시 불교의 전파경로나, 법흥왕 이래 신라 불교의 확산 상황을 고려해 보건대, 우란분재가 고려시대 이전에도 이미 설행되고 있었으리란 추정이 가능할 것이다.

조선의 억불정책에도 불구하고 면면히 이어져 오던 우란분재는 최근에는 백중날이라는 이름으로 사찰의 세시적 천도의식일로 변모해가고 있다. 특히 49재를 신청하는 사람들은 집안에 고인이 된 분들의 위패를 마련하여 우란분절 직전 불단에 순서대로 천도재를 지내주고, 음력 7월 15일에 모두 함께 모여 우란분재를 지낸다. 그 다음 위패를 들고 스님들을 따라 경내를 돌고, 탑돌이를 하며, 사찰 경외에 위패와 꽃들을 모두 쌓아놓고 불사르는 것으로 재를 마감한다. '우란분회', '영가천도재', '백중천도재' 등으로도 불리는 사찰의 백중절 행사는 '49재' 의식과 맞물리며, 본래적 의미의 우란분절 행사로 회귀한 듯한 모습을 보여주고 있다. 이는 두레와 융합되었던 백중의 농경축제적 성격이 현대에 들어 퇴색되면서 망혼절로서의 성격으로 환원되어간 것으로도 해석할 수 있을 것이다.

이러한 백중절에 행해지는 조상천도에 대한 논문은 구미래, 김상영, 김성순, 윤소희 등이 내놓았다. 또한 윤달과 관련된 천도의식의 경우는 민순의, 성청환, 한상길 외에 생전예수재 관련 논문들이 다수 나와 있다.

다음으로 윤달과 관련된 천도기도를 위한 불교의식으로 생전예수재生前豫修齋를 들 수 있다. 『동국세시기東國歲時記』에는 "광주廣州 봉은사는 윤달이 되면 서울 장안의 여인들이 다투어 와서 불공을 드리며 돈을 탑 위에 놓는다. 그리하여 그 윤달이 다 가도록 끊이지 않는다. 이렇게 하면 극락세계로 간다고 하여 사방의 노파들이 분주히 달려와 다투어 모인다. 서울과 외지의 절에서도 대개 이런 풍속이 있다."고 기록되어 있다. 고려시대 이후 오늘날까지 예수재는 윤달에 시행하는 것이 관례로 정착되었으므로 윤달에 불공을 올리는 의례는 곧 예수재를 가리키는 것으로 보인다. 윤달이면 대부분의 지방에 이러한 풍속이 있다고 하였다. 이 자료에 따르면 예수재는 19세기 중반에도 꾸준히 지속되었음을 알 수 있다. 하지만 예수재를 윤달에 설행하는 것과 관련된 교의적 언급은 예수재 관련 경전이나 의례문 어디에도 보이지 않는다.

그렇다면 먼저 왜 윤달에 생전예수재를 거행하게 되었는지에 대해 알아볼 필요가 있을 것이다. 우리나라에서는 태양력을 사용하기 전까지 태음태양력인 시헌력時憲曆을 사용했다. 조선조 1653년(효종 4)부터 시헌력을 250년간 사용하다가 1895년(을미년) 음력 9월 9일 태양력을 쓸 것을 공포함으로써 1896년 1월 1일(음력으로는 11월 17일)부터 태양력을 쓰게 되었다. 태음태양력에서는 1태양년을 365.2422일 또는 365.2423일, 1태음월을 29.53059일로 두었다. 이에 따라 태양태음력에서는 윤달이 3년에 한 번, 5년에 두 번이 든다. 음력으로 윤달이 드는 해에는 1개월이 더 있어서 13개월이 일 년이 된다. 결국 이러한 윤달의 비일상적 시간 질서로 인해 재앙을 만드는 존재들이 평상시와는 달리 힘을 쓰지 못하리라는 관념에 근거하여 생전예수재와 같은 종교습속이 생겨난 것이다.

이러한 민속학적 분석에서 한발 더 나아가 윤달에 제작되는 수의壽衣와의 관련성에서 그 원인을 찾기도 한다. 망자에게 입히는 수의라는 용어는 17세기 초에 처음 등장하였고, 나이 많은 노인이 있는 집에서는 수의를 미리 준비하였다. 윤달은 몇 년 만에 한 번씩 들기 때문에 여벌달·공달 또는 덤달이라고도 부른다. 그래서 일상적인 달과는 달리 걸릴 것이 없는 달이고, 탈도 없는 달이므로 이때에 수의를 준비해 두면 무병장수한다는 속설이 있다. 따라서 노인을 위해 수의를 제작하는 윤달에, 생전예수재도 설행한다는 것이다. 이는 무병장수를 비는 윤달에 미래의 극락왕생까지 기원한다는 확장적 추론일 것이다.

이상, 한국불교에서 천도의식 설행과 관계된 대표적인 두 개의 달(月)인 칠월 보름과 윤달에 대해 살펴보았다. 음력 7월에 망자들을 위한 의식을 행하는 것은 전 인류문화권에서 많이 보이는 현상이지만, 윤달의 수의 제작과 생전예수재 설행은 한국의 책력과 관련된 독특한 문화관습이라는 점에서 새겨볼 필요가 있을 것이다.

한국불교의 기원의례와 관련된 물질物質의 사례

　의례를 집전하거나 참여하는 이들은 의례의 성격에 맞는 최적의 도구를 선택하게 되어 있다. 이에 따라 의례의 형식이나 내용이 변화하게 되면 도구 역시 변화하거나, 다른 물질로 대체되는 모습을 보인다. 신앙은 의례라는 행위를 통해 표현되고, 그 의례 안에서 사용되는 물질은 의례 밖에 있을 때와는 다른 상징성을 담지하게 된다. 한국불교의 기도의례에서 사용되는 물질, 즉 법구를 통해 좀 더 폭넓게 의례연구의 문을 확장할 수 있으리라는 기대를 품고 몇 가지 대표적인 사례를 살펴보고자 한다.

　먼저 한국을 포함하여 동아시아불교에서 예불과 예경을 위한 법구로 사용되었던 병향로柄香爐에 대해 살펴보기로 하겠다. 병향로는 향을 피워 예불을 하는 행향行香의식을 할 때 주로 사용했으며, 법사가 재회에서 설법할 때나, 왕이 사찰을 방문하여 간경看經을 할 때에도 사용했다.

　고려불화에서 나타나는 병향로는 불보살에게 설법을 청하기 위해 행해지는 일종의 권청의례로 보인다. 고려판『선원청규禪苑淸規』에서도 간경이나, 설법을 할 때 행향을 했음을 알 수 있다. 한국에서는 7세기에 미륵신앙이 유행함에 따라 병향로의 사용이 늘어나고, 8세기에는 아미타신앙으로 인해 사용되었다. 조선시대에 들어서도 병향로가 쓰였던 의식이 있는데, 바로 승려들의 장례인 다비의식이었다. 아마도 장례행렬에서 줄지어 운구를 따라가기 위해서는 자루가 달린 병향로를 사용해야 했으리라 생각된다.

　조선시대에 들어서 불전의 바닥이 전돌에서 마루로 깔리기 시작하는 변화가 나타난 것은 입식의 예불의식인 요잡이 좌식의 예불의식인 배례와 기도로 변화된 것과 맞물리는 것으로 추정된다. 이는 또한 바로 그 시점부터 요잡을 행할 때 손에 들던 병향로 역시 더 이상 불전 의례에서 사용되지 않게 되었다는 것을 의미한다. 실제로 조선시대 초기까지만 해도 왕이 사찰에 시주하기도 했던 병향로가 중후기에는 거의 문헌에 등장하지 않으며, 현재까지는 조선시대에 제작된 병향로 유물이 나온 적이 없다.

　그렇다면 의례의 현장에서 병향로의 동적인 기능은 불필요하게 되었을지라도, 향연香煙은 여전히 필요하지 않았을까? 라는 질문도 제기될 수 있을 것이다. 향을 피울 수 있는 향로는 거향로의 형태로 불단 위에 고정적으로 배치되었던 것이 바로 조선시대 불전의 모습이었다. 이는 곧 병향로를 들고 다니는 요잡의례 대신에 좀 더 큰 거향로를 불단 위에 놓고 향을 피우며 배례를 하는 예불로 의례의 중심이 옮겨가게 된 것으로 볼 수 있을 것이다.

　다음으로 한국불교의 재회齋會를 장엄하는 물질인 장엄구莊嚴具이다. 현행 한국불교에서 설행되는 재의식의 대부분이 망혼을 천도하기 위한 천도의식이다. 감로탱의 사례에서 볼 수 있듯이 재의식의 상단上壇을 장엄하기 위해 지화가 사용되었는데, 이를 불교에서는 '지화장엄紙花莊嚴'이라고 부르기도 한다. 대한불교조계종 총무원에서 발간한 보고서인 『지화장엄』(2003)에서는 "장엄莊嚴이란 작법을 행하는 도량에 배치한 장식적 요소로서, 부처님이 모셔진 법당과 도량을 각종 불보살 명호名號를 적은 번과 지화로 화려하게 꾸미는 것을 말한다."고 정의하고 있다. 이러한 장엄은 불보살의 가피력과 위신력을 드러내면서 신도들의 신심을 이끌어내기 위한 종교적 장치의 의미를 가지고 있기 때문에 많은 공력과 정성을 들여서 준비하게 된다.

  도량장엄의 경우, 외적인 도량의 범위를 정하여 번幡과 개蓋 등 여러 가지 장엄으로 장식하는 것도 있고, 법당 내에서의 공양을 위해 설치한 수미단須彌壇이나, 재회를 설행하기 위해 설치한 단에 육법공양의 형태로 바치는 장엄도 있다. 육법공양이란 불단佛壇의 상단에 차리는 여섯 가지의 공양물로서 향香·등燈·화花·과果·다茶·미米가 그것이다. 육법공양 중 향공양은 심신을 청정하게 하고, 도량을 정화하는 기능이 있기 때문에 모든 의식공양 중에 가장 앞에 위치한다. 등공양은 밀촉, 대·소고등大·小鼓燈, 금·은괘전金·銀掛錢 등을 가리킨다. 등공양은 어둠(=무명·므지)을 밝히는 등(=지혜)의 덕을 찬탄하며 등을 밝히는 의식으로 표현한다. 화공양은 진리를 향한 마음을 의미하며, 4가지 종류의 꽃에 견주어 부처님께 공양하는 것이다. 생화生花는 곧 시들기 때문에 우리나라에서는 전통적으로 모란牧丹·작약芍藥·홍련紅蓮·황국黃菊 등을 지화紙花로 만들어 공양해 온 전통이 있다. 과공양은 귀의·발원·축원의 의미로 올리는 일종의 폐백幣帛이다. 차공양은 성불의 의지나 손님을 맞이하는 주인의 정성을 담은 신물信物의 의미를 내포하고 있다. 미공양은 생명처럼 소중한 쌀로 지은 공양을 올린다는 의미이며, 이는 곧 부처님께 절실하게 귀의하는 것을 표현하는 것이다.

  다음으로 구리로 만든 거울인 동경銅鏡의 사례를 살펴볼 수 있다. 우리나라에서는 청동기시대 후기 제사장의 신물神物로 처음 등장한 다뉴경은 최고 권력의 상징이자, 무덤의 중요한 부장품이었다. 삼국시대 및 통일신라시대의 동경은 무덤 부장품 외 건물 진단구鎭壇具, 석탑 사리장엄구 등으로 점차 사용 범위가 확장되었다. 동경은 고려시대에 불교와 더욱 밀접하게 결합하면서 재액 방지와 구복을 위한 불교 호신부護身符로 사용되기도 했다. 특히 고려시대에는 불교신앙의 확산에 따라 동경이 의식의 법구法具로써 중요한 기능을 하기도 했는데, 밀교 작단법에서 경단鏡壇을 조성하거나, 사리장엄구, 불복장물로도 활용되었던 것을 볼 수 있다.

고려시대 밀교의궤에서 거울을 활용하는 수행법에 대해 언급하고 있는 문헌들은 모두 밀교경전에 속하는 『불설다라니집경佛說陀羅尼集經』, 『대불정여래밀인수증요의제보살만행수릉엄경大佛頂如來密因修證了義諸菩薩萬行首楞嚴經』, 『불설칠구지불모심대준제다라니경佛說七俱胝佛母心大准提陀羅尼經』, 『현밀원통성불심요집顯密圓通成佛心要集』 등이다. 이들 문헌이 고려에 보급되고, 그에 근거한 밀교의례들이 설행되면서 진언, 다라니, 불보살 등을 새긴 고려시대의 동경이 제작되었을 것으로 추정된다.

동경 중에는 준제보살신앙을 실천하는 의례에서 활용되는 것도 있었다. 준제보살은 6관음의 하나로 준제 경단의례와 진언眞言을 수행하면 원하는 바를 이룰 수 있도록 도와주는 보살이다. 준제보살신앙은 송·요를 거쳐 원대에 이르러서는 그 밀교적 내용과 수행법이 민간에까지 널리 유행하게 된다. 당대 승려들에 의해 한역된 준제보살 관련 경전들은 요의 승려 도전道殿이 『현밀원통성불심요집』을 통해 체계적으로 정리함으로써 원대 이후 중국에서 성행하게 된다. 『현밀원통성불심요집』이나, 『칠구지불모대준제다라니법七俱胝佛母大准提陀羅尼法』 등의 문헌이 전달되면서 경단을 세우고 동경을 활용하는 수행법이 고려에까지 유행하게 되었던 것이다.

마지막으로 불복장佛腹藏의식에 봉안되는 물질에 대해서도 살펴보기로 한다. 불복장의식은 불상·불화 등을 조성한 다음 그 내부(불화의 경우 후면)에 신앙적 상징성을 담지하는 물질을 봉안하는 의식을 말한다. 불화나 불상의 내부에 납입하는 여러 물질을 '불복장물佛腹藏物'이라고 부르는데, 이렇게 복장물을 납입하는 의식을 거쳐야 예배의 대상으로서 종교적 신성성을 부여받게 된다.

한국불교에서 불복장의식이 확인되는 시기는 13세기 후반이며, 14세기 이래 의식의 절차가 확립되어 전승된다. 16세기 후반 이후에는 여러 밀교 경전에서 필요한 부분을 골라 편집한 『조상경造像經』에 의거하여 복장에 납입하는 물목을 정하게 된다. 복장의식의 전승이 분명하게 전해진 것은 18세기 이후이다. 『조상경』에 의거한 불복장의 전체적인 절차는 ① 설단-결계, ② 정화의식-증명 소청, ③ 오보병 조성-후령통 조성, ④ 황초폭자로 후령통 싸기, ⑤ 불단 공양-불상 내 안립의 순서로 구성된다.

안립 물목을 보면, 기본 물건마다 각기 5가지를 넣게 하여 5경鏡, 5보寶, 5곡穀, 5향香, 5약藥, 5보리수菩提樹, 5공양供養, 5륜종자輪種子, 5산개傘蓋의 세트로 구성된다. 물목의 전체적인 구성에서는 다양한 상징을 지닌 오곡五穀·오향五香·오약五藥·오방경五方鏡 등이 다섯 방위와 연결되어 후령통과 오보병의 안팎에 배치된다. 불복장 물목 중에서도 거울은 종이나 천으로 모양을 내서라도 반드시 후령통에 넣는 중요한 품목이다. 거울은 5방의 지혜, 즉 동방 대원경지大圓鏡智, 남방 평등성지平等性智, 서방 묘관찰지妙觀察智, 북방 성소작지成所作智, 중앙 방편구경지方便究竟智를 상징하며, 방위에 따라 각기 다른 색과 형태로 만들고, 거울마다 오륜종자五輪種子와 실담문자를 써넣는다.

불복장에 납입되는 대표적인 다라니 종류로는 수구다라니隨求陀羅尼를 꼽을 수 있다. 그밖에도 보협인다라니寶篋印陀羅尼와 원상수구다라니, 대명왕육자진언, 금강계 종자만다라金剛界種子曼茶羅, 여의보인대수구다라니범자군다라상如意寶印大隨求陀羅尼梵字軍陀羅相, 수구다라니만다라 등을 볼 수 있다. 복장물을 감싸고, 봉인하는 기능의 오륜종자, 진심종자, 보신주, 화신주 외에도 망자의 추선과 재액방지의 공능을 가지고 있는 다라니들을 복장물로 납입했던 것으로 보인다.

 이상으로 한국불교의례에서 활용되는 물질들에 대해서 간단하게 정리해보았다. 의궤 문헌이나, 역사기록에 못지않게 물질 역시 의례와 그 의례를 실천했던 사람들에 대해 많은 얘기들을 보여준다. 이 장에서 제시된 불교의례 역시 각각 예불, 망자천도, 현세구원, 정토왕생 등을 기원하는 의례들이기 때문에 이들 의례에서 활용되는 물질들을 살펴볼 충분한 의미가 있으리라 생각된다.

| 참고문헌 |

고승학(2012), 「신라 불교사에 나타난 願力의 의미: 『삼국유사』를 중심으로」, 『한국불교학』 63, 한국불교학회.

구미래(2018), 「불교 세시의례로 본 신중신앙의 한국적 수용」, 『불교문예연구』 10, 동방문화대학원대학교 불교문예연구소.

_____(2018), 「탑과 불상 함장의식의 종교문화사적 의미」, 『불교학보』 84, 동국대학교 불교문화연구원.

김성순(2020), "Koryŏ Buddhist Ritual through the Lens of Materiality: Focusing on the Hand-held Censer", *Seoul Journal of Korean Studies* 33, 서울대 규장각한국학연구원.

_____(2008), 「동아시아의 우란분절 수용에 나타난 의미의 확대와 변용 양상: 이승과 저승을 넘나드는 '주고받음'의 축제」, 『종교연구』 50, 한국종교학회.

김수연(2017), 「원 간섭기 고려 왕실의 티베트불교 수용과 밀교의례의 확산」, 『이화사학연구』 54, 이화사학연구소.

김연미(2017), 「불복장 의복 봉안의 의미: 상원사 문수동자상의 저고리와 전설을 중심으로」, 『미술사학』 34, 한국미술사교육학회.

김용덕(2011), 「불교의례 풍속의 의미 연구: 정기의례를 중심으로」, 『비교민속학』 46, 비교민속학회.

김용표(2011), 「대중불교와 염불신앙」, 『천태학연구』 14, 천태불교문화연구원.

김용태(2019), 「조선후기 불교와 민간신앙의 공존 양상 - 산신·칠성 신앙의 불교화」, 『불교학연구』 61, 불교학연구회.

김종명(2007), 「한국 일상예불의 역사적 변용」, 『불교학연구』 18, 불교학연구회.

김정희(2012), 「한국의 千手觀音 信仰과 千手觀音圖」, 『淨土學硏究』 17, 한국정토학회, 2012.

김현중(2018), 「104위 형식 신중도 고찰-日燮 作 表忠寺 大光殿 신중도를 중심으로」, 『동악미술사학』 24, 동악미술사학회.

박성규(2008), 「공자의 종교사상과 이성주의 맥락: '기도(禱)' 개념을 중심으로」, 『東洋哲學』 30, 한국동양철학회.

박진경(2017), 「准提 修行儀軌와 儀式具로 제작된 銅鏡」, 『불교미술사학』 24, 불교미술사학회.

백도수(2019), 「인도의 불교의례와 그 변용: 인도와 한국 불교를 중심으로」, 『불교문예연구』 12, 불교문예연구소.

서철원(2022), 「신라 불교문학에서 기원(祈願)과 회향(廻向)의 문제: 「백화도량발원문(白花道場發願文)」과 〈도천수관음가(禱千手觀音歌)〉의 관음신앙을 중심으로」, 『國語文學』 80, 국어문학회.

송현주(2000), 「현대 한국불교 의례의 과제와 제언」, 『철학사상』 11, 동서철학연구.

신은제(2019), 「14세기 전반 고려 사경발원문의 내용과 특징」, 『한국중세사연구』 59, 한국중세사학회.

옥나영(2016), 「자운사(紫雲寺) 목조아미타불좌상(木造阿彌陀佛坐像)의 복장(腹藏) 「여의보인대수구타라니범자군타라상(如意寶印大隨求陀羅尼梵字軍陀羅相)」의 제작 배경」, 『梨花史學硏究』 53, 이화사학연구소.

이선용(2013), 「불화에 기록된 범자와 진언에 관한 고찰」, 『미술사학연구』 278, 미술사학연구회.

이승혜(2017), 「韓國 腹藏의 密敎 尊像 安立儀禮적 성격 고찰」, 『美術史論壇』 45, 한국미술연구소.

이성운(2011), 「불교예불의 의미와 행법」, 『정토학연구』 16, 한국정토학회.

_____ (2019), 「예수재의 의문 구성과 의례 설행의 특성」, 『동국사학』 66, 동국역사문화연구소.

이종수(2023), 「조선 후기 불교생활의 단면」, 『불교학 리뷰』 33, 금강대 불교문화연구소.

윤용복(2014), 「천주교의 다양한 성물들 : 기도와 신앙을 위한 도구」, 『종교문화비평』 26, 한국종교문화연구소.

조범환(2008), 「張保皐의 海上勢力과 華嚴神衆信仰: 天因의 「天冠山記」 분석을 중심으로」, 『신라문화』 32, 신라문화연구소.

정성준(2012), 「요송시대 중국 밀교의 준제진언 수용 연구:『현밀성불원통심요집』을 중심으로」, 『한국선학』 32, 한국선학회.

정진희(2015), 「조선 전기 치성광여래(熾盛光如來) 신앙(信仰) 연구」, 『禪文化硏究』 19, 한국불교선리연구원.

황상준(2018), 「염불신앙을 통한 현대재가불자의 가피사례 연구: 관음신앙을 중심으로」, 『한국불교학』 86, 한국불교학회.

문학과 심성

원혜영

Ⅰ. 인도 및 동아시아 문학과 심성
Ⅱ. 한국불교 문헌에서 문학과 심성의 위상과 특징
Ⅲ. 근대 이후의 한국불교와 관련된 문학과 심성의 지형도
● 동아시아의 심성과 문학

I
인도 및 동아시아 문학과 심성

인도문학과 심성

석가모니 붓다의 출현과 함께 시작된 불교문학은 인도 문학에서 유래하던 시와 신화 등의 영향을 받아 풍부한 문학[1]성을 지녔다. 따라서 우리는 인도 문학이라고 하는 인도 아대륙에 통용되는 다양한 언어의 문학이 어떠한 정서와 사상을 토대로 발전했는가에 관하여 살펴볼 필요가 있다. 이 글에서는 베다문학·세속문학·일반문학으로 대분류하고, 시·드라마(희곡)·설화·우화 등의 형식에 따른 소분류에 따라 설명하고자 한다.

방대하고 신성한 베다문학(기원전 4천년~기원전 5, 6세기)의 상히따 Samhitā(결집서)는 네 개의 베다로 구성되었다. 특히 『리그베다』[2]는 세계 최초이자 최고의 문헌이다. 『리그베다』는 아리아인들이 유목민으로 정착하면서 겪게 되는 자연현상과 다른 종족과의 투쟁을 그린 시문학이다.

---

[1] 문학의 범주 및 원형은 본래 시(게송)에 한정되었으나, 산문까지 포함하여 현재에는 대중적 요구에 따라 확장하기에 이른다.
[2] 이지수(2002), pp.88-89.

『야주르베다』는 여러 종류의 제식에서 읊어지는 기도문으로 직설적인 산문이 포함된다. 『사마베다』는 제의에 있어서 일정한 선율에 맞춰서 부른 가영歌詠을 위주로[3] 하는 문헌이다. 『아타르바베다』는 한 개인이 자기에게 복을 받게 하거나, 자신의 적에게 저주를 주는 악마나 귀신을 불러들이는 단조로운 주문들이다. 이 결집서는 사제司祭 계급의 영향을 받지 않는 순수한 대중 신앙, 주술로 되어 있어 인류학적으로 중요하다.[4]

베다 본집의 주석이라고 할 수 있는, 『브라흐마나Brāhmaṇa』는 제식에 관한 문제들을 쉽게 이해시키기 위해 산문체의 전설들을 간결하고 절제된 언어로 구성되었다. 『아란야까Āranyaka』는 숲속에 살고 있던 사상가들이 제식 행위보다 그 행위가 갖는 상징성을 찾으려는 노력의 결과를 보인다. 베다 끝부분인[5] 『우빠니샤드』는 브라흐만(梵)과 아뜨만(我)이 일여一如임을 주장한다.[6] 우주의 본질적 원인과 인간 존재의 본질이 동일하다는 원리는 초기불교 수행론과 맞닿아 있어서, 『디가니까야』 등에서 상징과 비유의 문학으로 자주 언급된다.

인도의 세속문학으로는 서사시에 속하는 『마하바라따』(BC 1000년~[B.C400~A.D 400년경]), 『라마야나』와 『뿌라나』(AD 4세기)로, 이들은 영감, 소재, 규범을 제공하여 근원 문학이라 칭한다. 『마하바라따』는 10만 송(śloka)개로 18편으로 나누어지며,[7] 세계에서 가장 긴 시문학이다. 고대 인도의 종교, 철학, 정치, 사회, 법률, 풍습을 알려주는 백과사전으로 인도학의 보고이다. 『마하바라따』의 '비슈마Bhīṣma'장에 있는 『바가바드 기따』

---

3 정태혁(1984), p.69.
4 김우조(1996), pp.92-93.
5 이지수(2002), p.89.
6 원의범(1990), p.148.
7 이지수(2002), p.90.

는 집착을 버려 의무수행을 강조한 힌두 경전의 정수이다.[8] 『라마야나』는 시선詩仙으로 추앙되는 왈미끼Vālmīki의 작품으로, 영웅 라마Rāma의 무용담을 주제로 한 대작이다. 최초의 시라고 불릴 만큼 수사법적 기교를 풍부하게 사용한 작품으로 후대문학의 특징인 은유와 비유를 즐겨 사용한다.[9] 불교의 『본생담』과 자이나 경전에도 『라마야나』의 이야기가 포함된다. 『뿌라나』는 베다 종교 이후 힌두교가 대중화되면서 전통적인 신화들로 신을 믿는 사람들에게 쉬운 언어로 재미를 준다.[10]

고전 산스끄리뜨 까브야Kāvya(AD 200~1200)는 세련되고 기교적인 수사법을 기반으로 한다. 이런 양식은 남방 불전으로 불리는 빨리어와 『라마야나』에서 구사되었다. 빨리어로 쓰인 초기불전 가운데에서도 이러한 수사법이 발견된다. 장르는 대서사시로 분류되며, 극문학적인 요소를 가졌다. 최초의 극작가는 야슈바고샤馬鳴로 그의 작품 『샤리뿌뜨라 쁘라까라나Śāriputraprakarana』는 샤리뿌뜨라와 목갈라야나가 붓다의 가르침에 따라 개종하는 과정을 그린 9막극이다.[11] 야슈바고샤는 특히 기교적인 작시법과 문법, 단어에 대한 철저한 습득에 있어 마하까브야 작품의 선구자로 평가된다.[12] 그의 작품 『붇다짜리따Buddhacarita』, 『사우다라난다Saundaranānda』는 까브야 장르의 전형이다.[13]

빨리어 문학은 쁘라끄리띠어의 고어古語이다. 종교적 동기에서 출발했지만, 문학적 수준을 가늠할 수 있는 『법구경』은 인도 문학의 도덕적, 경

---

8 김우조(1996), p.96.
9 이지수(2002), p.91.
10 김우조(1996), pp.96-97.
11 김우조(1996), pp.103-104.
12 이지수(2002), p.92.
13 이지수(2002), p.92.

구적인 경향의 좋은 표본이다. 다소 형식적인 문체의 『수따니빠따』는 55개의 설화적, 교훈적 시를 포함하고 있으며, 산스끄리뜨의 송(śloka)과 유사한 운율을 사용한다. 『장로게』와 『장로니게』는 비구, 비구니들의 출가 계기, 출가 후의 변화된 마음의 상태를 읊은 종교적 독백 문학이다. 빨리어 운문의 독특한 문체와 운율, 비유적 표현과 어법은 산스끄리뜨 고전 까브야 문학의 길을 닦아주었다.[14] 『밀란다왕문경』은 서북인도 박트리아 왕국의 그리스 왕 메난드로스와 비구 나가세나의 토론을 담은 내용으로 불교의 초심자를 계도할 뿐만 아니라[15] 초기불전의 경장과 율장에서 보인 의문들에 해답을 주는 흥미로운 문학작품이다.

인도 문학 중에서 불교문학은 중앙아시아를 걸쳐 중국, 한국, 일본, 티베트 등으로 전파되며 문화형성에 기여한다. 중국에서는 산스끄리뜨 작품 약 3,000여 편이 번역되었고, 『대당서역기』를 쓴 현장은 『반야심경』을 600개의 두루마리에 번역했다. 관세음보살이 사리불에게 반야로 바라보는 세상에 대해 설하는 형식으로 되어 있는 『반야심경』은, '관자재보살'로 시작하고 동아시아에 유행한다. 주목할 부분은 관세음보살을 염송해도 물러나지 않던 악귀가 '반야심경'을 암송하니 흩어졌다는 구절로, 가피의 위력을 보였다. 재난에 처했을 때 자신의 명호를 일심으로 칭명하면 구제해 주는 관음보살의 자비와 가피는 『법화경』의 「관세음보살보문품」을 통해 이미 널리 알려져 있었는데도 관음 염송이 아니라 '반야심경'의 구송을 통해 악귀가 물러났다는 것은 『반야심경』에 대한 믿음을 단단하게 만들었다.[16] 『법화경』의 경우, 처음 길기트 산스끄리뜨 사본이 인도 카시

---

14 이지수(2002), p.99.
15 이지수(2002), p.100.
16 최기표(2017), p.133.

미르 지역에서 6~8세기에 출토되고, 중앙아시아, 네팔 등에서 잇따라 발견되며, 중국에 들어와서 3세기 축법호 역, 5세기 구마라집 역, 7세기 사나굴다 역 등이 활발하게 이루어졌으며, 그 외 동북 및 동남아시아에 존재한다.[17] 한국, 중국, 일본 등지에서는 많은 주석서가 등장한다. 『소화법보목록』에 의하면 『반야심경』에 대한 주석서는 말소末疏까지 포함하여 총 119부를 헤아리며 이 중 일본 출가자의 저술은 42부에 달한다.[18] 인도문학에서 이어져 동아시아 문학까지 『반야심경』을 바탕으로 공통의 심성을 공유한다.

중국불교 문학과 심성

인도 서사시 『라마야나』 내용 중에 흥미로운 것을 개작한 것이 『첨뿌 라마야나Campū Rāmāyana』이다. 『라마야나』는 11세기 들어와서 운문, 산문 교직 형식으로 재탄생하였고 이 '첨뿌'라는 문학양식은 중국 강창 문학과 동일하다.[19] 왜 두 문학의 장르형식이 유사할까? 중국 강창문학의 효시는 돈황문헌에서 발견한 변문이다. 변문은 불교 경전의 체제에서 왔다. 인도 문학작품 『바가바타Bhagavata』와 『첨뿌 라마야나』에서 보이는 운문과 산문 형태는, 운문을 중시하는 중국에서 문학장르의 다양성을 촉발시키며, 불교 경전의 게송은 변문, 화본의 결합, 운문, 산문 결합의 모태가 된다. 중국 변문, 화본과 같

---

17 시모다 마사히로 외 저, 김천학·김경남 역(2017), pp.37-38; 김현해(1996), p.19; 김천학(2020), pp.126-128.
18 「大正新修大藏經勘同目錄」, 『昭和法寶總目錄』 1, pp.217c-218c; 최기표(2017), p.150.
19 장춘석(2012), pp.162-163.

은 초기 백화소설은 문학장르를 확장하기에 시사하는 바가 크다.[20]

한무제가 서역으로 통하는 길을 열어 놓은 후, 인도불교 문학·철학·이론의 전수는 중국 고유 문명을 전환하기에 이르렀다. 한나라 말부터 송나라 초까지 1천 년 동안 경전 번역사업은 활발했다. 이 시기는 중국에서 첫 번째 번역 시기였다. 6조 이후 불경 번역사들은 원문 중심설[道安]·진실 추구설[儼復]·핍진설[傳雷]·입신지경설[錢鐘書] 등으로 여러 번역 방법을 사용하였다. 의역과 직역은 원만하게 조화를 이루어야 한다는[玄奘] 번역규범은 '진실 추구설'에 의해 주장되었다. 번역을 '반역'이라고도 하지만, 중국에서 번역의 가치는 불교문학의 지평을 넓혔다.

호적胡適의 『백화문학사』(제9장, 제13장)에서 불교사원과 선종의 절은 백화문과 백화시의 발원지이다. 상상력의 인도문학이 중국의 낭만주의 문학에 영향을 주었다. 고대 중국은 시문을 중시하고, 소설과 희곡을 경시했다. 백화문학을 경시하는 풍조는 불교의 매력에 빠진 중국에서 전환되었다. 남조시대 문학가이며 번역가 사영운謝靈運(385~433)은 불교 경전 번역가인 구마라집, 현장 등이 인도와 중국의 문학 교류에 역사적인 공적이 크다고 평가한다.[21] 왕국유王國維는 "불교가 동쪽으로 전해진 것은 마침 우리나라 사상이 희미했을 때여서 학자들은 이것을 보자 마치 굶은 자가 음식을 먹듯, 갈증에 시달리는 자가 물을 마시듯 했다."라고 지적한다. 양계초梁啓超(1873-1929)는 1929년 『번역문학과 불교경전』에서 '번역문학'이란 개념을 내놓았고 5.4 신문학 운동 이후, 20세기 불교문학은 선구자들의 여정을 통해 발전한다.[22]

---

20 장춘석(2012), p.168.
21 王曉平(2000), p.18.
22 王曉平(2000), p.18.

20세기 초반 돈황 문헌이 발견되어(1900년 5월 26일) 불교문학의 범주에 속하는 많은 자료를 접한다. 돈황에서 변문, 백화소설, 민간 부 등 문학 형식을 발견한 후 사람들은 점차로 돈황문학이 바로 송나라, 원나라 이후의 문학과 그 전 시기 문학의 한 고리라는 것을 인식한다.

중국적 사고를 바탕으로 한 전기傳記는 송찬문학[23]에 속한다. 교주의 위덕에 격식을 갖추어 칭송한다.『불소행찬』은 부처님의 전기를 다룬 것이지만 문학적으로 운색 묘사한 것으로 일대기는 아니다. 이런 맥락에서『고승전』도 승려 개개인의 분명한 전기를 확립한다.[24] 중국문학에서 유기遊記는 중국 승려들이 불적佛蹟을 찾아서 서역과 인도를 돌아다니며 견문한 기록을 주 대상으로 한다.『서유기』도 여행 기록문이었으나, 명대에 오승은五乘恩이 연의 소설로 엮으면서 신마류神魔類의 성격으로 개작한다.[25]『광홍명집』도 불교가 중국화한 이후 역대 제왕과 문사들의 시詩 · 부賦 · 찬讚 · 문文 · 송頌 · 발원문 등 인도식이 아닌 중국 고유의 문체로 된 송찬문이다.[26]

양의楊義의「돈황 변문의 불교 영향과 흥밋거리」(《중국사회과학》, 1993.3)에서 변문은 불교 영향과 흥밋거리의 교차와 충돌을 보여주며 돈황지역 특색을 인정한다. 변문이 역사 전설 분야에 들어갔을 때 화본話本도 함께 생겨났다. 민간 흥미에 적응하면서 불교의 예술과 사유 방식을 빌어 중국 서사 문학에 왕성한 원기를 불어넣었다.[27] 향달向達의『당대 불곡佛曲을 논함』·『당대속강고』가 연이어 나와, 민간문학의 원류와 불교문학을

---

23 조명화(2011), p.300.
24 조명화(2011), p.298.
25 조명화(2011), p.299.
26 조명화(2011), p.300.
27 王曉平(2000), pp.19-20.

주목하게 한다.²⁸

1980년대부터 1989년까지 불교문학(돈황관련 문학들도 포함) 관련 독서물들이 많이 나오기 시작했다. 상해서점 출판사에서 『화설문수』・『화설보현』・『화설지장』 등 화설 시리즈, 이태 출판사에서 『백화 법화경』・『백화 원각경』 등은 광범위한 독자층을 상대한다. 『불경 이야기 선집』・『돈황문학 작품선』 등 주해가 명료한 선집選集들은 불교문학을 익숙하게 만들었다.²⁹ 손창무孫昌武의 『중국문학에서의 유마와 관음』은 주목할 만하다. 중국에서 유마와 관음 신앙의 발전 여정, 『유마힐경』과 6조 이후 역대 문인, 거사들과의 관계, 관음의 속세 신화와 문학예술 계통이 중국문학 사상에서 불교문학의 지위를 확립한다.³⁰

중국의 승려 시인들과 불교에 영향을 받은 많은 사대부는 선禪으로 시에 들어가고 선으로 시를 읊으며 시에서 선미禪味를 풍겼다. 시승詩僧 왕범지王梵志(590~660)의 시어들은 대부분 불가의 노래 가사와 비슷하다. 돈황 잔편에 약간의 시편들이 남아있다. 『계원종담桂苑從談』・『태평광기太平廣記』가 『사유史遺』에서 인용한 왕범지의 전설들은 모두 불경의 '나녀奈女 항생강생降生' 이야기나 인물을 답습한 것이다. 왕범지의 『세간의 일월은 밝아』라는 5언 통속시는 석가모니의 교의와 불교 이치, 선문禪門 설법의 기반으로 선양한 동시에 사회현실을 적극적으로 반영한다. 그는 소묘수법・생활 수법・직언・여러 수사법으로 귀납하여 평이하고 이해하기 쉬운 구어체로 한 세대의 시 풍격을 열어 놓았고, 백화 문학사에도 중요한 위치를 지닌다.³¹

---

28 王曉平(2000), p.20.
29 王曉平(2000), p.22.
30 王曉平(2000), p.22.
31 王曉平(2000), pp.24-25.

당나라 시인 한산寒山은 불교노래 부르기를 즐겼으며 국청사 스님과 벗하였다. 한산의 시는 『한산자寒山子 시집』 3권으로 묶어서 후세까지 전한다. 한산의 시가 일본에서 정점(1996년, 《사회과학탐색》)으로 떠오른 것은 한산 시의 세속화 때문이다. 언어가 평이하여 이해하기 쉬우며 선문 설법으로 뛰어남을 은근하게 감추고 있다. 또한 미국인들에게도 인정받은 것은 '무너져버린 한 세대'의 사상·신념·생활방식과 유사하기 때문이다.[32]

뤼신魯迅(1881~1936)은 『백유경』을 번각하였으며, "늘 천축의 우화가 풍부하여 마치 수림 속의 깊은 샘물 마냥 다른 문예에 영향을 준다며, 중국어로 번역된 불경에서 곳곳마다 볼 수 있다."라고 언급한다. 인도문학의 깊은 이해로 중국고대 문학 현상의 해부와 분석이 관찰력 있게 보여지는 대목이다. 왕효평王曉平의 『불전佛典, 지괴志怪, 물어物語』는 인도, 중국, 일본의 불교문학 내에 같은 것을 가려내고 다른 것을 분석함으로 이야기의 주제에 따라 발굴했을 뿐만 아니라, 문구와 구도에서 인도불교문학을 답습한 흔적을 찾고자 했다. 80년대 이후 중국에서는 불교문학과 각 민족 문화, 문학 관계 연구와 관련하여 진척을 가져왔다.[33]

중국문학의 심성은 불교로 인해 인간세계에 한정되지 않고 신비한 존재에서 우주적인 영역까지 넓혔다. 고정되고 확정적인 개념을 불교를 통해 넓고 다양하게 확장시켰기에, 중국인의 심성이 많은 영향력을 끼쳤다. 한, 중, 일 여러 나라 문학에 아직도 많은 불교 시사詩詞와 서사문학이 존재하고 있어 동양 문학의 보고가 아닐 수 없다.

32　王曉平(2000), p.25.
33　王曉平(2000), p.27.

일본불교 문학과 심성

[문학의 전래역사 및 계보]

일본의 해양 고립성은 외래문물의 복합적 수용을 가능하게 한다. 따라서 문화변동은 급격하지 않았으며 보존성은 강하다. 현재 일본은 원시 신앙의 기본적 속성을 그대로 지닌 신도神道가 생활영역 속에 깊이 침투하고, 9세기에 시작된 불교의 영향력이 존속되고 있으며, 13세기에 시작한 불교의 한 분파는 오늘날까지 이어진다.[34] 한자漢字는 5세기경 백제의 아직기阿直岐(생몰 미상), 왕인王仁이 전한 것으로 되어 있다. 일본 불교의 전래는 서기 522년 설과 538년 설에서 후자를 받아들이고 있으며, 불교를 공적으로 승인하는 문제에서 백제는 일본열도에 중요한 전달자이다.[35]

일본불교 문학은 법어法語 · 와가和歌 · 설화說話 · 가요歌謠 · 오산문학五山文學 · 요쿄쿠謠曲 · 하이카이俳諧문학 · 8세기 최초의 시가집인 만요슈萬葉集라는 장르의 범위에서 거론된다.[36] 법어는 종교적 사상이 독자에게 감명을 주는 효과가 있다는 점에서 높은 문예적 가치가 있으나, 외국사상의 이식이라는 점에서 한계를 드러낸다. 한자와 가나를 혼용해서 쓰는 일본어는 일본 사상의 독자적인 전개나 한문에서 사물을 생각하는 의식의 해방에 영향을 미쳤는가에 관련하여 생각해 볼 필요성이 있다. 카타오카료片岡了 오타니대학 교수는 "신란親鸞의 법어는 '말에 의하여 원칙을 찔러 무너뜨리는 고발의 발상'을 가지고 '말'의 문제에 도달한다."[37]고

---

34 민두기(1976), pp.5-6.
35 민두기(1976), pp.23-24.
36 金岡秀友, 柳川啓一(1988), pp.602-674.
37 佐藤繁樹(2000), pp.50-52.

말한다.

　와가는 일본의 평안시대에 광언기어관狂言綺語觀이라는 문학과 직간접으로 연결되었다. 경자보윤慶滋保胤이 주재한 권학회勸學會(964)에서 그 역할을 했으며 직접 문제가 제기되었던 것은 백락천白樂天의 게송이다.[38] 권학회에서는 시뿐만 아니라 와가도 읊어졌다. 와가의 영역에서 광언기어관의 수용은 한문학만큼은 아니지만 와가를 일본 풍속으로 하는 의식이 살아 있다. 와가는 신들과 부처들의 연결을 강화하는 고유한 의식이다. 와가는 다라니와 같은 효용을 인정하는 방향으로 활로를 열어갔다.[39] 불교와 와가의 관계는 깊다. 석교가釋敎歌란 불교 관계의 와가를 총칭한다. 석교가의 시대적 추이는 수희찬탄의 정서적 단계에서 경전 내용을 읊은 지적인 단계로 이행한다. 와가는 곧 다라니이고 법락法樂이라는 와가관으로 발전한다.[40]

　설화는 부처님의 가르침이라는 도리를 깨닫게 하여 신앙에 인도한다. 일본의 불교 설화의 탄생은, 문학이 없으면 종교가 되지 않는다는 생각에 따른 것이다. 설화는 왕조문화를 대변하는 텍스트가 아니었지만, 민중성이나 근대성도 갖는 것으로 문학의 범주로 인정한다.[41] 일본은 현재 불교와 설화의 관계를 일본 문학·불교학·신도학·일본사상사·국어학 등의 종적 관계라고 하여 이들 분야를 통섭한다.[42]

　오산문학은 선림禪林문학으로, 선승의 시문을 이해할 수 있어야 하고 불교 전문 지식도 알고 있어야 한다. 하라다 류몬原田龍門(1901-?)의 『적

38　佐藤繁樹(2000), pp.52-53.
39　佐藤繁樹(2000), p.53.
40　佐藤繁樹(2000), p.54.
41　佐藤繁樹(2000), pp.55-57.
42　佐藤繁樹(2000), p.57.

실원광』(1980)은 저자가 임제종의 고승인 자쿠시츠 겐코寂室元光를 세상에 소개 칭양하여 독자를 선에 이끈다. 자쿠시츠 겐코는 은둔적인 선 수행으로 세속을 떠나 평승으로 지냈으나, 하나의 모범적인 선불교의 본질이나 선적인 경지를 해명하였다.

혜공惠空(1643~1691)의 『법음초』는 당시 민중에게 친근한 존재였던 가요곡을 통하여 불법을 해석하여 문하의 제자를 교화하는 것에 도움을 주었다.[43] 하이카이문학은 중국에서 처음 들어왔다. 시대변천에 따라 하이카이의 연가는 저속하고 우스움에서부터 시작해서 고상해지고 격조가 높아졌다. 여행자의 길을 그리면서, 자기 자신에서 무상관으로 나오는 과정을 표현한 바쇼芭蕉가 쓴 『오쿠노호소미치奧の細道(오쿠의 작은 길)』와 서민성을 충분히 갖춘 잇사一茶의 『우리의 봄おらが春』이 대표적인 작품이다.[44] 1945년까지 만요슈는 불교 수입 이래 조불 조사의 시대이면서도 그 사상의 반영이 무상관·염세관·인과론·미래관 등의 항목을 만들었다. 1945년에서 1965년까지 만요슈는 고대사회의 질서로서 있었던 신화적 집단의식이 불교와 유교의 도움을 받아 해방되었다. 인간적인 자각이 높아져 그 사상의 침윤이 불교적인 무상관으로 나타났으며, 그곳에 만요슈가 있었다.[45] 일본에서 불교문학이란, 전문성, 경전 및 정확한 불교어휘의 지식부터 접근하는 것이 필수이다.[46] 일본 불교문학은 불교 경전 및 논서, 인도 경전의 주요 부분들 그리고 중국번역문학을 흡수하여 공동체 중심의 집단 창작 등으로 재편한다. 『자따까』와 『비유경전(Avadāna)』은 일본의 설화집인 『곤쟈쿠모노가타리슈今昔物語集』나 『우지 슈이모노가타리

---

43 佐藤繁樹(2000), pp.62-63.
44 佐藤繁樹(2000), pp.64-65.
45 佐藤繁樹(2000), p.66.
46 佐藤繁樹(2000), p.67.

宇治拾遺物語』에서 불교설화나 가요 형식이다.『법화경』은 일본 문학에 가장 영향을 미쳤던 경전으로,『법화찬탄』, 헤이안 시대의 가요집인『료진히쇼梁塵秘抄』, 창도문학으로 나아갔다.『화엄경』은 일본의『화엄연기』·『화엄오십오소회권』·『우츠호 모노가타리宇津保物語』·『사좌강식四座講式』등의 석가의 가르침을 노래하는 장르로 전해진다.『유마경』은 일본의 유만회 산개사山階寺 유마강인 '불전창가佛前唱歌'로 불교가요의 원류가 된다.『승만경』의 찬가 게송은 일본의『여래패如來唄』불회가요佛會歌謠에서 진언종인 동밀東密로 이어져, 개법요箇法要나 성대한 법회 때 행하는 범패·산화·법음·석장인 사개법요四箇法要로 발전한다.『정토삼부경』,『아미타경』은 정토계 와가인『관무량수경』으로 이어져서 신란(1173~1262)에 의해『정토와산』,『관경의』가 지어졌다.『반야경』은 일본에서는『소품』,『당제보살구법 이야기』,『금강경야경』으로 재탄생되었다.

밀교경전인『대일경』,『이취경』의 밀교 사상의 세계는『겐지이야기』,『헤이케모이야기』등의 기타 문학에 녹아들었다. 12세기 말 이후에『겐지이야기』에 대한 평가는 두 가지다. 첫째는 와가 형식의『겐지 이야기』는 미적 정취를 시가의 본질로 이념화하여 미적, 문예적인 향수의 흐름을 가졌다. 둘째는 연애사인『겐지이야기』에 유교적이고 불교적인 교훈을 찾는 공명과 이익을 함께한 문예관이다. 17세기 국학자인 모토오리 노리나가本居宣長는『겐지이야기』가 인간의 진실한 감동과 인간성의 본질에 있다고 주장한다. 종교와 도덕의 구속에서 벗어난 문예로서의 자율성을 설파한다고 보았다.『헤이케모이야기』는 무상관이 주제이지만 무사들의 활약이 생생하다.

설화문학은 중국, 일본불교의 설화집이나 교화문학을 말한다. 고문헌으로 지옥의 심판을 이야기한『명보기』(唐臨撰, 永徽年間 650~655 성립)는 일본에서 가장 오래된 설화인『일본국현보선악영이기』(弘仁年間, 810~825)

에 인과응보의 담화이자 여러 경전에 실려 있는 설화들이다. 『대일본국 법화경험기』(眞源撰, 長久年間 1040~1044 성립), 일본 중세 설화집인 『금석물어집』(12세기 20년대 성립), 『발심집』(鴨長明撰, 1155?~1216, 13세기 초기 성립), 『사석집』(無住一円撰, 1226~1312), 『고금저문집』(桶成李編, 1254성립), 『헤이케 이야기』(《祇王》의 이야기, 《다키구치뉴도瀧口入道》의 이야기 등), 『고사담』(源顯兼撰, 13세기경 성립) 등이 있다.

[일본불교 가요와 시가문학]

불교가요 및 시가 문학은 불교 회합에서 불리는 가요나 풍송諷誦[47]되는 법의法儀 문학이다. 시가는 부처님의 교리를 주제로 찬탄하며 도덕과 훈계를 담은 법문의 노래이다. 선종에서 조사의 어록이나 게송이 오산문학의 형성에 배경이 된다. 와가는 부처님의 교리를 노래하거나 불교를 찬탄하는 노래이다. 단가체短歌體·한찬漢讚·찬가讚歌·와산和讚·교화·훈가타訓伽陀·법문 노래·염불 등이 있다.

단가체에는 일본 최초 불교 가요로 광명황후光明皇后(701~760)가 유마를 풀이하는 『불전佛前의 창가』가 있고, 약사사 21수의 불족석가佛足石歌가 있다. 음악 및 예능에 관련된 공양에 대해 원흥사元興寺에 있는 일본 찬가 『동대사요록東大寺要錄』이 있다. 『동대사요록』에 의하면, 신라·백제·고구려·발해에서 축하 음악을 악사들이 연주했다고 전하며, 24곡 중 20곡이 고려악高麗樂이고 백제 가면극이 있었다. 가요 찬가에는 『법화찬가』·『백석찬가』·오구체 가요인 『삼보회사』(984년, 永觀 2) 정도가 있다. 와산으로는 『사리찬가』(전72구)로 엔닌円仁(慈恩大師, 794~864 〈舍利會〉

---

47 죽은 사람의 선善을 더 쌓기 위하여 그 뜻을 쓰고 시물施物을 바치어, 스님에게 송경誦經하여 줄 것을 청하는 글이다.

창시) 작품이다. 한찬은 불전에서 풍송하기 위해 한시로 지은 것을 말하며, 헤이안후기에 『본조문수本朝文粹』・『서방극락찬』・『관음찬』(大江匡房, 1041~1111)・『라집삼장찬』(藤原明衡, 989~1066)・『정신념불게正信念佛偈』(신란 작, 칠언일구, 20구 한찬)・『산죠와산三帖和讚』(連如, 1419~1499)이 있다. 훈가타는 법회에서 사용되는 가요로, 불교가요 계통에 속하는 법문 노래의 고체이다.

화찬은 일본불교 가요의 주류로 불법승의 아름다운 행적이나 시화를 찬양하는 문체로 불전을 일본어로 변화한 것이다. 10세기 중반부터 후기에 천태, 정토교를 모체로 생성된 불교 가요의 장르이다. 가장 오래된 작품은 천관千觀(916~983)의 『극락국미타화찬極樂國彌陀和讚』, 공야空也(903~972)의 『공야화찬空也和讚』, 원신源信(942~1017)의 『극락육시찬極樂六時讚』의 정토찬가와 『내영찬來迎讚』이 있다. 또 영관永觀(1032~1111)의 『영접찬迎接讚』과 『사리강식화찬舍利講式和讚』 등이 있다.

법문가에는 『양진비초梁塵秘抄』의 법문가 220수가 있다. 헤이안시대 말기에 후백하법황後白河法皇(1127~1192)이 찬술하였다. 『법화경』의 찬가를 집성한 『법화경』의 28품의 노래가 있다.[48] 일본의 『법화경』 연구에 대하여, 타무라 코유田村晃祐는 "고구려 혜자와 백제 혜총 등의 자문을 받아, 쇼토쿠태자(572~622)가 『법화의소』(615)를 찬술함"으로부터 시작했다고 추정한다. 가마쿠라(1180~1333) 시대에 일본의 『법화경』 중심주의를 대표하는 일련종의 성립으로 인하여,[49] 『법화경』의 문학이 성불의 의미를 대중화시켰다. 한국불교에서는 원효의 『묘법법화경종요서』, 정명국사의 『법화경찬』, 함허 득통 기화선사의 『법화경송』, 청한자 설잠 매월당의 『묘

---

48 佐藤繁樹(2000), p.48.
49 田村晃祐(2008), pp.29-35; 김춘호(2016), pp.4-36; 김천학(2020), p.144.

법연화경별찬』에서도 『법화경』의 중요성을 강조한다. 근현대문학가 춘원 이광수도 『법화경』을 불교문학의 백미로 보았다.[50]

일본에서 창도문학은 경전을 독송하거나 교화를 목적으로 하여 교의를 설한다. 법회에 있어선 표백문表白文이나 풍송문(독경)도 넓은 의미에서 여기에 포함된다. 최근 불교 행위예술에서 비롯하여 그와 관련된 연구가 진행되면서 서민 교화에 큰 역할을 하는 '비파에 맞추어 작곡한 곡(平曲)', 만담, '일본의 가면 음악극의 대사를 영창咏唱하는 음곡에 맞추어서 낭창朗唱하는 옛 이야기(說敎淨瑠璃)' 등등 말을 하는 행위예술의 모체가 되었다.[51] 『승만경강』(598, 성덕태자)·「법화팔강」·『삼보회사』·『타문집』·『보물집』·『법화백좌서초』(1110경 성립)가 있다. 천태종 징헌澄憲(1126~1203)과 그의 아들 성각聖覺(1176~1235)이 안거安居류의 담화와 교설로 이루어진 창도문학이다. 일연종 승려 노오랑병위露吳郎兵衛(1643?~1703)의 『노치토산露置土産』 등이 있으며, 정토종의 『아미타지阿彌陀池』 등이 창도문학이다.[52] 일본은 불교문학에 깊고 전문적인 인식으로 인해, 자국의 사상과 심성 속에서 다양한 장르로 발전시켜 현재에 이르렀다.

50　이홍파(2020), p.3.
51　佐藤繁樹(2000), p.48.
52　佐藤繁樹(2000), p.49.

II
한국불교 문헌에서 문학과 심성의 위상과 특징

향가와 심성

향가는 향찰로 표기한 신라부터 고려 초기의 시가 작품으로, 직접 또는 간접으로 불교와 관련이 깊어 불교문학의 장르로 규정한다. 전하는 향가의 자료로는 『삼국유사』 소재 14편, 『균여전』 수록 〈보현십원가〉 11수, 고려 예종의 〈도이장가悼二將歌〉 및 『화랑세기』의 〈송랑가送郎歌〉 등 총 17편 27수의 향가가 있다.[53]

신라의 향가로 『삼국유사』의 14편은 다음과 같다. 서동과 선화공주의 사랑을 묘사한 〈서동요〉, 노옹老翁이 꽃을 꺾어 바치는 〈헌화가〉, 득오곡의 〈모죽지랑가〉는 화랑 죽지랑을 그리워하는 노래이고, 충담사의 〈찬기파랑가〉는 화랑 기파랑을 기리는 곡이며, 왕이 충신 신충을 기억하지 못하고 등용하지 않자 신충이 원망의 감정을 노래한 〈원가〉가 있다. 흥미로운 인물 관계를 향가 형식으로 압축하여 전달한다. 문제 상황의 제시와 해결을 그려낸 작품에는 〈안민가〉·〈혜성가〉·〈도솔가〉·〈도천수관

---

53 김창원(2012), p.60; 김기종(2014), p.290.

음가〉·〈처용가〉가 있다.[54] 승려 융천사가 일본의 침입을 혜성의 출현으로 비유하면서, 국가적인 위기 상황에 대응하기 위해 불교의 정견正見으로 이를 해결하고자 하는 〈혜성가〉,[55] 경덕왕의 요청으로 두 해가 나타난 변괴를 물리치기 위해 월명사가 창작한 〈도솔가〉,[56] 한기리漢岐里에 사는 여자 희명希明(?~?)이 자신의 아이의 두 눈이 멀자, 아이를 데리고 분황사 벽에 그려진 관세음보살 앞에서 지은 〈맹아득안가〉가 있다. 〈맹아득안가〉는 기층민의 여성 작가라는 점에서 신라 사회에서 향가 창작 및 향유가 폭넓게 확대되었음을 알 수 있다.[57]

내세와 정토왕생을 구하고자 하는 향가는 다음과 같다. 공덕을 쌓아 서러움 많은 현세에서 벗어날 것을 기원하는 〈풍요〉가 있고, 금욕적인 생활과 칭명염불 및 16관 수행을 제시하며, 광덕 스님이 서방정토에 왕생하기 위해 지은 〈원왕생가〉[58]가 있다. 몸은 인간의 영혼을 담는 그릇이라, 그 그릇이 깨어질까 두려워 신비로운 달을 중개로 죽음의 두려움을 조금 잊고 싶은 염원이 가득하다. 한민족이 달에게 서정적인 이미지를 부여하고, 자연적인 이치와 친근함을 표현하는 옛 시구들도 〈원왕생가〉에서 그 흐름을 찾을 수 있다. 월명사가 자신보다 일찍 죽은 누이의 사십구재를 지내면서 부른 노래 〈제망매가〉[59]도 공감을 얻는다. "죽고 사는 길 예 있으매 저히고, 나는 간다 말도 못다 하고 가는가. 어느 가을 이른 바람에 이에 저에 떨어질 잎다이 한 가지에 나고 가는 곳 모르누나. 아으 미타찰彌陀刹에

---

54 김기종(2014), pp.299-301.
55 김기종(2014), p.310.
56 김기종(2014), pp.310-311.
57 김기종(2014), p.311.
58 김기종(2014), p.305.
59 김기종(2014), p.307.

서 만날 내 도 닦아 기다리리다."⁶⁰라는 시구로 유명하다. 혼자만 살아있는 자신으로 인해 미안함이 녹아있으며 죽은 자의 명복을 빈다. 삶과 죽음의 갈등은 우리 인간이 겪는 허무함이자 우리 일상에서 빈번하다. 또한 죽음이 좋은 세상에 태어나기 위한 선업이 될 것이라는 〈우적가〉가 있다.⁶¹ 〈원왕생가〉·〈제망매가〉의 미타사상, 〈도솔가〉의 미륵사상, 〈맹아득안가〉의 관음신앙, 〈보현십원가〉의 화엄사상, 〈우적가〉의 미륵사상·선불교·미타사상으로,⁶² 불교사상과 문학을 통해 한민족의 심성을 나타냈다.

고려의 향찰에는 균여의 〈보현십원가〉 11수가 있다. 서사에 〈예경제불가〉·〈칭찬여래가〉·〈광수공양가〉가 있으며, 본사에 〈참회업장가〉·〈수희공덕가〉·〈청전법륜가〉·〈청불주세가〉·〈상수불학가〉가 있고, 결사에는 〈항순중생가〉·〈보개회향가〉·〈종결무진가〉가 있다.

모든 곳에 부처가 존재한다는 믿음을 강조하는 내용이다. 본사의 시상 및 내용은 깨달음을 향한 나와 중생의 여정을 포함한다. 〈보현십원가〉는 성불의 방법이 다른 사람의 일이 아니라 바로 나 자신을 자각하게 한다. 이밖에 〈도이장가(1120년, 예종 15)〉는 고려 예종이 서경西京의 팔관회에서 신숭겸, 김락 두 장수의 가상희假像戲를 관람한 후에 지은 것이다. 예종이 두 장수처럼 다른 정치 세력들도 합심하여 충성하기를 바라는 의도를 반영하였다.⁶³ 불교 관련 향가는 내세·정토·불보살을 향한 간절한 마음이 세계를 변화시키며, 모두가 부처라는 사실을 노래한다.⁶⁴

---

60 구본기(1992), 제망매가(양주동 풀이) 참조.
61 김기종(2014), pp.299-300.
62 김동욱(1961), p.26; 김종우(1975), p.109; 김학성(1980), p.101; 김기종(2014), pp.290-291.
63 김기종(2015), p.319.
64 김기종(2015), p.326.

신라와 고려의 향가에서는 불교의 내세관과 정토왕생 관념이 널리 퍼져 있어, 현세보다 내세를 위한 인간의 열망이 강하다. 향가에는 한민족의 마음가짐, 그리고 불보살에 대한 믿음을 통해 현실적 어려움을 해결할 수 있는 강한 심성이 투영되어 있다. 향찰로 표기된 불교적 내용은 향가에서 한민족의 문학과 심성을 깊게 확대하고 있다.[65]

가사문학

불교 가사는 한국고전 시가의 역사적, 관습적 장르로 고전문학 전체를 대표한다.[66] 가사문학은 고려 말 선승들이 세속의 대중들에게 선리禪理를 설파하기 위한 음성 설법의 수단으로, 장형의 한문가요인 '선가'를 변용하여 창출된 새로운 장르였다.[67] 불교사상 및 교리를 알리기 위해 창작되거나 신앙의 체험을 노래한 것이다. 최초의 불교 가사는 이상보의 『한국불교가사전집』에 수록되었다. 불교와 관련 없는 것들도 포함하여 총 70편이 존재한다.

화청和請은 불보살에게 청하여 극락왕생을 발원한다는 뜻으로 불교 의식에서 북이나 목탁의 장단에 맞추어 가창되는 노래이다. 범패가 한문 가사로 부른다면, 화청은 우리 노랫말로 되어 있다. 불교 의식에 맞춰 절차와 규제에서 자유롭게 부르는 것이 화청이다. 화청은 무형문화재 보고서인 『화청』(1969)에서 비로소 등장한다. 화청은 불교가사의 음악적 명

---

65 김용태(2015), p.19.
66 김기종(2019), p.280.
67 박영주(2017), p.44; 김기종(2019), p.283.

칭으로, 〈서왕가〉·〈참선곡〉·〈전설인과곡〉·〈자책가〉·〈별회심곡〉이 18, 19세기를 거치면서 대중성으로 인해 사찰 주변에서 퍼져 수용되었다.[68] 나옹 혜근懶翁惠勤(1320~1376)의 작품으로 전하는 〈서왕가〉는 참선수행으로 깨달음을 얻은 조사가 염불중생을 데리고 극락세계로 가는 여정을 그린다.[69] 부모에게 물려받은 육신이 죽은 뒤에 속절없이 사라진다는 무상함을 전제로 하고, 무상한 인간 세상에서 염불 이외에는 다른 것이 없음을 탄식한다. 또한 출가하여 깨달음을 얻기까지의 과정과 염불중생을 지혜의 배에 태우고 삼계 바다를 건너기 직전의 상황을 노래한다. 수행으로 천경만론千經萬論으로 간경看經을, 마야검으로 선법의 참선을 깨달음을 얻도록 한다. 참선수행으로 깨달은 화자가 삼계 바다를 건너기 위해 삼승 돛대와 일승 돛을 단 지혜의 배에 염불 중생을 태우는 모습은[70] 전형적인 불교문학임을 증명한다. 그의 작품 〈승원가〉·〈낙도가〉·〈수도가〉 등도 불교가사이다.

불교가사로 연대가 가장 이른 시기의 작품은 침굉 현변枕肱懸辯(1616~1684)의 〈귀산곡〉·〈태평곡〉·〈청학동가〉가 있다. 〈청학동가〉는 서정가사로 청학동의 아름다운 경치와 그 속에 묻힌 선사의 한가로운 흥취가 있다. 〈귀산곡〉과 〈태평곡〉은 염불과 참선을 우습게 여기고 외사外事만 따르는 청자 또는 무능한 승려를 비판하면서 화자 자신의 체험으로 당시 승려들의 문제점을 드러낸다. 따라서 참선 수행과 즐거움으로 해결책을 제시한다.[71] 〈태평곡〉에서 부패와 무능한 승려를 상징하며 머리를 까뜨려 개에게 주거나, 염라대왕의 쇠망치로 수없이 때려 멀리 쫓아내겠

---

68 장휘주(2006), p.145; 이보형(2013), p.216; 김기종(2019), p.282.
69 김기종(2019), pp.284-285.
70 김기종(2019), pp.293-294.
71 김기종(2019), pp.286-288.

다는 표현 등은 당시 불교계에 대한 일부의 인식을 반영한다.[72]

19세기 불교가사의 대중화를 이룬 작가로는 남호 영기南湖永奇(1820~1872)가 있다. 그는 『화엄경소초중간조연서華嚴經疏鈔重刊助緣序』(1855)에 쓴 한글 〈광대모연가〉와 〈장안걸식가〉가 있다. 〈광대모연가〉는 『화엄경』의 판각, 인출을 돕는 대중들이 그 공덕으로 극락세계와 연화장세계에 태어나길 바랐던 희망이 담겼다.[73] 〈장안걸식가〉는 탁발승인 화자가 서울 장안을 다니면서 산, 강, 궁전, 종각 등의 무정물과 문무백관, 청춘호걸, 노인, 기생 등의 사람들, 그리고 오리, 붕어, 거위 등의 축생들을 만나 질문하는 내용이다. 서울 장안에 있는 모든 군상의 미망에 사로잡힌 현상에 대해 낱낱이 실상을 폭로하고 본래의 진면목을 제시하며 깨우친다.[74]

작가 미상의 불교가사인 〈자책가〉는 『권왕문』(1908)에 수록되었다. 〈자책가〉는 "주인공 주인공아"라고 호기롭게 부르면서, 세상일에 대한 집착을 경계한다. 그리고 극락세계의 모습을 묘사하면서 염불수행을 당부한다.[75] 『관무량수경』의 "마땅히 생각을 일으켜 서쪽을 향해 바르게 앉아, 지는 해를 자세히 보도록 하라. 마음을 굳게 하고 생각을 가다듬어 움직이지 말고, 해가 지려는 형상이 마치 매달린 북과 같음을 보아야 한다. 해 보고 난 뒤에도 눈을 감거나 뜨거나 그 형상이 분명하도록 해야 한다."라며 관념염불을 언급하기보다는 "아미타불을 …(중략)… 외우라."하며 칭명염불을 강조한다.[76] 또 다른 작가 미상의 〈토굴가〉(1850)는 영암 취학靈岩就學(생몰미상)이 지은 불교가사이다. 작가는 출가 수도의 어려움

---

72 김기종(2019), p.288.
73 김기종(2019), p.303.
74 김종진(2009A), p.139; 김기종(2019), pp.305-306.
75 김기종(2019), p.307.
76 한태식(2008), pp.78-79; 김기종(2019), pp.309-310.

을 서술한 뒤, 수행처로서의 토굴의 존재를 강조하면서 토굴 생활의 즐거움, 불도 수행[77]을 노래한다. 〈토굴가〉로 인해 시전의 종이가 품절 될 정도이며, 시끄러울 정도로 인기가 있었다고 전해지며, 당시 금강산을 중심으로 〈토굴가〉가 널리 향유되었다.[78]

민중 예술의 발흥이라고 볼 수 있는 '회심곡' 부류의 불교가사는 1800년대에 사십구재, 수륙재, 예수재 등의 불교 의식에서 구연되며, 걸립패, 탁발승, 향두꾼 등에 의해 일반 대중들에게 확산된다.[79] 〈별회심곡〉·〈선심가〉·〈특별회심곡〉·〈환참곡〉·〈속회심곡〉·〈사제가〉·〈무량가〉 등의 작품으로 인생무상, 저승길의 여정, 선인善人에 대한 보상과 악인惡人에 대한 응징을 말한다.[80] 〈별회심곡〉은 저승길에서 만날 수 있는 시왕의 구체적인 이름의 나열로 시작한다. 이어서 시왕이 망자를 심판하며, 심문 형식을 통해 선행과 악행의 항목을 조목조목 제시한다.[81] 〈별회심곡〉은 도산刀山·화산火山·한빙寒氷·검수劍樹 등의 지옥을 소개하고, "각처 지옥에 분부하여 모든 죄인을 척결한 후"라고 결과만을 노래한다.[82] 〈특별회심곡〉은 노인공경, 〈사제가〉는 일가구제一家救濟·동생후덕同生厚德·붕우유신朋友有信·치민선정治民善政을 말한다.[83] 회심곡의 관심은 유교 사회에서 범해서는 안 되는 일상적인 윤리 규범을 강조하면서 지옥행의 불교적 이유를 설명하여 여타 불교 가사와 차별된다.[84] 이러한 불교 가사

---

77 김기종(2019), p.311.
78 김종진(2009B), p.239; 김기종(2019), p.310.
79 김종진,(2002), pp.319-320; 김기종(2019), p.312.
80 김기종(2019), p.313.
81 김기종(2019), p.315.
82 김기종(2019), p.317.
83 김기종(2019), p.316.
84 김기종(2019), p.317.

문학을 통해 한민족의 문학적 심성은 유교와 불교를 아우르며 형성되어 왔다고 할 수 있다.

선시

개인의 서정을 노래한 선시는 가르침을 위주로 한 가사문학의 성격과 다르다. 조선시대 선사들의 선시는 모순과 결핍의 세계에서 당당히 진리를 체현한다. 이러한 특성은 함허 득통(1376~1433)·청허 휴정(1520~1604)·진묵 일옥(1562~1633) 등의 작품에서도 볼 수 있다. 함허 득통의 『함허당득통화상어록』에 있는 〈산을 의거해 짓다(擬山作)〉는 무심을 핵심으로 한다. 온몸과 마음을 모두 자연에 맡기고 행하니 무심결에 이른 경지에서 우뚝 솟은 산을 마주 보고 차디찬 샘물 소리를 들을 수 있다. 달빛은 선불교의 마음 지혜 작용을 상징하는 선정을 의미한다.[85] 청허 휴정은 묘향산에 살았기에 서산대사라고 불린다. 『선가귀감』을 비롯한 뛰어난 저술을 남겼으며 사상적으로 선교 일치 선교통합을 위해 힘썼던 명승으로 알려져 있다. 또한 『청허당집』·『선교결』·『심법요초』의 저서가 있다. 그는 세속의 명리를 버리고 활연 대오하고 불문의 길을 걷는다. 『청허집』에 있는 〈향로봉에 올라〉라는 시는 "만국 도성 개미굴과 같고, 천가 호걸은 마치 하루살이 벌레여라. 창 가득 밝은 달빛을 청허가 베게이고, 누우니 한없는 솔바람 운율을 타고 넘실거리네."로 당당한 기개를 엿볼 수 있다. 천하뿐 아니라, 온 누리를 한눈에 품고 있는 듯하다. 또한 그가 살고 있는 중생들이 떠받드는 영웅을 마치 하루살이 벌레쯤으로 여

---

85 조상현(2010), pp.222-223.

기는 것처럼 보인다.[86] 진묵 일옥의 『진묵조사유적고』 1권이 전해진다. 그는 거침없고 호탕한 시를 소개한다. "하늘은 이불, 땅은 잠자리, 산은 베개로 삼고, 달은 촛불, 구름은 병풍, 바다는 술동이가 되네. 크게 취하여 앉았다가 이내 일어나 춤추니, 긴 소매가 곤륜산에 걸리지 않을지." 진묵은 천지와 달과 구름, 바다와 산을 모두 자신의 일상의 그것으로 만들고 있다. 자아와 세계가 분리된 것도, 하나로 묶어진 것도 아닌 유기체적 통일성에 각기 자신의 독자성을 갖추고 있다.[87] 진묵의 시는 "공연히 이 세상에 와서, 지옥의 찌꺼기만 만들고 가네. 내 뼈와 살을 저 숲속에 버려두어 산짐승들 먹이가 되게 하라."고 하고 있다. 선사들의 과감한 시는 "부처를 만나면 부처를 죽이고, 조사를 만나면 조사를 죽이라."는 옛 선사들의 유훈을 생각나게 한다. 선시 자체가 가진 역설적 창조성으로 인하여 선시를 지은 저자의 천재성이 드러난다.

추사 김정희(1786~1856)의 시 〈불이선란不二禪蘭〉은 말과 문자로 설명할 수 없는 진리에 관해, 시구가 소리로 읊는 것이 아니라 마음으로 공감할 수 있는 것임을 직감케 한다. "난초 치지 않은 지 어언 이십 년, 우연히 하늘의 본성을 옮겨 놓았구나. 문을 닫고 안타까이 머물 곳 찾아보니, 유마의 불이선不二禪이 바로 이곳일러니." 그는 성리학을 비판하고 실학적 입장에서 불교적 정서에 심취한다. 추사 김정희의 〈불이선란〉은 그 자체가 화제이고 내용도 파격이다. 김정희 자신이 스스로 천재성을 높이 평가하고 있어, 혹자는 자아도취격인 추사의 〈불선선란〉의 시구를 지적한다. 선시가 가진 이중적이고 파격적인 형식을 추사는 이중적으로 취한다.

---

86 조상현(2010), pp.237-238.
87 조상현(2010), p.241.

선시는 일상적인 문법을 파괴하고 함축성 있는 경지를 통해 선시 자체가 가진 독특한 공간성을 연다. 선사들이나 추사 김정희처럼 자연을 벗하여 일상의 깨달음을 찾아가는 것이 정석임에도 불구하고, 깨달음과 수행을 고상하고 위엄있는 경지로 올려놓았던 종전의 상황을 한국의 선시는 바로잡는다. 선시의 저자들은 고상하지만, 수행과 깨우침의 어려움을 '똥막대기'와 같은 역설을 통해 대중화한다. 수행과 깨달음이 범접하기 어려운 경지가 아님을 강조함에 있어, 그 고상한 시구를 매개로 역설을 이용해 독특한 공간성을 연다. 깨달음의 잘못된 위상을 바로잡고자 하는 공감이 한국의 선시에 내재한다.

III

근대 이후의 한국불교와 관련된 문학과 심성의 지형도

근대 이후의 불교문학은 시인이자 출가자들이 지닌 수행불교의 심성을 담고 있다. 사회를 변화시키고자 하는 마음이 한국 불교계와 문학에도 자리하게 되었다. 앞서 언급한 불교가사에서 설명한 일부를 제외하고 사회참여와 현대적 사상을 가진 작가 중심으로 논의한다.

대표적인 출가자 시인으로 박한영(1870~1948), 한용운(1879~1944) 등이 있다. 그들은 우리나라의 개화기와 일제강점기를 적극적인 현실 인식과 미래를 내다보는 예지로 살았던 근대 불교계의 거목이다.[88] 박한영은 편저로『정선치문집설精選緇門集說』과 불교사상 관련한 수백 편의 논설이 있으며, 시와 서예에도 능하여『석전시초』·『석림수필』·『석림초』등을 남겼다. 박한영은「불교 전체와 비구일중比丘一衆」이라는『해동불보』6호 논설에서 3보三寶와 비구가 지녀야 할 정신 자세를 말한다. 특히 불교의 사회 참여와 불교의 존엄성, 그리고 보호를 강력히 주장하였다. 고식적인 한국불교와 퇴폐한 민족 종교에 새로운 활력을 주입하고 불교의 귀의와 지존의 사상으로 민중을 교화하며 제도 중생하려면 모든 승려는 그에

---

88 김미선(2008), pp.298-299.

걸맞은 지식과 덕망과 경륜과 사상을 지녀야 한다고 주장한다.[89] 박한영은 근대성의 유동적인 흐름과 지식에 불교계가 민첩하게 대응할 것을 촉구한다. 박한영은 그의 저술에서 재래의 이분법적 사유를 지양하면서 동서의 경계를 허문 자리에 근대 한국의 불교를 위치시킨다. 근대의 제 학문과 종교를 동등한 맥락에서 논의하여 불교적 사유의 출발점인 마음에 관한 세속적인 입장을 표명한다. 이것은 현재 문학계에서 통용되고 있는 한국불교에 대한 논의 방식과는 다르다.[90]

한용운은 1918년 불교잡지 《유심》을 창간했다. 이 잡지를 통해 불교 논설만이 아니라 계몽적 성격을 띤 글을 발표했고, 신체시를 탈피한 신시 〈심心〉, 《유마힐소설경》(1933년), 1926년 저항문학으로 〈님의 침묵〉을 발표했다. 한용운은 일제의 회유에도 끝까지 지조를 지키며 살다 생애를 마감한 곳은 서울 성북동에 위치한 심우장이다. '심우장'이라는 단어가 암시하듯이, 그의 시 〈심우장〉은 깨달음을 얻기 위해 끊임없이 구도하는 한용운 자신의 진정한 자아 찾기이다.[91]

> 잃은 소 없건마는
> 찾을 소 우습도다
> 만일 잃을 시 분명타면
> 찾은 들 지닐소냐
> 차라리 찾지 말면,
> 또 잃지나 않으리라.[92]

---

89 한국학중앙연구원, 박한영 편(2023년 검색).
90 서세린(2020), p.16.
91 김광식(2004), p.216; 백원기(2009), p.84.
92 만해(1989), p.339.

1910년대 권상로가 편집인으로 있던『조선불교월보』에는 근대 전환기에 시도되거나 유행한 시가 장르가 상대적으로 다양하게 등장한다. 권상로의 작품으로〈언문가〉·〈시종가〉·〈양춘구곡〉·〈신세배〉등이 있다. 이응섭의 작품을 7.5조로 윤색하여 발표한〈가찬석존전〉도 그의 가요의식을 살펴볼 수 있는 자료이다. 이들 작품은 전통 양식을 따르면서도 이 시기에 계몽의 목소리를 담기 위해 활용된 시가 양식으로 언문뒤풀이, 시조 등의 문학적 전통을 계승하고 변용한 것들이다. 권상로가 창작한 불교가요는 음악이 아니라 가사 중심의 창작으로 위상은 독보적이다.[93]

　김달진(1907~1989)은 1930년대에는《시원》·《시인부락》·《죽순》등의 시 전문지에 동인으로 참여한다. 시집『청시』(1940)를 비롯하여 시선집『올빼미의 노래』(1983), 장편 서사시『큰 연꽃 한 송이 피기까지』(1984), 선시집『한 벌 옷에 바리때 하나』(1990), 수상집『산거일기』(1990) 등의 저서를 남긴다. 그의 시는 동양적 정밀과 달관의 자세에 기초한 것으로서 세속적 영욕이나 번뇌를 초탈한 절대 세계를 지향한다.〈청시〉는 자연의 순수한 상태에 대한 직관을 통하여 존재의 본질을 통찰하려는 시의식의 출발점에 해당하며,〈샘물〉에서는 이러한 물아일여적物我一如的 상상력이 우주적 차원으로 확대되고 있다.[94]〈샘물〉은 '나'라는 주체가 누구인가 하는 시각이 자연스럽게 표현되어 있다. 숲속의 샘물에서 시작된 시적 발상은 하늘과 구름과 바람을 매개로 지구적 상상에서 우주적 상상으로 확장된다. 미시적 세계에서 거시적 세계로 나아가는 단초이다. 동그란 지구 위에 앉은 나라는 존재는 샘물 속에서 우주적 질서를 바라본다. 이런

93　김종진(2009B), p.31.
94　한국학중앙연구원, 김달진 편(2023년 검색).

응시의 시선은 부처가 중생을 바라보는 시선과도 통한다.[95]

서정주(1915~2000)의 시집인 『신라초』·『동천』·『학鶴이 울고 간 날들의 시』에는 신라인이나 역사가 등장한다. 서정주의 신라는 현실적인 역사로서의 신라가 아니라 이미지로써 표상된다. 그는 불교 윤회나 인연이 표상하는 종교적 구원의 세계를 집중 조명하며, 신라의 설화를 통해 불교적인 멋과 슬기를 찾아 윤회의 도리를 터득하여 신비적 버전을 제시한다. 서정주는 현세계 찰나적 인간 존재를 영원의 시간적 질서 속에 편입한다.[96]

법정(1932~2010)은 『산에는 꽃이 피네』·『그물에 걸지 않는 바람처럼』·『버리고 떠나기』·『텅 빈 충만』·『홀로 사는 즐거움』 등 수십 권의 저서가 있다. 법정의 글은 무소유를 토대로 자연과 인간의 인생관을 이해하기 쉽게 대중화한다. 법정과 길상사의 인연은 한국불교 공동체에서 회자된다. 길상사의 주인 김영한(1916~1999, 법명 길상화)은 백석(1912~1996)의 연인으로 시 〈나와 나타샤와 흰 당나귀〉에 등장하는 나타샤로 알려졌다. 길상사는 본래 '대원각'이라는 이름의 고급 요정이었다. 요정의 주인이었던 김영한이 법정에게 자신이 소유한 요정 부지를 시주하여 사찰로 탈바꿈하게 되었다.[97] 당시 기부 액수는 천억 원이었다. 1995년 6월 대한불교조계종 송광사 말사인 대법사로 등록하여 사찰이 되었다. 1997년 맑고 향기롭게 근본도량 길상사로 이름을 등록한다.

『숫타니파타』는 법정이 첫 번째 번역한 작품으로 무소유를 말한다. "무소의 뿔처럼 혼자서 가라."는 『숫타니파타』 전체에서 여러 번 반복되는

---

95 최동호(2012), p.27.
96 남정희(2010), pp.269-270.
97 김태규(2003) 참조.

일종의 후렴구다. 『숫타니파타』를 매우 사랑했던 법정은 강원도 오두막 한쪽 벽에 213번 게송을 써 붙여 두었다고 한다. "홀로 행하고 게으르지 말며/ 비난과 칭찬에 흔들리지 말라/ 소리에 놀라지 않는 사자처럼/ 그물에 걸리지 않는 바람처럼/ 진흙에 더럽혀지지 않는 연꽃처럼/ 무소의 뿔처럼 혼자서 가라"[98] 이러한 수행자의 문학은 전문적인 교리를 체득한 후에 나오는 깊은 감정과도 같다. 『맑고 향기롭게』(2006)에서 보인 다음의 시도 자연과 인간의 이치를 은유적으로 표현한다.

> 물이 흐르고 꽃이 피는 곳이
> 어디이겠는가?
> 굳이 그런 곳이 산에만 있으란
> 법은 없다.
> 사람이 사는 곳이면
> 어디서나 그 삶에
> 향기로운 꽃이 피어나고
> 그 둘레에는 늘 살아있는
> 맑은 물이 흐를 것이다.
> 사람은 어디서 무슨 일을
> 하면서 살든
> 자기 삶 속에 꽃을 피우고
> 물이 흐르도록 해야 한다.
> 내 속 뜰에도 꽃이 피고
> 물이 흐르도록 해야겠다.

---

98 김선우(2015) 참조.

법정의 불교문학은 재가불교도들에게 폭넓은 공감을 불러일으킨다. 법정은 "세상 만물은 특정 개인의 소유물이 아닌 우주가 우리에게 준 선물이다. 우리 인생에서 남길 수 있는 유일한 것은 나눔이다."라고 하였다. '무소유'에서 불교의 보시 정신인 '나눔'까지 불교 정신과 미학을 통섭한다. 길상사에 얽힌 에피소드를 불교도들에게 각인시켰고, 의미 있는 시들로 사부대중에게 존경받았다. 반면 법정의 유언에 따라 그의 저서는 모두 절판되었으나, 그의 수필집 『무소유』는 책의 제목과는 다르게 일반인들에게 소유욕을 불러일으켰다.[99]

불교문학에서 소설의 지형도는 그 정체성에서 특별한 공간적 좌표를 점유한다. 소설은 근대적인 담론을 적극적으로 시사한다. 이광수는 1920년대부터 『법화경』을 중심으로 서사의 다층적인 형상화를 기반으로 하여, 『금강산유기』(1924)·『애욕의 피안』(1936)·『사랑』(1938)·『선도자』(1923)·『어떤 아침』(1924)을 펴냈다. 이들 작품은 문학을 통해 불교적 담론을 근대적으로 재편한 것이다. 그 사례로 신성불가침의 관세음보살상을 세속화하여 억압된 현실에 대한 반성적 자세를 취하는 가운데 계속해서 현실의 보편성을 정의하는 「길놀이」(1939)[100]가 있다. '참선이란 무엇인가, 불교에서 선사도 타력을 믿는가.'라는 물음과 '선이란 결국 자기의 마음 알기이며, 이를 위해 동시대의 외부성과 그 사고방식을 내려놓아야 한다.'라는 답변으로 행위의 실천을 강조하는 「난제오」(1940)가 있다.[101] 그에 대한 평가들은 다양하다. 그를 피식민지 지배 작가의 방어 기제가 작동했다는 정치적 의견도 있지만, 『삼국유사』 등의 불교문학을 토대로 하

---

99 고영섭(2014), p.35.
100 서세린(2020), p.25.
101 서세린(2020), p.27.

여 세상과 자신을 고통에서 구제하려는 요소를 가미한 것에 새로운 경향성이 연구되는 추세이다.

김동리의 불교문학은 수행적이며 협의적인 것과는 거리가 멀고, 현세지향적이다. 1930년대부터 1970년대까지 불교문학은 10편이 있다. 초창기의 작품 소설『등신불』은 "인간의 불행과 악업들의 고리를 끊으려는 존재의 전환"을 불교문학으로 담았으며, "그 뜻은 예토穢土에 가득한 터무니없는 욕망을 불심으로 불살라 해탈에 이르는 일대전환에 초점을 둔다. 등신불은 아름다움의 처절한 의미, 소신공양을 통한 대자대비의 실현"[102]이 존재한다.『솔거』(1930) 3부작은 근대사회의 모순에서 발생하게 된 죽음 및 자아와 타자의 분리의식을 극복하기 위해 설정되어, 근본적으로 탈근대를 지향한다고 볼 수 있다.[103]『극락조』(1960)는 현세적 삶과 행복의 가치를 불교적 가치의 우위에 놓는다. 그의 작품『저승새』(1970)도 현세적이다. 김동리의 작품은 대체로 현실인식 및 사상적 지향성의 변화가 크다. 그의 작품들은 처음 불교를 부차적인 요소로 위치해 놓지만, 인간의 유한성에 대한 발견과 삶의 비극적 운명에 대한 도전과 극복 방향으로 불교로 회귀한다.

고은의『화엄경』(1991)은 경전에 천착하지 않고, 문학적으로 형상화하여 종교의 전문성을 시범적으로 보인 작품이다. 한승원은 1980년대 후반에서 1990년대 초반, 장편『연꽃바다』를 기점으로 인간 위주의 생명주의를 반성하면서, 작품의 세계를 불교사상에 두었다. 그의 작품『포구의 달』,『원효』,『피플 붓다』도 인간을 구제하는 불교방식을 도입한다. 김정한의『수라도』, 조정래의『대장경』 등도 인간의 욕망과 자아를 찾으려는

---

102 유임하(2005), p.217.
103 신정숙(2012), p.183.

인간 개인을 불교적인 맥락 안에서 그렸다. 희곡, 수필 등의 다른 장르에서도 불교적 메시지는 꾸준히 거론되고, 윤회와 업에 관련하여 영화 등의 매체를 통해 불교문학은 새로운 콘텐츠를 매개로 흥미로움을 이끌면서 창의적으로 발전한다.

동아시아의 심성과 문학

　인도 아대륙에서 발생한 인도문학은 다양한 정서와 사상을 토대로 베다문학, 세속문학, 일반문학 등으로 발전한다. 『리그베다』·『브라흐마나』·『마하바라따』·『라마야냐』·『뿌라나』·『바가바드기따』·『우파니샤드』는 시·드라마·설화·우화 등으로 장르가 광범위하다. 석가모니 출현으로 시작한 불교문학은 이러한 인도문학에 상당한 영향을 받았다.

　중국은 번역문학을 통해 인도문학을 받아들이면서, 인도의 우주적이고 철학적인 특성을 불교문학에 편입시켰다. 중국 변문, 화본, 백화소설은 불교문학으로 인해 광범위한 독자층을 확보하였고, 출가자뿐만 아니라 사대부들을 통해 선시의 풍미를 탐색했다. 일본은 법어·와가·설화·가요·오산문학·요쿄쿠·하이카이 문학·8세기 최초의 시가집인 만요슈 등의 다양한 장르의 범위까지 확대하여 전문적인 불교문학을 향유한다. 일본불교 가요와 시가 문학은 여러 종파에서 한찬·찬가·와산·교화·훈카타·법문 노래·염불 등으로 대중적으로 불교문학의 위상을 세웠다. 한국은 향가, 가사와 시조 등으로 한국 고유의 문학을 창조적으로 발전시키기 위해 불교를 소재로 한다. 한국의 불교문학은 수행자들의 경험을 공유하면서 차츰 재가자들에게 불교의 가르침을 확산하고 사회변혁과 화합을 주도한다.

　인도가 하늘과 땅, 우주와 인간, 사대四大까지 아우르는 문학과 심성을 소유했다면, 중국은 하늘을 중심으로 하여, 인간이 하늘의 이치에 좌우되는 문학과 심성을 지녔다. 일본은 지정학적으로 섬나라로 고정된 땅에 의지하면서 인간과 자연의 이치에 순응한다. 한국은 삼면이 바다와 땅을 소유하고 있어서인지, 인간과 자연, 그리고 하늘과 땅에 관련하여 인간 위주의 심성과 문학을 가졌다고 본다. 불교는 인간의 고통을 달래주고 치유하기에, 불교문학은 동아시아에서 창작자 자신이 시 등을 읊으면서 불교와 공동체를 문학과 연결한다. 근대 이후의 한국 불교문학의 지형도는 적극적이고 능동적으로 사회 참여와 변혁의 의지를 반영한 인간 위주로 흐르고 있으며, 하늘에 순응하는 중국불교문학, 장소에 의지하는 일본불교문학과 다르다. 동아시아 불교문학과 심성에서 장르의 결에 따라 차이도 있지만 이러한 경향에서 벗어나지 않았다.

| 참고문헌 |

한국학중앙연구원, 『한국민족문화대백과사전』, 김달진 편(2023년 검색).
_____, 『한국민족문화대백과사전』, 이두(吏讀) 편(2023년 검색).
_____, 『한국민족문화대백과사전』, 구역인왕경구결(舊譯仁王經口訣) 편(2023년 검색).
_____, 『향토문화전자대전』, 『디지털김제문화대전』 박한영 편(2023년 검색).

구본기(1992), 「제망매가(祭亡妹歌)의 시적 구성과 의미」, 『한국고전시가작품론』, 집문당.
고영섭(2014), 「영호(石顚) 정호(漢永)와 중앙불교전문학교」, 『한국불교학』70집, 한국불교학회.
김광식(2004), 『첫 키스로 만해를 만나다』, 백담사 만해마을.
김기종(2014), 「향찰」, 『테마한국불교』2, 동국대학교출판부.
_____(2015), 「구결」, 『테마한국불교』3, 동국대학교출판부.
_____(2019), 「불교가사」, 『테마한국불교』7, 동국대학교출판부.
김동욱(1961), 「신라 향가의 불교문학적 고찰」, 『한국가요의 연구』, 을유문화사.
김명희(1985), 「원왕생가의 원형 이미지」, 『한문학연구』8, 한문학연구소.
김미선(2008), 「詩僧 鼎鎬禪師의 시세계」, 『한문고전연구』16, 한국고전연구학회.
김선우(2015), 「무소의 뿔처럼 혼자서가라」, 『한겨레』(2015.5.10.자).

김우조(1996), 「인도문학과 세계문학-산스끄리뜨문학과 세계문학에서 그 수용에 관하여」, 『외국문학연구』, 외국문학연구소.

김정우(2008), 「이두, 향찰, 구결은 번역인가」, 『통번역교육연구』 6-2, 한국통번역교육학회.

김종우(1975), 「향가의 불교적 성격」, 『향가문학연구』, 삼우사.

김종진(1998), 「학명의 가사〈선원곡〉에 대하여」, 『동악어문논집』 33, 동악어문학회.

_____(2002), 『불교가사의 연행과 전승』, 이회문화사.

_____(2009A), 「〈토굴가〉 전승경로와 19세기 참선곡류 가사의 향방」, 『불교가사의 계보학, 그 문환사적 탐색』, 소명출판.

_____(2009B), 「1850년 불서간행운동과 불교가사」, 『불교가사의 계보학, 그 문화사적 탐색』, 소명출판.

김창원(2012), 「고려가요의 전통과 향가」, 『새민족문학사강좌』 1, 창비.

김천학(2020), 「법화경」, 『테마한국불교』 8, 동국대학교출판부.

김춘호(2016), 「고구려 慧慈가 일본 法華學에 미친 영향」, 『한국불교사연구』 9, 한국불교사연구소.

김태규(2003년 11월 25일). 〈'요정정치' 대원각 할머니의 딸 유산 어려운 이웃에〉, 『한겨레』(2020.7.26.자)

김학성(1980), 『한국고전시가의 연구』, 원광대출판국.

김현해(1996), 『법화경요품강의-법화 사상의 재해석』, 민족사.

남정희(2010), 「불교의 연기론으로 본 서정주의 시」, 『우리문학연구』 29, 우리문학회.

만　해(1989), 『한용운 전집』, 문학세계사.

만공문도회(1982), 『만공법어』, 능인선원.

민두기(1976), 『일본의 역사』, 지식산업사.

박영주(2017), 「불교문학의 새로운 경지를 연 나옹화상 혜근」, 『오늘의 가사문학』 14, 한국가사문학관.

백원기(2009), 「화엄적 생명사랑의 실천: 하디와 만해의 시학」, 『동서비교문학저널』 21 가을·겨울, 한국동서문학학회.

서세린(2020), 「불교와 이광수'에서 '이광수의 불교'로」, 『춘원연구학보』 17, 춘원연구학회.

시모다 마사히뢰 외 저, 김천학, 김경남 역(2017), 『지혜, 세계, 언어 대승불전Ⅰ』, 씨아이알.

신정숙(2012), 「'구경적(究竟的) 생의 형식"과 인간 구원의 문제」, 『현대소설연구』 51, 한국현대소설학회.

王曉平(2000), 「중국불교문학 연구의 현황과 전망」, 『한국문학연구』, 23, 동국대학교 한국문학연구소.

유임하(2005), 『한국문학과 불교문화』, 역락.

이보형(2013), 「和請法文으로 본 일반화청의 정체성」, 『한국음악문화연구』 4, 한국음악문화학회.

이지수(2002), 『인도에 대하여』, 통나무.

이홍파(2020), 『묘법연화경』, 도서출판 범성.

원의범(1990), 『인도철학사상』, 집문당.

장춘석(2012), 「중국 운,산문 결합의 기원에 관한 새로운 고찰」, 『중국인문과학』 52, 중국인문학회.

장휘주(2006), 「화청의 두 유형」, 『이화음악논집』 10-2, 이화여대 음악연구소.

정태혁(1984), 『인도철학』, 학연사.

조명화(2011), 「중국불교의 頌讚문학」, 『불교학보』 60, 동국대불교문화연구원.

조상현(2010), 「禪師의 威風과 그 詩的 구현」, 『선학』 26, 한국선학회.

최기표(2017), 「玄奘 譯 『반야심경』의 성행 내력」, 『한국불교학』 81, 한국불교학회.

최동호(2012), 「1930년대 후반 김달진의 발굴 작품에 대한 검토」, 『한국학연구』

43, 고려대학교 한국학연구소.

한태식(2008), 「정토교의 수행방법론」, 『정토학연구』 11, 한국정토학회.

「大正新修大藏經勘同目錄」, 『昭和法寶總目錄』 1.

金岡秀友, 柳川啓一(1988), 「佛敎と文學」, 『佛敎文化事典』, 佼成出版.

佐藤繁樹(2000), 「일본불교문학연구의 현황과 전망」, 『한국문학연구』 23, 동국대학교 한국문화연구소.

田村晃祐(2008), 「飛鳥時代の仏教と百済・高句麗の僧」, 『불교학리뷰』 4, 금강대학교 불교문화연구소.

: 찾아보기 :

ㄱ

가나gaña 98
가요 278
가피력 232
『각해일륜』 84
간경도감 81, 206
갈마 145
감응 234
『개원석교록』 60
건도 104
견문각지심 63
결계 145
결사불교 42
결언決言 166
결집 106
경단鏡壇 260
경흥憬興 44
계단위원회 131
계보 163
계환戒環 65
고대 불교 19
고성염불 245
고은高銀 301
공덕행 233

관단 126, 160
관단사원 166, 167, 169
관단수계 163
관음 42수주 235
관음시식 243
관음신앙 36
『관음현상기』 205
광률 146
광종光宗 167
교권 183
교단 144, 201
구산문 172
구산선문 30
구족계 146, 169
국가권력 211
국가불교 186
국사 201
권상로權相老 149, 297
근본분열 109
『금강삼매경론』 40
기도 230
기원 229
기일염불 246
김달진金達鎭 297

김동리金東里 301
김영수金映遂 150
김정희金正喜 293

ㄴ

나옹 혜근懶翁惠勤 289
남호 영기南湖永奇 290
『능엄경』 59
『능엄경언해』 82
『능엄경요해』 65
『능엄환해산보기』 76

ㄷ

다라니 염송 242
단일계단 131
달기보살 125
『담무덕갈마』 146
『대각국사문집』 75
대명왕육자진언 261-262
대승계 111
『대승기신론』 32, 65
『대승사론현의기』 50
『대승의림장』 47
대은 낭오大隱朗旿 130
대중부 146
대천의 오사 110
대현 大賢/太賢 35
데바닷타의 오사 107
도량장엄 259
『도신장』 45
동경銅鏡 259
『동국이상국집』 79
동안거 기도 243

동지기도 253

ㄹ

『라마야나』 271
로버트 버스웰Robert Evans Busell Jr. 26
『리그베다』 269
리차드 맥브라이드Richard McBride 27

ㅁ

『마하바라따』 270
만요수萬葉集 278
만일기도 245
만하 승림萬下勝林 130
말법무계설 120~121
무극 86
『무량수경연의술문찬』 44
문수신앙 39
미륵신앙 36
밀교 46

ㅂ

『바가바드기따』 270
바라제목차 102
반연심 63
발원 233
발원문 236
방생법회 250
백중천도재 255
백화소설 274
『범망경』 114
『범우고』 208
법계연기설 32
법상종 157

법어 278
법정法頂 298
법화사상 45
『법화종요』 33
법흥왕 192
변문 273
별소계단 132
병향료 257
보살계 111
『보살계본종요』 48
보살계제자 187
보협인다라니 261
본원력 233
부파 144
분암墳庵 217
분황종 161
불공佛供 232
불교 가사 288
불교대중화 153
불교삼국세계관 21
불교수용 192
불교의례 199
불복장물 261
불복장의식 235
불사 216
불사리공양 201
『불씨잡변』 85
불전 216
『브라흐마나』 270
비구 144
비구니 144
『뿌라나』 271

ㅅ

사교과 84
사기私記 83
사미 144
사미니 144
사분정근법 245
사성례 239
사시마지 238
사의 99
산신 197
『삼국유사』 190
삼시예불 239
삼의일발 99
삼재소멸기도 251
삼취정계 112
상가saṃgha 98
상좌부 146
생전예수재 255
서상수계 117
서원 233
서정주徐廷柱 298
『석마하연론』 45
『석보상절』 205
선교양종 163
선시 303
선종 29, 159, 173
설화 278
성기性起 32
성물 230
『성유식론학기』 35
세속오계 127
세시 250
세조 205

세종 204
소현韶顯 170
『속고금역경도기』 60
송구영신법회 253
수계 163
수계산림 131
수구다라니 235, 261
수범수제 99
숭불정책 198
승가 97
승과 158, 167
『승기계본』 146
승선 167, 173
승장勝莊 34
승적 150, 159
승정 150, 152, 159
승제 146
시식施食 232
식차마니 144
신앙 229
신이神異 233
신인종 159, 175
신중神衆 244
신중기도 241
신중도량 248
『신편제종교장총록』 73
『심성론』 86
심체성용설 86
심통성정설 86
십사 109
십선계 111
십재일 241

ㅇ
아미타신앙 30
아쇼카왕 184
안거 146
양 무제武帝 187
억불 203
업業 159, 163
여래장 67
연담 유일蓮潭有一 84
연등회 199
염불신앙 232
영당影堂 217
『영락경』 114
『영월대사문집』 83
예불 232
예참 239
오교구산 150
오교양종 150, 163
오대산신앙 39
오분향례 239
오산문학 278
와가和歌 278
왕건王建 167
왕권 183
왕권강화 185
왕륜사 161
왕법즉불법 188
왕사 201
왕즉불 193
요쿄쿠謠曲 278
우란분절 254
우바새 144
우바이 144

『우파니샤드』 270
운봉 대지 86
원각 59
『원각경』 59
『원각경해』 83
원각묘심 64
원당願堂 216
원돈계 119
원묘명심 63
원측圓測 34
원효 32
월명사 286
위경 114
유가계 113
『유가론기』 45
유가업 169, 170, 175
유가종 159
유식 31
유식학승 156
육시염불 245
육재일 241
율律 98, 145
율장 99, 145, 163
율종 159
의례 229
의상 義相/義湘 28, 156
의상계 166
의승군 209
의적義寂 42, 156
의천義天 74, 170
이광수李光洙 300
이규보李奎報 78
이능화李能和 149

이부승제 132
이이상즉 49
이자현李資玄 78
『인명입정리론소』 45
인악 의첨仁岳義沾 84
일문逸文 47
『일승법계도』 29
일심 32, 63
일진심 84
입춘기도 251

ㅈ

자비도량참법기도 244
자서수계 117
자운 성우慈雲盛祐 131
자자自恣 146
자장慈藏 195
장재張載 68
재齋 232
전등傳燈 150
전륜성왕 183
『점찰경』 118
정명도程明道 68
정법淨法 101
정원淨源 171
정이천程伊川 68
정초기도 251
정토신앙 236
제계십리 103
제석 197
제2결집 109
제정일치 190
조사 163

『조상경』 235
조상천도재 251
조·석예불 238
『조선왕조실록』 82
종단 163, 172
종밀宗密 66
종조 152, 161, 171
종타수계 117
종파 147
종파불교 151, 152, 159
주자朱子 68
준제보살신앙 260
중국찬술문헌 60
중생심 67
지념 166
지눌知訥 75
지말분열 110
지승智昇 60
지지계 102
지화장엄 258
진묵 일옥震黙一玉 292
진심 75
진언 232
진전眞殿 199
진종설 193
진표眞表 35
진흥왕 193

ㅊ

채상식 153
천강 190
천태종 172, 174
천태종선 174

청수다라니 242
청허휴정淸虛休靜 292
체징體澄 166
초하루불공 249
축원 233
출가 145
치성광여래 252
칠불통계 99
칠성각 252
칠정례 239
칠중 144
7처징심 63
침굉 현변枕肱懸辯 289

ㅌ

타력신앙 232
태극 86
토착신앙 192
통불교 151

ㅍ

파승 107
팔관회 199
평등 184
폐불 186

ㅎ

하이카이排諧 278
학파 147
학파불교 151, 152
한용운韓龍雲 296
함허 득통涵虛得通 292
해동종 159, 161, 175

해인삼매 29
해회 167
행선축원 238
향가 288
허흥식 152
『현밀원통성불심요집』 260
현장玄奘 156
현전승가 145
현준賢俊 166
혜심慧諶 76
호국 210
호국불교 23, 127
호법 210
호법신 247

호상 117
호신부 260
홍각弘覺 166
화본 273
『화엄경문답』 41
화엄성중기도 244
화엄업 166, 170
화엄종 157, 159
화엄학승 156
화청和請 288
화하중생 232
황제즉여래 186
회향의례 232

: 저자 소개 :

옥나영

홍익대학교 역사교육과 강사, 한국불교사 전공, 숙명여자대학교 사학과 박사, 서울대학교 규장각한국학연구원 박사후과정 이수, 동국대학교 HK연구교수 역임. 『테마한국불교』10 공동 저자. 「신라시대 연기법송의 수용과 변용-경주 석장사지 출토품을 중심으로 -」, 「『오대진언(五大眞言)』 간행을 통해 본 다라니 신앙의 의미-『영험약초(靈驗略抄)』를 중심으로」, 「밀교 승려 혜초의 사상과 신라 밀교-『천발경』 서문을 중심으로」, 「『大毘盧遮那經供養次第法疏』의 일본 전래와 계승의 의미-『大日經供養次第法疏私記』를 중심으로」, 「紫雲寺 木造阿彌陀佛坐像의 腹藏「如意寶印大隨求陀羅尼梵字軍陀羅相」의 제작 배경」

김지연

동국대 HK연구교수, 동아시아불교 전공, 동국대 불교학과 박사, 금강대 HK연구교수 및 학술연구교수 역임. 『석마하연론(釋摩訶衍論)의 사상적 지평』, 「중국에서 법장『기신론소』의 유통에 대해서」, 「『대승기신론별기』 연구의 쟁점과 정향」, "The Understanding of the Discriminating Consciousness and the True Consciousness in the Silla Commentaries on the *Dasheng qixin lun*", "The Influence of Wŏnhyo's Understanding of Shenjie 神解 on the Chinese Commentaries on the *Awakening of Faith in mahāyāna*"

법장(이충환)

해인사승가대학 학감, 동국대WISE 강사 및 전문연구원, 대한불교조계종 교육아사리 및 계단위원회 교수사, 일본 국제선문화연구소 연구원. 계율 보살계 전공. 일본 하나조노대 문학박사. 『『범망경』 주석사 연구』, 『과학의 불교』, 『인터넷 카르마』, 「보살계관의 변용에 관한 고찰」, 「『梵網經』の戒体論に関する一考察」, 「勝莊の戒律思想」, 「元曉의『梵網經』 주석서와 天台智顗의『菩薩戒義疏』의 비교연구」, "The Milindapañha's Discourse on the Precept Practice and Vinaya".

박광연

동국대 WISE캠퍼스 국사학과 교수. 한국고대사·불교사상사 전공. 이화여대 사학과 문학박사. 동국대 불교문화연구원 HK연구교수 및 서울대 규장각한국학연구원 박사후연구원 역임. 『신라 법화사상사 연구』, 『전쟁의 종식과 신라 불교계의 변화』, 「보살계 사상의 전개와 원효『菩薩戒本持犯要記』의 성격」, 「신라 하대 불교 정책의 변화와 사찰의 대응」, "Following in the Footsteps of Wŏnhyo: The Foundation and Development of the Haedong School in Koryŏ".

김성순

전남대 동아시아연구소 학술연구교수. 동아시아불교 전공. 서울대 종교학과 박사. 원광대 HK연구교수, 금강대 HK연구교수, 한국전통문화대학교·전남대학교 강사 역임. 역서 『왕생요집(往生要集)』, 『교양으로 읽는 세계종교사』, 『돈황학대사전』(공역) 저서 『동아시아 염불결사의 연구』, 『불교문헌 속의 지옥과 아귀, 그리고 구제의식 』, 「중세 이후 일본불교의 관음신앙 – 입송(入宋) 구법승과의 관련성을 중심으로 – 」, 「남송의 선승 난계도륭(蘭溪道隆)이 중세 일본에 전한 임제선: 종교인의 망명과 새로운 종교 전파의 한 사례」, 「아귀의 業因과 苦痛相, 그리고 구제의례: 불교문헌을 중심으로」, "Koryŏ Buddhist Ritual through the Lens of Materiality: Focusing on the Hand-held Censer"

김자현

동국대 HK연구교수, 한국불교미술사 전공, 동국대 미술사학과 박사, 동국대 박물관 전임연구원, 불교중앙박물관 학예연구사 역임. 「父母恩重經의 변천과 圖像의 형성과정 연구」, 「조선시대〈석가설법도〉를 통해 본 청문자도상의 연원과 수용」, 「불교경전의 시각적 구현: 고려 원각경변상도(圓覺經變相圖)의 도상과 연원」, "Korean Single-Sheet Buddhist Woodblock Illustrated Prints Produced for Protection and Worship", 「불교판화를 통해 본 西夏 불교도상의 東傳」, "New Iconography in Court-Sponsored Buddhist Prints of the Early Joseon Dynasty-Focusing on Record of the Manifestation of Avalokitesvara".

원혜영

백성욱연구원 연구원. 초기불교 및 불교철학 전공. 연세대 철학과 박사. 고려대, 대진대, 동국대, 연세대 연구교수, 연구원, 초빙교수, 강사 등 역임. 「바다 거북 길을 따라서: 타밀나두에서 가야제국까지 허황옥 전설을 토대로 한 어휘적 근거와 문화를 추적하며」, 「中有이론으로 反出生主義 再考」, 「한국인의 삶, 늙음, 그리고 죽음: 최치원, 이규보, 서경덕, 신흠을 거론하며」, 『섭론종 기원』, 『아름다운 공동체 붓다의 열반 에피소드』.

인문한국불교총서 11

테마Thema 한국불교 플러스 1

2024년 2월 7일 초판 1쇄 인쇄
2024년 2월 23일 초판 1쇄 발행

엮은이 동국대학교 불교문화연구원 HK+사업단 엮음
펴낸이 박기련
펴낸곳 동국대학교출판문화원

출판등록 제2020-000110호(2020.7.9)
주소 04626 서울시 중구 퇴계로36길 2 신관1층 105호
전화 02-2264-4714
팩스 02-2268-7851
Homepage http://dgpress.dongguk.edu
E-mail abook@jeongjincorp.com
편집디자인 다름
인쇄처 네오프린텍

ISBN 979-11-91670-56-1 93220

값 20,000원

이 책의 무단 전재나 복제 행위는 저작권법 제98조에 따라 처벌받게 됩니다.